Reading Romans in Context:
Paul and Second Temple Judaism

Ben C. Blackwell,
John K. Goodrich,
& Jason Maston,
Editors

벤 C. 블랙웰, 존 K. 굿리치, 제이슨 매스턴
제2성전기 문헌으로 읽는 로마서

초판1쇄   2019.10.27.
지은이   벤 C. 블랙웰 외 18인
옮긴이   이학영
편 집   이영욱 이지혜
발행인   이영욱

발행처   감은사
전 화   070-8614-2206
팩 스   050-7091-2206
주 소   서울시 강동구 암사동 아리수로 66, 401호
이메일   editor@gameun.co.kr

ISBN   9791196412586
정 가   20,000원

이 도서의 국립중앙도서관 출판예정도서목록(CIP)은 서지정보유통지원시스템 홈페
이지(http://seoji.nl.go.kr)와 국가자료종합목록시스템(http://www.nl.go.kr/
kolisnet)에서 이용하실 수 있습니다. (CIP제어번호 : CIP2019038951).

제2성전기 문헌으로 읽는 로마서

벤 C. 블랙웰, 존 K. 굿리치, 제이슨 매스턴 엮음

이학영 옮김

우리에게

배경문헌으로

성경 읽는 것의

가치를 가르쳐준

존 바클레이(John Barclay)와

프랜시스 왓슨(Francis Watson)에게

벤 C. 블랙웰 (Ben Blackwell; PhD, 더럼대학교)

미국 휴스턴 침례대학교〔Houston Baptist University〕기독교학과 부교수이다. N.T. 라이트〔Wright〕와 존 바클레이〔John Barclay〕의 연구조교였으며 *Christosis: Pauline Soteriology in Light of Deification in Irenaeus and Cyril* (WUNT 2.314; Tübingen: Mohr Siebeck, 2011)의 저자이다.

데이비드 E. 브리오네스 (David Briones; PhD, 더럼대학교)

미국 플로리다에 위치한 개혁성경대학교〔Reformation Bible College〕신약학 교수이며, *Paul's Financial Policy: A Socio-Theological Approach* (LNTS; London: T&T Clark, 2013)의 저자이다.

조셉 R. 닷슨(Joseph R. Dodson; PhD, 아버딘대학교)

미국 아칸소에 위치한 워시타침례대학교〔Ouachita Baptist University, Arkansas〕성서학 조교수이며, *The 'Powers' of Personification: Rhetorical Purpose in the 'Book of Wisdom' and the Letter to the Romans* (BZNW 161; Berlin: de Gruyter, 2008)의 저자이다.

벤 C. 던슨(Ben C. Dunson; PhD, 더럼대학교)

미국 플로리다에 위치한 개혁성경대학교〔Reformation Bible College〕신약학 교수이며, *Individual and Community in Paul's Letter to the Romans* (WUNT 2.332; Tübingen: Mohr Siebeck, 2012)의 저자이다.

존 K. 굿리치 (John Goodrich; PhD, 더럼대학교)

미국 시카고에 위치한 무디성경학교〔Moody Bible Institute〕 성서학과 학장이
자 조교수며, *Paul as an Ad- ministrator of God in 1 Corinthians* (SNTSMS
152; Cambridge: Cambridge University Press, 2012)의 저자이다.

니제이 굽타 (Nijay K. Gupta; PhD, 더럼대학교)

미국 오리건에 위치한 조지폭스 복음주의신학교〔George Fox Evangelical
Seminary〕 신약학 부교수다. *Worship That Makes Sense to Paul: A New Ap-
proach to the Theology and Ethics of Paul's Cultic Metaphors* (BZNW 175;
Berlin: de Gruyter, 2010), *Colossians* (SHBC; Macon, GA: Smyth & Helwys,
2013)의 저자이다.

웨슬리 힐(Wesley Hill; PhD, 더럼대학교)

미국 펜실베이니아에 위치한 성공회 신학교〔Trinity School for Ministry〕 성서학
조교수며, *Paul and the Triune Divine Identity* (Grand Rapids: Eerdmans,
2015)의 저자이다.

마리암 카멜 (Mariam J. Kamell; PhD, 세인트앤드류스대학교)

캐나다 밴쿠버에 위치한 리전트칼리지〔Regent College〕 신약학 조교수다. 크
레이그 블롬버그〔Craig Blomberg〕와 함께 *James* (ZECNT; Grand Rapids:
Zondervan, 2008)의 공동저자이다.

데이비드 린시컴 (David Lincicum; DPhil, 옥스퍼드대학교)

영국 옥스퍼드대학교〔University of Oxford〕 신약학 전임강사였고, 현재는 노
터 데임 대학교 부교수다. *Paul and the Early Jewish Encounter with Deuter-
onomy* (WUNT 2.284; Tübingen: Mohr Siebeck, 2010; repr., Grand Rapids:

Baker Academic, 2013)의 저자이며, *Graham Stanton's Studies in Matthew and Early Christianity* (WUNT 309; Tübingen: Mohr Siebeck, 2013) (마커스 박뮤엘〔Markus Bockmuehl〕과 함께) 공동 편집자이다.

조나단 리니버 (Jonathan A. Linebaugh; PhD, 더럼대학교)

미국 플로리다에 위치한 낙스신학교〔Knox Theological Seminary〕신약학 부교수다. *God, Grace, and Righteousness: Wisdom of Solomon and Paul's Letter to the Romans in Conversation* (NovTSup 152; Leiden: Brill, 2013)의 저자이다.

제이슨 매스턴 (Jason Maston; PhD, 더럼대학교)

미국 휴스턴 침례대학교〔Houston Baptist University〕신학부 학장이며, 신학과 조교수다. *Divine and Human Agency in Second Temple Judaism and Paul: A Comparative Approach* (WUNT 2.297; Tübingen: Mohr Siebeck, 2010) 저자이며, *Earliest Christian History: History, Literature and Theology; Essays from the Tyndale Fellowship in Honor of Martin Hengel* (WUNT 2.320; Tübingen: Mohr Siebeck, 2012) 기고자 및 (마이클 버드〔Michael F. Bird〕와 함께) 공동 편집자다.

수전 매튜 (Susan Mathew; PhD, 더럼대학교)

(인도) 케랄라에 위치한 페이스신학교〔Faith Theological Seminary〕신약학 조교수이다. *Women in the Greetings of Rom 16.1-16: A Study of Mutuality and Women's Ministry in the Letter to the Romans* (LNTS 471; London: T&T Clark, 2013)의 저자이다.

마크 D. 매튜스 (Mark D. Mathews; PhD, 더럼대학교)

미국 펜실베이니아 옥스포드에 위치한, 베다니 장로교회〔Bethany Presbyterian Church〕목사이다. *Riches, Poverty, and the Faithful: Perspectives on Wealth in the Second Temple Period and the Apocalypse of John* (SNTSMS 154; Cambridge: Cambridge University Press, 2013)의 저자이다.

오리 맥파랜드(Orrey McFarland; PhD, 더럼대학교)

북미루터교회〔North American Lutheran Church〕의 목사후보생이다. "Whose Abraham, Which Promise? Genesis 15.6 in Philo's De Virtutibus and Romans 4," *JSNT* 35 (2012): 107-29, "'The One Who Calls in Grace': Paul's Rhetorical and Theological Identification with the Galatians," *Horizons in Biblical Theology* 35 (2013): 151-65 등 다수의 논문을 썼다.

딘 핀터(Dean Pinter; PhD, 더럼대학교)

캐나다 서스캐처원〔Saskatchewan〕에 위치한 에이단 성공회교회〔St. Aidan Anglican Church〕의 교구목사이며, "The Gospel of Luke and the Roman Empire," in *Jesus Is Lord, Caesar Is Not: Evaluating Empire in New Testament Studies* (ed. S. McKnight and J. B. Modica; Downers Grove, IL: IVP Academic, 2013), 101-15, Acts (The Story of God Bible Commentary; Grand Rapids: Zondervan, forthcoming)의 저자이다.

아론 셔우드 (Aaron Sherwood; PhD, 더럼대학교)

미국 뉴욕에 위치한 앨리언스신학교〔Alliance Theological Seminary〕신약학 조교수며, *Paul and the Restoration of Humanity in Light of Ancient Jewish Traditions* (AJEC 82; Leiden: Brill, 2013)의 저자이다.

카일 B. 웰스 (Kyle B. Wells; PhD, 더럼대학교)

미국 캘리포니아, 산타바바라에 위치한 그리스도 장로교회〔Christ Presbyterian Church〕의 목사이며, 웨스트몬트 대학교〔Westmont College〕 겸임교수이다. 또한 *Grace and Agency in Paul and Second Temple Judaism: Interpreting the Transformation of the Heart* (NovTSup 157; Leiden: Brill, 2014)의 저자이다.

세라 휘틀 (Sarah Whittle; PhD, 맨체스터대학교)

영국, 맨체스터에 위치한 나사렛 신학대학교〔Nazarene Theological College〕 성서학 전임강사며, *Covenant Renewal and the Consecration of the Gentiles in Romans* (SNTSMS 161; Cambridge: Cambridge University Press, 2014)의 저자이다.

조나단 워싱턴(Jonathan Worthington; PhD, 더럼대학교)

영국 벨파스트 성경대학교〔Belfast Bible College〕 신약학 전임강사다. *Creation in Paul and Philo: The Beginning and Before* (WUNT 2.317; Tübingen: Mohr Siebeck, 2011) 저자이다.

AB   Anchor Bible

AJEC   Ancient Judaism and Early Christianity

AYBC   Anchor Yale Bible Commentary

AnBib   Analecta Biblica

BJS   Brown Judaic Studies

BJRL   *Bulletin of the John Rylands University Library of Manchester*

BZNW   Beihefte zur Zeitschrift für die neutestamentliche Wissenschaft

CBQ   *Catholic Biblical Quarterly*

CEJL   Commentaries on Early Jewish Literature

CII   *Corpus inscriptionum iudaicarum.* Edited by Jean-Baptiste Frey. 2 vols. Rome, 1936–1952.

ConBNT   Coniectanea biblica: New Testament Series

CSCO   Corpus scriptorum christianorum orientalium. Edited by I. B. Chabot et al. Paris, 1903 –.

DSD   *Dead Sea Discoveries*

DJD   Discoveries in the Judaean Desert

ECC   Early Christianity in Context

ESV   English Standard Version

FSBP   Fontes et Subsidia ad Bibliam pertinentes

GAP   Guides to the Apocrypha and Pseudepigrapha

IJST   *International Journal of Systematic Theology*

JBL   *Journal of Biblical Literature*

JETS	*Journal of the Evangelical Theological Society*
JSJSup	Supplements to the Journal for the Study of Judaism
JSNT	*Journal for the Study of the New Testament*
JSNTSup	Journal for the Study of the New Testament: Supplement Series
JSPSup	Journal for the Study of the Pseudepigrapha: Supplement Series
JTS	*Journal of Theological Studies*
LCL	Loeb Classical Library
LNTS	Library of New Testament Studies
LSTS	Library of Second Temple Studies
LW	*Martin Luther, Luther's Works.* American Edition. 55 vols. St. Louis and Philadelphia: Concordia and Fortress, 1958–1986.
NETS	New English Translation of the Septuagint
NSBT	New Studies in Biblical Theology
NTM	New Testament Monographs
NTS	*New Testament Studies*
OTL	Old Testament Library
PACS	Philo of Alexandria Commentary Series
ProEccl	*Pro ecclesia*
PVTG	Pseudepigrapha Veteris Testamenti Graece
SHBC	Smyth & Helwys Biblical Commentary
SBLDS	Society of Biblical Literature Dissertation Series
SBLEJL	Society of Biblical Literature Early Judaism and Its Literature
SNTSMS	Society for New Testament Studies Monograph Series
NovTSup	Supplements to Novum Testamentum
STDJ	Studies on the Texts of the Desert of Judah

TUGAL	Texte und Untersuchungen zur Geschichte der altchristlichen Literatur
UPATS	University of Pennsylvania Armenian Texts and Studies
WUNT	Wissenschaftliche Untersuchungen zum Neuen Testament
ZECNT	Zondervan Exegetical Commentary on the New Testament

흔히 성경책(Bible)을 구성하는 각 권들은 서로하고만 관련이 있고, 다른 모든 책들과는 확연히 구별된다고 생각하기 쉽다. 일반적으로 성경 문헌들은 "성경책"(Holy Bible)이라는 단권(single volume)의 범위 안에 포함되는데, 이는 가죽 표지, 금박을 입힌 페이지 테두리, 품질이 좋은 종이, 이중-세로단 형식과 같이 겉으로 드러나는 모습을 통해서도 다른 책들과 구별되곤 한다. 하지만 우리에게 익숙한 단권 성경책은 사실 첫 번째 천년기가 아닌 두 번째 천년기에 속한 그리스도인들에게 훨씬 더 전형적인 것이라 할 수 있다. 초기 교회 안에는 그러한 성경책이 없었다—(대부분의 가장 오래된 복음서 사본들과 같이) 단지 개별적으로 나타나거나 바울의 편지들과 같은 모음집 안에 나타나는 '성경(글들)' 내지 '문헌들'이 있었을 뿐이다. 이 성경들을 다른 책들과 구별해주는 겉모습 상의 차이는 거의 없거나 아예 없었다. 기독교 성경의 초기 사본들이 보통 두루마리가 아닌 코덱스(codices)(오늘날 인쇄되는 책 형태)였다는 것은 분명한 사실이다. 하지만 코덱스는 본래 오늘날 노트나 연습장과 같은 것이었으며, 신성(sanctity)과는 아무런 연관이 없었다. 더욱이 초기 기독교 시기 동안, 코덱스 형태는 점점 더 비종교적인 책들에까지 뻗어나갔다.

어떤 의미에서는, 이러한 초기 기독교 성경 문헌들이 겉모습은

아니라 하더라도 활용되는 면에서는 일찍부터 구별되었다고 할 수
도 있다. 성경(Holy Scriptures)—신성한 문헌(Holy writings)—으로 불리
기도 했고 또한 어떤 문헌들이 정경의 지위로서 자격이 있는지에
관하여 많은 논쟁이 벌어지기도 했다. 대부분의 초기 해석가들은
성경 문헌들 사이는 자유롭게 오고 가면서도, 정경의 경계선 밖 문
헌들과의 연속성은 그다지 찾으려고 했던 것 같지 않다. 그렇지만
기독교의 성경을 읽는 사람들은 〔정경의 경계선 밖〕 다른 문헌들 역시
읽었으며 그것들을 가치 있게 여겼다. 우리가 이것을 확신할 수 있
는 이유는 현존하는 제2성전기 유대문헌 대부분이 유대 공동체가
아닌 그리스도인들 안에서 보존되었기 때문이다. 이 문헌들 중에
서도 가장 중요하다고 여겨진 것들이 현존할 수 있었던 유일한 이
유는, 그리스도인들이 그것들을 아르메니아어〔Armenian〕, 교회슬라
브어〔Church Slavonic〕, 에티오피아어〔Ethiopic〕(게에즈어〔Ge'ez〕)와 같은
언어들로 번역할 가치가 있다고 생각한 덕분이었다. 그들은 정경
문헌들과 함께 그것들을 읽는 것이 분명 그리스도인 독자들에게
유익할 것이라고 생각했다.

　　이러한 문헌들은 모든 신학적인 기호와 수준을 만족시킬 만큼
대단히 다양하다. 이를테면 지성적인 그리스도인에게 알렉산드리
아 필론의 철학적 신학은, 창세기 혹은 나머지 오경이 보여주는 단
순한 외양 아래에 뜻밖의 깊이가 있음을 밝혀주었다. 또한 요세푸
스의 문헌들은 예수와 초기 그리스도인들의 유대적 배경에 관하여
풍부한 역사 정보를 제공해 주었다. 에녹과 에스라, 바룩이 썼다고
전해지는 문헌들은, 눈에 보이지는 않지만 더 광대한 천상의 세계

에 비추어 현재의 세계를 볼 수 있도록 그리스도인들을 도우면서, 묵시적 성향의 상상력을 자극했다. 그리스도인의 삶을 위한 많은 실제적인 조언은 흔히 『시락』이라 불리는 모든 미덕이 담긴 책, 곧 벤 시라의 지혜서 안에서 발견된다. 또한 토비트서는 교훈과 재미 모두를 제공하고 있다. 이 문헌들은 다양한 방식으로 기독교 성경 속에 있는 많은—전부는 아니라 하더라도—근본적인 쟁점들과 연관된다. 이 문헌들이 그 자체로 성경도 아니었고 또한 그 가르침이 무오하다고 여겨진 것도 아니었지만, 정경 문헌들을 밝혀줄 수 있다는 이유로 가치 있게 여겨졌던 것은 분명하다. 성경적인 주제를 공유하는 비성경적인 문헌들과, 신성한 성경을 나란히 읽더라도, 신성한 성경의 신성이 손상될 것이라고 그 누구도 우려하지 않았다.

　본서는 성경 문헌—여기에서는 바울이 로마에 보낸 편지—을 연관된 비성경적인 문헌들과 함께 읽는 고대 관습을 장려하기 위해 힘쓰는 책이다. 이 관습을 단순히 현대 학계의 관습으로만 여겨서도 안 되며, 단권의 정경(Bible)을 읽는 독자들을 정말로 중요한 주제들에서 빗나가게 할 뿐이라고 무시해버려서도 안 된다. 본서의 여러 기고자들은 선별된 비-바울 문헌들과 끈기 있게 대화를 나누는 것이, 바울에 대한 우리의 이해를 풍성하게 해주고 확장시켜준다는 확신으로 하나가 되었다. 바울이 자신을 향해 "하나님의 복음을 위하여 구별되었다"(롬 1:1)라고 말하고 있긴 하지만, 이것이 곧 그의 문헌들을 성경이 아닌 문헌들—하나님과 인간, 죄와 의, 성경과 언약, 창조와 구원에 대한 관심을 공유하고 있는—로부터 완

전히 분리시켜 읽어야 한다는 의미는 아니다. 사실 우리가 바울서
신들을 외부와 격리된 진공 상태에서 읽는다면 바울의 글들은 오
히려 그 가치를 상실하게 될 것이다. 바울서신들에 담긴 기독교의
급진성은 주요 관심사를 공유하면서도 다른 이해 방식을 가지고
있는 관련 문헌들과 대화를 나누는 것이 허용될 때에 비로소 밝히
드러나게 된다.

영국 더럼대학교

프랜시스 왓슨

　이 책에 관한 프로젝트는 더럼대학교(Durham University)에서 박사과정 중에 있던 학생들로부터 시작되었다. 그 학교에서 우리는 오늘날 가장 존경받는 바울 신학자들 밑에서 연구할 수 있는 특권뿐만 아니라 우리의 연구 주제와 매우 밀접한 주제들을 연구하는 다른 많은 박사과정 학생들과 함께 공부할 수 있는 특권을 누렸다. 우리 각자가 본래 실현하고자 했던 저술 프로젝트 외에, 더럼에서 이룬 결실이 있다. 그 결실이란 바로 고대 유대교라는 세계가 가진 사고와 사도 바울 사이에 교차 지점을 연구하는 공동의 관심사를 통해서 뿐 아니라 학문적인 사역(academic ministry)으로 교회를 섬기려는 공동의 헌신을 통하여, 우리가 친밀한 우정의 관계를 쌓았다는 것이다. 더럼 및 다른 기관들에 있는 동료들이 연구한 내용에 매료된 우리는, 마침내 그것들과 다른 학자들의 기고문들을 모아 단행본—전문적인 연구를 정제하여 학생들에게 전해 줄—으로 내고자 하는 바람을 가지게 되었다. 이를 통해 우리는 비전문가들이 성경과 성경 외(extrabiblical) 문헌들을 나란히 연구할 때 얻을 수 있는 유익을 드러내 보이고자 했다.

　얼마안가 우리는 짧은 에세이들의 모음집을 만드는 일이 상당히 어려운 작업이라는 것과 본서가 많은 사람들의 도움 없이는 결실을 맺지 못했을 것이란 점을 깨닫게 되었다. 편집자 일동은 이

프로젝트가 가진 비전을 함께 열정적으로 품고, 읽기 쉽고 이해하기 쉬운 형식으로 자신들의 개념을 효과적으로 전달해준 모든 기고자들에게 감사를 전하고 싶다. 또한 우리가 출판사와 교류하는데 있어서 첫 날부터 주요한 접촉점이 되어주었던 존더반 아카데믹(Zondervan Academic)의 편집장, 카티야 코브렛(Katya Covrett)에게도 큰 감사를 전한다. 그녀가 가진 날카로운 편집자의 눈과 끝없는 명민함은 이 프로젝트를 가능하게 해주었고 또 즐거운 일로 만들어 주었다. 그리고 우리 식구들에게도 큰 감사를 전하고 싶다(헤더[Heather], 엘럼[Elam], 실러스 블랙웰[Silas Blackwell], 크리스틴[Christin], 저스틴 굿리치[Justin Goodrich], 에린[Erin], 앤드류[Andrew], 케이트[Kate], 이언 매스턴[Iain Maston]). 그들은 신학 연구에 대한 우리의 애정을 지지해 주고, 밤늦도록 글을 쓰고 편집하여 자주 이메일을 보냈던 우리를 너그럽게 이해해주었다. 색인을 편집해 준 조슈아 브래마먼[Joshua Bremerman](무디성경학교)에게도 큰 감사를 전한다. 마지막으로 본서의 내용을 정기적으로 학생들—이들은 주 예수 그리스도를 더 알고 사랑하고 섬기고자 하는 자신들의 바람을 보여주면서 계속해서 우리에게 감명을 주었다—에게 가르치는 것을 허락해 준, 우리들이 각기 속한 기관들(휴스턴 침례대학교[Houston Baptist University], 무디성경학교[Moody Bible Institute], 하이랜드 신학대학교[Highland Theological College])에도 감사를 전하고 싶다.

2014년 10월,

벤 C. 블랙웰, 존 K. 굿리치, 제이슨 매스턴

서론

벤 C. 블랙웰(Ben Blackwell)

존 K. 굿리치(John Goodrich)

제이슨 매스턴(Jason Maston)

텍스트는 (콘텍스트와 함께) 다른 텍스트와 접촉할 때에야 비
로소 생명을 얻는다. 오직 텍스트들 사이의 접촉 지점에서만
빛이 번쩍여 전후 텍스트 모두가 밝혀지고, 주어진 텍스트가
대화로 이어진다. —M. M. 바흐친(Bakhtin)

사도 바울이 로마에 보낸 편지는 예수 그리스도에 관한 복음을
가장 분명하고 가장 완전하게 설명한 편지로 익히 알려져 있다. 이
에 대하여 윌리엄 틴데일(William Tyndale) 역시 다음과 같이 칭송한
바 있다. "[로마서는] 신약성경의 중심이자 가장 탁월한 부분이며
가장 순전한 '유앙겔리온'(εὐαγγέλιον), 즉 기쁜 소식이다. 우리는
이것을 또한 복음(gospel)이라 부른다."[1]

---

1. William Tyndale, "A Prologue upon the Epistle of St. Paul to the Romans," as

바울은 주후 57년, 세 번째 선교 여행의 끝 무렵에 고린도에서 로마서를 기록했는데, 거기에는 스페인 선교를 준비하는 데 있어서 후원을 받으려는 목적도 다소 포함되어 있었다. 이를 위해서 바울은 먼저 편지를 통해 로마의 신자들에게 자신을 소개하고, 자신의 신학을 요약하며, 곤경에 빠진 그리스도인들과 분열된 가정교회들에게 목회적인 지혜를 전하고자 했다.[2] 총 16장에 걸쳐서 바울은 그가 선호하는 많은 신학적 주제들, 이를테면 죄, 죽음, 율법, 칭의, 참여("그리스도 안에/그리스도와 함께"), 성령, 민족 간의 화합과 같은 주제들을 통합하여 다루고 있다. 로마서가 가진 섬세한 논의 그리고 포괄적인 주제 범위를 고려해 볼 때, 왜 이 편지가 교회 역사를 통틀어 그리스도인의 담화에 중심에 서왔고, 또한 지금도 계속해서 전 세계 신자들에게 사랑을 받는지, 그 이유를 알 수 있다. 인상적이게도 마르틴 루터(Martin Luther)는 다음과 같이 기록한 바 있다. "이 편지를 충분할 정도로 아주 잘 읽거나 묵상하기란 불가능하다."[3]

하지만 모든 로마서 읽기들이 동일하게 통찰력이 있는 것은 아

---

quoted by F. F. Bruce, *History of the Bible in English* (Cambridge: Lutterworth, 1979), 45.

2. 로마서가 기록된 다른 이유들에 관해서는 다음을 보라. Richard N. Longenecker, *Introducing Romans: Critical Issues in Paul's Most Famous Letter* (Grand Rapids: Eerdmans, 2011), 92-166.

3. Martin Luther, "Preface to the Letter of St . Paul to the Romans"(1522), in *D. Martin Luther: Die gantze Heilige Schrifft Deudsch 1545 aufs new zurericht* (ed. Hans Volz and Heinz Blanke, trans. Bro. Andrew Thornton; Munich: Roger & Bernhard, 1972), 2:2254-68.

니다. 성경의 다른 책들과 마찬가지로 로마서 또한 우리와는 상당히 다른 문화, 다른 시대에 기록되었다. 따라서, 성서학을 공부하는 대부분의 학생들은 이미 알겠지만, 성경을 잘 읽기 위해서는 본문의 역사적-문화적 배경〔context〕을 세심하게 고려해야 한다. 로마서 연구도 마찬가지이다. 하지만 배경을 조금이라도 인식하는 것이, 아무것도 없는 상태에서 읽는 것보다는 분명 나은 것이 사실임에도 불구하고, 본문의 의미를 결정하는 데 있어서 모든 배경들이 동일하게 관련되는 것은 아니다.

이를테면 19세기 후반부터 20세기 초까지 종교사학파는 고대 지중해의 다양한 집단들이 가지고 있었던 종교적인 신앙 및 관습들과, 초기 기독교 공동체들의 신앙 및 관습들 사이에서 다수의 평행점들을 찾아냈다.[4] 하지만 이후 학계는 그 평행들 중 상당수가 대체로 신약 연구와는 무관함을 밝혀내었다. 특히 로마서 연구는 초기 기독교의 유대적인 배경과 관계가 있다는 것이 밝혀졌다. 여기서 가장 주목해야 할 사람은 알버트 슈바이처〔Albert Schweitzer〕이다. 그는 바울신학—구체적으로는 그리스도-신비주의〔Christ-mysticism〕라는 바울의 교리("그리스도 안에서")—을 헬레니즘〔Hellenism〕의 산물로 보기보다는, 오히려 유대의 묵시적인〔apocalyptic〕 세계관

---

4. '종교사학파'〔religionsgeschichtliche Schule〕는 독일 개신교 학자들로 이루어진 그룹을 가리킨다. 이들은 신구약성경에 묘사된 공동체들을 일종의 종교로 보고, 그 공동체들이 속한 역사적인 상황에 주목하여, 지중해 다른 종교들과 비교하는 방식으로 연구를 수행했다. 참조, Richard N. Soulen and R. Kendall Soulen, *Handbook of Biblical Criticism* (4th ed.; Louisville: Westminster John Knox, 2011), 180-81.

안에서 연구해야 한다고 주장했다.[5] 슈바이처가 기여한 많은 것들
이 당대에는 잘 받아들여지지 않았다. 사실 지금도 많은 학자들은
그가 너무 쉽게 헬레니즘으로부터 유대교를 분리시켰다는 것에 동
의하고 있다.[6] 그럼에도 불구하고 이후에 W.D. 데이비스〔Davies〕, 에
른스트 케제만〔Ernst Käsemann〕, E.P. 샌더스〔Sanders〕와 같은 영향력 있
는 학자들이, 철저하게 슈바이처가 말한 유대 신학적인 배경에 비
추어 바울을 읽음으로써, 그의 어깨 위에 올라서게 되었다.[7]

샌더스의 『바울과 팔레스타인 유대교』〔알맹e, 2018; Paul and Pales-
tinian Judaism〕의 영향력은 특히나 오랜 시간 지속되었다. 샌더스는
바울과 당대 유대인들 사이에 평행하는 모티프를 확인하는 작업이
분명 유익할 수 있다는 것을 인정했다. 그러면서도 바울을 연구하
는 학생들에게 유대문헌과 바울 문헌을 더 세밀하게 비교하여 읽
음으로써 표면적인 유사함을 찾는 수준을 넘어서라고 도전했다.
샌더스는 다음과 같이 주장했다. "필요한 것은 수많은 일치점과 불
일치점—바울 자신이 말하는 불일치점뿐 아니라 유대교 편에서 보

5.　Albert Schweitzer, *The Mysticism of Paul the Apostle* (trans. W. Montgomery;
　　Baltimore: John Hopkins University Press, 1998), 26-40.

6.　다음을 보라. 예, Troels Engberg-Pedersen, ed., Paul beyond the Judaism/
　　Hellenism Divide (Louisville: Westminster John Knox, 2001).

7.　W. D. Davies, *Paul and Rabbinic Judaism: Some Rabbinic Elements in Pauline
　　Theology* (London: SPCK, 1948); Ernst Käsemann, *New Testament Questions
　　of Today* (trans. W. J. Montague; New Testament Library; Philadelphia:
　　Fortress, 1969); idem, *Perspectives on Paul* (trans. M. Kohl; Philadelphia:
　　Fortress, 1971); E. P. Sanders, *Paul and Palestinian Judaism: A Comparison of
　　Patterns of Religion* (Philadelphia: Fortress, 1977).

앉을 때 명백히 드러나는 불일치점, 말하자면 바울 자신이 묘사한
유대교와 유대 자료에 나타난 유대교 사이의 모순점까지도—을 모
두 설명해주는 비교다."[8] 샌더스가 가진 접근 방식은 특별히 바울
과 그의 동시대 유대인들이, 하나님의 백성 "〔안에〕들어감"〔getting
in〕과 "〔안에〕머무름"〔staying in〕을 이해한 방식을 추적하면서, 초기
유대교와 바울의 기독교 사이를 광범위하게 비교하는 것이었다.
샌더스는 매우 많은 종류의 유대문헌을 연구했으며, 제2성전기 유
대교 대부분의 분파들이 공유하는 공통된 "종교 패턴"이 있다고
주장했다. 샌더스는 이것을 "언약적 율법주의"〔covenantal nomism〕라
고 부르면서 바울 자신이 가졌던 신학적인 체계와는 구별시켜야
한다고 생각했다.[9] 샌더스가 해석한 유대문헌과 바울서신이 세세
한 것까지 모두 다 수용되어왔던 것은 아니다. 그럼에도 불구하고
그의 연구 덕분에 오늘날 바울 학자들이, 제2성전기 유대 배경에서
그리고 당대 유대문헌과의 깊은 관계 속에서, 바울의 편지들을 해
석하는 것이 중요함을, 그 어느 때보다 더 깊이 인식할 수 있게 되
었다.[10]

---

8. Sanders, *Paul and Palestinian Judaism*, 12.
9. 하지만 James D. G. Dunn과 다른 일부 학자들은 바울의 신학 구조가,
    샌더스가 설명한 언약적 율법주의와 맞아떨어진다고 생각한다("The
    New Perspective on Paul," *BJRL* 65 (1983): 95-122; reprinted in *The New
    Perspective on Paul* [rev. ed.; Grand Rapids: Eerdmans, 2008], 99-120). (『바
    울에 관한 새 관점』, 감은사, 2018 역간).
10. 소위 바울에 관한 새관점과, 샌더스에 대한 반응으로 이후 대부분의 학
    자들 역시 세밀하게 유대문헌들을 읽고 바울의 편지들과 비교하고 있다.
    예를 들어, 다음을 보라. A. Andrew Das, *Paul, the Law, and the Covenant*

그렇지만 여전히 많은 그리스도인들, 특히 복음주의 전통에 속한 그리스도인들은 정경 외(extracanonical)문헌에 대해서, 그리고 성경을 해석하는데 있어서 그것들의 가치에 대해서 의구심을 품고 있다. 어떤 이들에게 이것은 명백히 정경성(canonicity)의 문제이다. 이는 곧 성경 외부에 있는 책들이 그리스도인에게 영향을 주도록 내버려 두어서는 안 된다는 것인데, 이러한 입장은 특히 종교개혁 이후(post-Reformation) 신학에서 두드러진다.[11] 또 어떤 이들에게 이것은 유용성(utility)의 문제이다. 이에 대해서는 존 파이퍼(John Piper)가 적절한 예라 할 수 있다. N.T. 라이트(Wright)의 바울신학 이해를 공개적으로 비판한 그의 책에서, 파이퍼는 라이트의 성경신학적(biblical-theological) 방법론을 비판의 첫 대상으로 삼는다. 즉 라이트가 너무 방대하게 정경 외 자료들을 의존한다는 것이다. 파이퍼는 (오늘날) 그리스도인들이 성경의 신학적인 주장들을, 초기 유대문헌에 비추어 살피는 것을 우려하면서, "모든 성경신학적 방법들과 범주

(Peabody, MA: Hendrickson, 2001); Simon J. Gathercole, *Where Is Boasting? Early Jewish Soteriology and Paul's Response in Romans 1-5* (Grand Rapids: Eerdmans, 2002); D. A. Carson, Peter T. O'Brien, and Mark A. Seifrid, eds., *Justification and Variegated Nomism: Volume 1—The Complexities of Second Temple Judaism* (Grand Rapids: Baker, 2001); Francis Watson, *Paul and the Hermeneutics of Faith* (London: T&T Clark, 2004); John M. G. Barclay and Simon J. Gathercole, eds., D*ivine and Human Agency in Paul and His Cultural Environment* (LNTS 335; EEC; London: T&T Clark, 2007).

11. 하지만 이러한 반응은 분명 루터의 입장—외경에 속한 책들은 "신성한 성경의 책들과 동등하게 여겨지진 않지만, 그럼에도 그것들을 읽는 것은 유용하고 좋은 일이다"라고 주장했던—을 넘어서는 것이다(*The Apocrypha: The Lutheran Edition with Notes* [St. Louis: Concordia, 2012], xviii에서 인용).

들이 다 도움이 되는 것은 아니다," "1세기의 개념들이 신약성경의
저자들이 말하고자 의도했던 것을 왜곡하거나 억누르는 데 (부주
의하게) 사용될 수도 있다"라고 경고한다.[12] 파이퍼에 따르면 그러
한 주해 상의 왜곡이 적어도 세 가지 면에서 일어날 수 있다. 그것
은 곧 "(1세기 원전) 자료에 대한 오해," "일치된 바 없음에도 자료에
대한 일치를 가정(하는 오류)," 그리고 "자료의 의미에 대한 오용(잘
못된 적용)"이다.[13] 이어서 파이퍼는 다음과 같이 결론을 내린다. "그
러므로 1세기 문헌을 읽는데 많은 시간을 소비하지 않는 학자들과
목사들, 평신도들이 성경 본문을 향한 '새로운' 또는 '신선한' 해석
을 제공하기 위해 사용되는 이러한 지배적인 개념 또는 세계관에

---

12. John Piper, *The Future of Justification: A Response to N. T. Wright* (Wheaton, IL: Crossway, 2007), 33-34. 또한 Piper가 D. A. Carson과 대화한 영상을 보라, "Mastered by the Book"(http://thegospelcoalition.org/blogs/tgc/2011/07/25/mastered-by-the-book/). 바울신학자인 Tom Holland는 Piper의 우려에 공감을 표한다. 그는 신약연구에 있어서 제2성전기 유대문헌들의 사용이 "외부에서 오는 관계없는 의미, 빈약하게 만들어진 의미를 신약성경 본문에 부과함으로써 학계의 절차를 오염시켰고, 학문의 결론들을 심각하게 왜곡시켰다"고 주장했다(*Contours of Pauline Theology: A Radical New Survey of the Influences on Paul's Biblical Writings* [Fearn, Ross-Shire, Scotland: Mentor, 2004], 51-68, here at 54). 참조. Tom Holland, *Romans: The Divine Marriage-A Biblical Theological Commentary* (Eugene, OR: Pickwick, 2011), 23–26.

13. Piper, *Future of Justification*, 34-36. 중요한 것은 E. P. Sanders가 평행하는 (유사한) 유대 자료들의 사용을 완전히 일축하진 않으면서도 (Piper와) 비슷한 위험성을 경고했다는 것이다. "평행들(유사 사례들)은 '영향'(을 준 요인)과 '유사하다'는 차원에서 '생각이 동일하다'는 차원으로 비약되지 않는 한, 문제를 밝히 설명해줄 때가 자주 있다."(*Paul and Palestinian Judaism*, 11).

대해 적절한 의심을 가지는 것은 유익한 일이다. 성경 본문이 가진 문맥은 그러한 〔새로운〕 해석을 자연스럽게 낳지 않는다."[14]

파이퍼가 교회의 예배에서 신약성경을 정확하게 해석하고 싶어 하는 바람을 우리 역시 가지고 있다. 하지만 동시대 많은 학자들은 파이퍼가 제기한 우려가 신약성경의 의미를 밝히는 데 있어서 제2성전기 유대문헌을 사용함이 갖는 많은 이점들을 인식하지 못하게 만들었다고 지적한다. 물론 고대 문헌들을 오해하고 오용하는 것은 성서학 안에서 실제적인 위험 요소이다. 반세기도 더 전에 새뮤얼 샌드멜〔Samuel Sandmel〕은, 이를테면 "평행광"〔parallelomania〕과 같이, 불합리할 정도로 배경 자료를 사용하는 것에 대해 학계에 경고를 날린 바 있다.[15] 결론적으로 비교 문헌의 오용을 막는 적절한 해결책은 성경을 연구하는 학생들이 그것들을 완전히 무시하는 것이 아니라, 책임 있게 다루는 것이라 할 수 있다. 파이퍼의 주장에 대해 라이트는 다음과 같이 응답한다. "물론 겨우 최근에야 발견된 사해문서와 같은 문헌은 아직 광범위하게 논의되지 않았다. 또한 그 문헌의 배경도 상당한 논쟁 중에 있다. 하지만 당대 문화나 문헌을 걸러내면서 이미 성경의 '배경〔context〕 인식'을 가지고 있다고 말하는 것은, 단지 〔계속해서〕 과거의 '배경 인식'에만 의존하겠다는 것을 의미할 뿐이다."[16] 반세기도 더 전에 브루스 메츠거〔Bruce

---

14. Piper, *Future of Justification*, 36.

15. Samuel Sandmel, "Parallelomania," *JBL* 81 (1962): 1-13.

16. N. T. Wright, *Justification: God's Plan and Paul's Vision* (Downers Grove, IL: InterVarsity, 2009), 48.

Metzger) 역시 성서학에서 초기 유대문헌(특히 외경〔Apocrypha〕)이 갖는 중요성에 대해 다음과 같이 평가한 적이 있다.

외경을 〔신구약〕 두 성경의 핵심이라고 부르는 것은 도가 지나친 일이 겠지만, 이 중간기 문헌들이 역사적인 연결부 역할, 곧 대다수의 성경 독자들에게는 수백 년의 공백으로 남아있는 부분을 연결해주는 유용한 역할을 한다고 간주하는 것은 결코 지나친 일이 아니다. 그 중요한 시기 동안에 이루어진 유대인의 사고와 삶의 전개에 대해 외경이 우리에게 말하는 바를 무시하는 것은, 식민지 시절부터 20세기까지 일어난 산업혁명과 사회혁명을 고려하지 않고도 오늘날 미국의 문화와 문명을 이해할 수 있다고 상상하는 것만큼이나 어리석은 일이다.[17]

파이퍼는 외부 자료의 의미를 성경 본문에 불합리할 정도로 부과하는 것에 대해 특히 염려하는 것으로 보인다. 그것이 나름 일리가 있는 염려이긴 하지만, 파이퍼가 깨닫지 못한 것은 많은 비교 연구들이 문헌들 사이에 유사점을 찾아내는 것만큼이나—그 이상은 아니라 하더라도—신학적인 차이점을 밝혀내는 데에도 관심을 둔다는 것이다. 따라서 바울의 편지들을 올바르게 해석하려고 바

---

17. Bruce M. Metzger, *An Introduction to the Apocrypha* (Oxford: Oxford University Press, 1957), 151-52. 또한 다음을 보라. David A. deSilva, *The Jewish Teachers of Jesus, James, and Jude: What Earliest Christianity Learned from the Apocrypha and Pseudepigrapha* (Oxford: Oxford University Press, 2013).

울을 연구하는 학생들은 제2성전기 유대문헌을 **무시해서는 안 된**
다. 신학적인 연속성 그리고 불연속성을 인지하기 위해 자주〔frequen-
cy〕, 정확하게〔precision〕, 그리고 기꺼이〔willingness〕 그것을 **사용해야 한**
다.

바울을 유대교 안에 위치시킨 학술 논문들은 많이 있지만, 초급
내지 중급 학생들을 위한 것으로서 너무 전문적이지 않으면서도
바울이 당대 유대인들과 어떻게 유사하고 또 어떻게 다른지를 직
접 확인할 수 있도록 돕는 자료는 사실상 거의 없는 실정이다. 이
에 본서는 제2성전기와 바울의 관계를 연구함에 있어서 바울과 그
의 동시대 유대인들이 가졌던 관점과 해석의 관습들을 비교하고
대조하면서도 이해하기 쉽게 기록된 에세이들을 시리즈로 한데 묶
었다. 본서는 단순히 역사적인 사건들과 신학적인 주제들을 조사
하는 서론 수준을 넘어서서, 바울신학의 배경과 바울의 사고의 뉘
앙스를 밝혀내기 위하여 제2성전기 유대문헌에 속한 단락들을 선
별하여 살펴보는 책이다.

본서는 논의에 집중할 수 있도록 바울이 로마에 쓴 편지에만,
그리고 수많은 내용들 중에서도 적합한 목표 본문에만 초점을 맞
출 것이다. 위에서 언급한 바와 같이, 로마서는 다른 바울 서신집에
나타나는 거의 모든 쟁점들을 다루는 가장 포괄적인 편지라 할 수
있다. 로마서의 전개를 따르면서, 본서의 각 장은 다음과 같은 원칙
을 따를 것이다. (1) 로마서의 주요 구분단위와 주제적으로 연관된
하나 이상의 유대문헌 본문을 나란히 짝지어 놓는다. (2) 비교 본문
의 신학적 뉘앙스를 소개하고 탐구한다. (3) 비교 본문에 나타나는

개념들이 로마서에 표현된 개념들을 어떻게 조명해주는지를 보여준다. 또한 각 장의 끝에는 추가적인 연구를 위해서, 주제적으로 연관된 다른 제2성전기 유대문헌들을 간단하게 나열해 놓은 목록과 학술문헌들 안에서 이뤄지는 더 수준 높은 논의, 그리고 학생들에게 비평판들을 알려주는 참고문헌이 포함되어 있다. 마지막으로 본서의 끝에는 독자들이 중요한 용어들의 정의를 찾아볼 수 있도록 용어해설도 포함시켜 놓았다. 책 전체를 읽든 혹은 단 몇 편의 에세이만을 읽든지 간에, 우리는 독자들이 성경 외 유대문헌에 대한 새로운 인식을 얻게 되기를 바란다. 또한 신약성경과 당대 문헌들을 나란히 함께 연구할 때에 많은 유익이 있음을 깨닫고, 바울과 로마서에 대하여 더 나은 이해를 얻게 되길 바란다.

하지만 본격적으로 비교 작업에 들어가기에 앞서, 먼저 제2성전기에 발생한 사건들과 이때 등장한 문헌들을 간단하게나마 살펴보는 작업이 필요할 것 같다.

제1성전기에서부터 제2성전기에 이르기까지의
초기 유대문헌과 제2성전기 문헌 소개

이스라엘 민족의 역사에 있어서 중추적인 사건이라 할 수 있는 출애굽 때에, 아브라함의 후손들은 거의 400년 동안의 강제 노역을 마치고 마침내 바로에게서 풀려나 자유하게 되었다. 이스라엘인들은 하나님에 의해 광야로 인도되어 시내산에서 히브리인의 삶과 종교를 규정하는 모세 율법을 수여받았고 또한 자신들의 공동체 중심에 제사 체계를 가지게 되었다(출 19:1-8). 구별된 삶의 방식(레 20:22-26)으로 인하여 다른 민족들과 분리된 이스라엘인들은 거룩한 언약을 모독하지 않기 위해서, 혹은 약속의 땅으로부터 쫓겨나지 않기 위해서 하나님께서 그들에게 주신 명령들을 지켜야 했다(레 26:14-39; 신 28:15-68; 30:15-20).

가나안 정복에서부터 통일 왕국 끝자락에 이르기까지 이 민족은 거의 500여 년 동안 그 땅에 거주했다. 이 시대에 솔로몬 왕은, 본래 다윗이 간절히 이루고자 계획했던, 첫 번째 성전 건축을 [주전] 10세기 중반에 완성했다(왕상 6:1-8:66). 솔로몬의 죽음 이후 왕국은 분열되었고 이후 악한 통치자들이 줄을 이었다. 이스라엘의 북쪽 열 지파(이스라엘 왕국/사마리아)는 주전 722년 앗시리아에게 사로잡혀 포로가 되었고(왕하 17:1-23; 18:9-12), 남쪽 두 지파(유다왕국) 역시 결국 더 나을 것이 없었다. 주전 6세기 초 바벨론은 예루살렘에서 전쟁을 벌였고, 주전 586년 느부갓네살 왕은 마침내 첫 번째 성전과 예루살렘을 파괴했다. 이로 인해 그곳에 살던 많은 거주민들이 쫓겨나게 되었다(왕하 24:10-25:21; 대하 36:17-21).

바벨론 포로기는 이스라엘 역사상 최악의 부분이라 할 수 있다. 이스라엘 민족은 언약에 대한 불순종의 결과로 신명기의 저주가 주는 최대치의 타격을 입었다. 그 결과 이스라엘인들은 이전에 야웨께서 모세와 선지자들을 통해 일어나리라 약속하셨던 대로, 자신들의 땅을 잃게 되었다.

하지만 포로가 되기 이전에 이미 하나님께서는 흩어진 당신의 백성들을 그들의 땅으로 [다시] 돌아오게 하실 것이며, 또한 이 민속을 완전하게 회복시키실 것도 함께 약속하셨다(레 26:40-45; 신 30:1-10; 32:34-43; 사 40:1-66:24; 렘 30:1-31:40; 겔 36:8-37:28). 이스라엘은 이전 날의 영광을 다시 누리게 될 것이었다. 실제로 그들은 바벨론의 지배 아래 오랫동안 머물지 않았다. 주전 539년 페르시아의 고레스는 바벨론을 정복하고, 모든 포로들이 그들 조상의 땅으로 돌아가도 된다는 그 유명한 선포를 내렸다(대하 36:22-23; 스 1:1-4). 이에 따라 많은 이스라엘인들이 차츰 귀환하여 예루살렘을 재건하게 되었다. 스룹바벨은 성전을 재건하는데 있어서 중요한 역할을 맡았고, 느헤미야는 성벽의 건축을 감독했다(스 3:8-6:15; 느 2:9-6:15). 제2성전기의 시작을 알리는 표시는 곧 주전 516년 이루어진 이 제2성전의 건축이라 할 수 있다.

그러나 새롭게 재건된 도시는 약속된 그 모습이 결코 아니었다. 새로운 성전의 기초를 바라보면서, 이스라엘 귀환자들 중 어떤 이들은 찬양했으나, 또 어떤 이들은 위엄 없는 초라한 모습에 통곡하기도 했다(스 3:10-13; 학 2:3). 이스라엘에게 약속된 회복은 에스라와 느헤미야의 손을 통해 이루어지지 않았다. 이후의 시간들이 보여주듯이, 하나님께서 자신의 백성에게 맹세하신 평화와 번영은 바벨론 포로기 이후 곧장 실현되진 않았다. 오히려 자손 대대로 여전히 다른 강대국들—즉 메디아-페르시아, 그리스, 로마—의 손에 정복되고 고난 받는 모습이 목격될 뿐이었다. 그리고 이러한 경험들은 유대인들이 기록한 문헌들에 중요한 특색을 덧입혔다.

이스라엘은 주전 539년부터 대략 332년까지 메디아-페르시아 제국의 지배 아래서 살아남았다. 이후 알렉산드로스 대왕이 이끄는 그리스 제국은 〔당시〕 알려진 세계 전반을 정복했지만 그의 통치는 오래가지 못했다. 주전 323년 알렉산드로스가 죽은 후에, 그의 영토는 군대 장군들에 의해 분할되었고, 그들은 각기 자신들의 왕국을 세워 나갔다(예, 이집트의 프톨레미 왕국, 시리아의 셀류키드 왕국). 그들은 알렉산드로스 대왕의 헬레니즘 혹은 그리스 문화를 조직적으로 전파하는 일을 계속해서 해나갔다(마카비1서 1:1-9; 마카비2서 4:7-17). 서로 간에 자주 전쟁에 휘말리기도 했던 이 왕국들은 지리적으로 그들 사이에 있었던 유대인들에게는 큰 위협이었다. 특히 주전 167년 안티오코스 4세 에피파네스가 통치했던 셀류키드 왕국은 예루살렘을 공격하고(마카비1서 1:20-40), 성전을 훼손했으며(1:47, 54, 59), 언약 준수를 금지시켰고(1:41-53), 토라를 소유하지 못하게 했다(1:56-57). 안티오코스는 헬레니즘화를 추구하면서 유대 관습들을 금지시켰고(1:41-44), 난폭하게 〔헬레니즘과의〕 동화를 밀어붙였다(1:50, 57-58, 60-64). 하지만 안티오코스의 박해가 그저 수동적으로 묵인되지만은 않았다. 그에 대한 반응으로 일어난 유대인의 저항(마카비 항쟁, 주전 167-142년)은 결국 땅을 되찾고, 성전을 재봉헌하며, 하누카 절기를 제정하는 것으로 이어졌다(마카비1서 4:36-59; 요세푸스, 『유대고대사』 12.316-325).

하스모니아(마카비 항쟁을 이끈 가문)의 새로운 국가 통치가 시작되자, 다양한 그룹들이 이스라엘의 정치 및 성전의 지도부를 어떻게 운영할 것인지에 관해서 서로 다른 견해들을 나타냈다. 이러한 내부 싸움으로 인해 유대 민족의 지도부는 약화되었고, 결국 이스라엘은 주전 63년, 율리우스 카이사르와 동시대 로마 장군이었던 폼페이우스에 의해 장악되어 로마공화국의 영토가 되었다. 대체적으로 로마가 유대인들의 종교 관습을 묵인해 주기는 했지만, 정치적·문화적·종교적으로 그들을 동화시키려는 압박은 항상 존재했다. 이후 열심당(투쟁을 벌였던 유대인 그룹)은 또 다시 항쟁이 성공할 수 있다는 희망을 부추겼지만, 로마는 곧 황제에 오를 티투스의 통치 아래, 주후 70년, 유대인들을 쓰러뜨렸고 제2성전을 파괴시켰다(요세푸스, 『유대전쟁』 6.220-270). 그리고 이는 곧 제2성전기의 최후를 의미했다.

유대인에게 있어서 제2성전기(주전 516년-주후 70년)는 페르시아의 지배로 시작하여 로마의 지배로 끝이 났다. 의심할 여지없이 이 기간은 유대인들에게 위기의 시간이었다. 경건한 남성들과 여성들은 그들이 경험한 것들을 숙고했다. 유대인들을 동화시키려는 이방 국가들이 줄이어 세워지고 압박은 계속되었음에도 불구하고, 수많은 제2성전기 유대문헌 작품들에는 언약 속에서의 삶과 하나님에 관하여 유대인들이 가졌던 사상과 소망이 간직되어 있었다. 달리 말해 이러한 사상들이 이 시기에 만들어진 수많은 문헌들 속에서 살아남았다. 이제 우리는 바로 이 문헌들을 살펴보고자 한다.

제2성전기 유대문헌 개요

제2성전기 유대문헌은 수백 년 동안 다양한 언어와 다양한 저자들에 의해 기록되었다. 또한 이 문헌들은 상당 부분 고대 근동 지역을 아우르는 지역에서 유래했다. 이 문헌들의 특징을 찾고 어떤 범주를 부여하는 것은 결코 쉬운 일이 아니다. 고대 유대교를 연구하는 학자들은 보통 제2성전기 유대문헌들을 세 가지의 주요 본체들—칠십인역(Septuagint), 외경(Apocrypha), 위경(Pseudepigrapha)— 중 하나로 규정한다. 원저자들을 알 수 없는 이 문헌 모음집들은 후대 편집자와 학자 모두에 의해서 혹은 어느 한 쪽에 의해서 결정 되곤 하는데, 이러한 연고로 문헌집들이 때론 다른 곳에서 중복되 어 나타나기도 한다.

칠십인역(약자로 LXX)은 그리스어로 번역된 구약성경과 더불 어 다른 유대문헌들을 담고 있는 유대문헌 모음집이다. 히브리어 성경에 대한 다른 그리스어 번역본들도 있었지만, 이것이 가장 널 리 사용되었던 고대 유대의 성경 번역이라 할 수 있다. 구약 외경 (또는 제2경전(deuterocanonical)이라 불리는 책들)은 (히브리 성경에 는 없지만) 칠십인역에서 발견되는 문헌들의 일부이다. 이것은 교 부 (그리고 중세) 그리스도인들에 의해서 권위 있는 것으로 받아들 여졌고, 불가타(Vulgate)(라틴어로 번역되어 중세교회에서 권위 있 게 받아들여진 판본)에도 포함되었다.[18] 서로 다른 그리스도인 그룹 들이 외경과 관련하여 다양한 정경 목록을 가지고 있긴 했지만, 주 요한 작품들로는 토비트, 유딧, 에스더 추가 부분, 솔로몬의 지혜, 시락(집회서), 바룩, 예레미야의 편지, 다니엘 추가 부분(아자리아

18. 이 문헌들이 교부들에게 정경적인 지위를 가졌는지는 불분명하다. 하지만 교부들은 분명 그것들을 권위있게 다루었다. 이후에 이 문헌들은 교부 시 대에 교회가 수용했다는 것을 근거로, 로마가톨릭과 정교회 그리스도인들 에 의해 구약성경 안에 포함되었다.

의 기도, 세 청년의 노래, 수산나, 벨과 용), 마카비1서, 마카비2서
가 있다. 특정한 기독교 전통들은 또한 에스드라1서, 에스드라2서
(그리스어로는 "에스라"), 므낫세의 기도, 시편 151편과 같은 작품
들에 특별한 지위를 부여하기도 했다. 히브리 성경의 그리스어 번
역과 후대에 외경으로 알려지게 된 문헌들 외에도, 어떤 칠십인역
사본에는 (므낫세의 기도를 포함하여) 마카비3서, 마카비4서, 에스
드라1서, 『솔로몬의 시편』, 『솔로몬의 송시』가 포함되어 있기도 하
다.

구약 위경("허위로 기재된 문서들"을 의미한다)은 몇몇 고대
유대문헌들로 이루어진 별개의 본체라 할 수 있다. 여기에 속한 많
은 문헌들은 실제로는 구약성경 속 유명한 인물들에 의해 기록되
지 않았음에도 불구하고 그들에 의해 기록된 것이라고 주장한다.
위에서 언급한 칠십인역 작품들 중 일부도 이렇게 허위로 기재되
어 있다. 예를 들어, 솔로몬의 지혜나 『솔로몬의 시편』도 이스라엘
의 세 번째 왕인 솔로몬의 이름을 쓰고 있지만, 분명 그를 통해 기
록된 것은 아니다.[19] (상대적으로) 고정된 문헌들을 가지고 있는 본
체인 칠십인역 그리고 외경과는 달리, (제2)경전으로 여겨지지 않
았던 초기 모든 유대문헌들은 대개 위경이라는 유동적인 범위 안

---

19. 일반적으로 비-정경(noncanonical), 비-제2경전(nondeuterocanonical) 작품들의
    제목은 이탤릭체로 표기한다. 참조. Patrick H. Alexander et al., eds., *The SBL
    Handbook of Style: For Ancient Near Eastern, Biblical, and Early Christian
    Studies* (Peabody, MA: Hendrickson, 1999), 73-81.

에 들어갔다—필론, 요세푸스, 그리고 사해문서는 제외다.[20]

이와 같은 분류(특히 외경)가 널리 사용되고 있고, 실제로 특정 종교 전통들 가운데서 권위 있게 여겨지는 문헌들을 분류할 때도 유용한 것이 사실이지만, 이러한 문헌들을 분류하는 더 기술적인 〔descriptive〕 대안이 있다. 그것은 바로 장르를 따르는 것이다. 이제 우리는 초기 유대문헌의 주요 장르들을 살펴보려 한다.[21]

친숙하기도 한, 첫 번째 초기 유대문헌 장르는 바로 **역사**이다. 에스드라1-2서, 마카비1-2서와 같은 일부 작품들이 이 범주 안에 들어간다. 에스드라1-2서(불가타)는 에스라서와 느헤미야서를 언급하면서 이스라엘의 포로기 직후의 역사를 알려준다.[22] 마카비1-2서는 구약성경과 신약성경 사이에 일어난 마카비 항쟁과 같은 중요한 사건들을 기록하고 있다. 이와 같이 초기 유대인의 역사는 제2성전기 유대인들의 책무와 위기, 영향, 사건들을 이해하는데 있어서 필수라 할 수 있다.

---

20. Loren T. Stuckenbruck, "Apocrypha and Pseudepigrapha," in *Early Judaism: A Comprehensive Overview* (ed. J. J. Collins and D. C. Harlow; Grand Rapids: Eerdmans, 2012), 173-203, at 191-92. (『초기 유대교』, 2020 감은사 출간 예정).

21. 우리의 개요는 대체로 다음 책에 나오는 범주를 따른다. James C. Vander-Kam, *An Introduction to Early Judaism* (Grand Rapids: Eerdmans, 2001), 53-173.

22. 고대 그리스어(LXX)로 된 『에스드라1-2서』는—그것이 옮겨진—라틴어(불가타)로 된 것과 그 내용이 다르다. 예를 들어, 『에스드라2서』는 묵시적 작품인 『에스라4서』를 가리키기도 한다. 또한 느헤미야서를 가리키기도 하고(불가타), 에스라서와 느헤미야서가 결합된 책을 가리키기도 한다(LXX).

두 번째 초기 유대문헌 장르는 **이야기**〔tales〕이다. 제임스 밴더켐
〔James VanderKam〕에 따르면, 이것은 "역사성을 심각하게 따지지 않
는 이야기〔stories〕이며, 진행되는 이야기의 줄거리나 대화를 통하여
지혜를 가르치려는 목적을 가지고 있다."[23] 이 범주에는 토비트, 유
딧, 수산나, 『마카비3서』, 『아리스테아스의 편지』와 같은 문헌들이
포함된다. 이러한 작품들은 일반적으로 유대교 신앙의 모범을 만
들고 하나님의 약속에 대한 신뢰를 고취시키고자, 내러티브의 중
심에 훌륭하고도 때로는 영웅적이기까지 한 남녀를 위치시킨다.

세 번째 장르는 **재서술된 성경**〔rewritten Scripture〕이다. 이 그룹에
속한 책들은 보통 내러티브 형식을 취한다. 이 작품들은 전형적으
로 구약성경의 특정한 사건들과 인물들의 이야기를 재현하고, 바
꾸어 말하며〔paraphrase〕, 더 정교하게 설명한다. 『희년』(창조 때부터
시내산〔사건〕 때까지의 성경 속 사건들을 개작한 이야기), 『창세기
비록』(선별된 족장들의 내러티브 확장판)과 같은 책들이 이 범주
에 속한다. 또한 일부 학자들은 『아담과 이브의 생애』(삶의 회복과
죽음의 도래에 관한 이야기), 『열두 족장의 유언』(창세기 49장에서
야곱이 그의 열두 아들들에게 남긴 유언을 상세히 설명한 작품) 역
시 재서술된 성경으로 여기기도 한다. 이와 같은 작품들은 주석적
인 해설이 상당히 드물었던 시기인 제2성전기 동안에, 성경 문헌이
어떻게 해석되었는지를 보여준다는 면에서 그 중요성을 갖는다.[24]

---

23. VanderKam, *Introduction to Early Judaism*, 69.
24. 참조, Molly M. Zahn, "Rewritten Scripture," in *The Oxford Handbook of the
    Dead Sea Scrolls* (ed. T. H. Lim and J. J. Collins; Oxford: Oxford University

네 번째 초기 유대문헌 장르는 **묵시록**〔apocalypse〕이다. 일반적으로 이것은 초자연적 존재나 때로는 천사를 통하여 인간 수신자(예언자)에게 주어진 저 세상〔otherworldly〕의 환상들로 구성된다. 대부분의 유대 묵시록은 심각한 고난의 시기에 기록되었다―특히 셀류키드의 압제 시기 그리고 이후 유대인의 성전을 파괴한 로마의 시기에 말이다. 그래서 묵시록은 과거와 현재, 미래의 사건들에 관하여 천상의 시각을 제시함으로써 고난 받는 유대 공동체를 위로하려고 노력한다. 대개 정교한 상징적 표현 안에서 암호화 된 환상들은 정치적인 억압과 악의 최종적인 종결을 고대하고 있다. 초기 유대 묵시록에는 『에스라4서』, 『시뷜라의 신탁』, 『모세의 유언』, 그리고 『에녹1서』의 일부분, 곧 「관찰자의 책」(에녹1서 1-36장), 「에녹의 비유」(에녹1서 37-71장), 「천계문헌들의 책」(『에녹1서』 72-82장), 「꿈속 환상의 책」(『에녹1서』 83-90장), 「주간의 묵시」(『에녹1서』 93:1-10; 91:11-17)가 포함된다.

다섯 번째 장르는 **시**이며, 여섯 번째 장르는 **지혜문학**이다. 이들은 모두 내용과 형식면에서 앞서 존재했던 성경문헌들(욥기, 시편, 잠언, 전도서)과 유사하다. 히브리 시라 하면 보통 보격〔meter〕과 구조적인 평행을 활용하는 애가와 찬송시를 의미한다. 유대 역사에서 이 시기 동안에 쓰인 시들은 일반적으로 고난과 억압에서 구원을 바라며 주께 애원하는 내용을 담고 있다. 여기에는, 예를 들자면, 『솔로몬의 시편』, 므낫세의 기도, 아자리아의 기도, 세 청년의

Press, 2010), 323-36.

노래가 포함된다. 지혜문학은 사람들에게 미덕을 갖추고 사는 법을 가르치기 위해 보편적인 경험에 호소한다. 예를 들어 여기에는 시락(집회서), 솔로몬의 지혜, 그리고 아마도 바룩과 「에녹의 편지」(『에녹1서』 91-108장)가 포함된다.[25]

추가적으로 세 가지 모음집이 특별히 더 언급될 가치가 있다. 사실 우리는 지금까지 조사한 다양한 작품들보다 이 모음집의 출처를 훨씬 더 잘 알고 있다. 첫 번째는 바로 필론(주전 20년-주후 50년)의 작품들이다. 이집트 알렉산드리아 출신, 디아스포라 유대인이었던 필론은 플라톤주의(Platonism)에 상당한 영향을 받았다. 필론은 수많은 철학적인 논고와 오경에 대한 주해 연구서를 기록했다. 두 번째는 역사가 요세푸스(주후 37-100년)의 작품들이다. 한때 바리새파 유대인이자 군대 지도자였던 요세푸스는 예루살렘에서 이루어진 로마와의 전쟁 기간 동안에 포로로 붙잡혔고, 결국 로마 시민이 되고 베스파시안 황제에 종속되었다. 현존하는 요세푸스의 네 가지 작품들은 곧 유대인들의 역사(『유대 고대사』), 예루살렘 전쟁 이야기(『유대 전쟁사』), 유대인의 삶의 방식과 유대교를 변호하는 작품(『아피온 반박』), 그리고 자서전(『생애』)이다. 세 번째는 사해문서다. 쿰란(Qumran) 근처에서 발견된 많은 문서들이 구약성경의 고대 사본들이거나 혹은 외경과 위경 문헌의 번역본들이다(예, 토비트, 『에녹1서』, 『희년』). 그리고 대부분은 분파주의(sectarian) 문서—사해 공동체가 어떻게 시작되었고 조직되었으며, 또한

25. VanderKam, *Introduction to Early Judaism*, 115-24.

공동체의 구성원들이 어떻게 살아야 하고 예배해야 하는지를 설명하는 작품—이다. 이 작품들은 발견된 쿰란 동굴의 번호(1Q, 4Q 등)와, 목록 번호에 따라 표기된다. 또한 여기에 속한 많은 작품들이 내용에 따라 짧게 축약된 이름을 따로 갖고 있기도 하다(예, 1QS =『공동체의 규율』, 1QH =『호다요트』/『감사찬송』, 4QMMT =『일부 율법의 행위들』).

여기서의 우리의 목표는 초기 유대인의 역사와 문헌을 이해함에 있어 기초가 되는 몇몇 내용들을 간략하게 개관하는 것이었다. 자세한 전말을 파악하기 위해서는 아래에 나열된 자료들을 참고해야 한다. 이제 우리는 바울이 가진 유대적 배경을 파악함과 동시에, 제2성전기 유대문헌들과 대화를 나누며 로마서를 읽어 나가고자 한다.

더 읽을거리

초기 유대문헌에 대한 가장 포괄적인 개요는 다음을 보라.『신약성경 연구를 위한 고대 문헌 개론』(솔로몬, 2018; Craig A. Evans, *Ancient Texts for New Testament Studies: A Guide to the Background Literature* [Peabody, MA: Hendrickson, 2005]). 이 책은 문헌들을 요약하며 연구 도구들과 핵심적인 학술 자료들을 제공하고 있다. 또한 중요한 문헌에 대해서는 상세한 참고문헌 목록을 제공하고 있다. 그리고 이 책의 부록은 어떻게 유대문헌이 신약성경을 조명해

주는지를 보여준다. 또한 다음을 보라. David W. Chapman and An-
dreas J. Köstenberger, "Jewish Intertestamental and Early Rabbinic
Literature: An Annotated Bibliographic Resource Updated (Part 1),"
JETS 55 (2012): 235-72; David W. Chapman and Andreas J. Kösten-
berger, "Jewish Intertestamental and Early Rabbinic Literature: An
Annotated Bibliographic Resource Updated (Part 2)," *JETS* 55 (2012):
457-88.

초기 유대문헌 표준 번역서

Bauckham, Richard, James R. Davila, and Alexander Panayotov, eds.
Old Testament Pseudepigrapha: More Noncanonical Scriptures.
Grand Rapids: Eerdmans, 2013.

Charlesworth, James H., ed. *The Old Testament Pseudepigrapha.* 2
vols. Garden City, NY: Doubleday, 1983-1985.

Coogan, Michael D., Marc Z. Brettler, Carol Ann Newsom, and
Pheme Perkins, eds. *The New Oxford Annotated Apocrypha: New
Revised Standard Version.* Rev. 4th ed. Oxford: Oxford University
Press, 2010.

García Martínez, Florentino, and Eibert J. C. Tigchelaar, eds. *The
Dead Sea Scrolls Study Edition.* 2 vols. Leiden: Brill, 1997-1998.

Pietersma, Albert, and Benjamin G. Wright, eds. *A New English
Translation of the Septuagint.* Oxford: Oxford University Press,
2007.

초기 유대문헌 개론서

Collins, John J., and Daniel C. Harlow, eds. *Early Judaism: A Comprehensive Overview*. Grand Rapids: Eerdmans, 2012.

deSilva, David A. *Introducing the Apocrypha: Message, Context, and Significance*. Grand Rapids: Baker, 2002.

Helyer, Larry R. *Exploring Jewish Literature of the Second Temple Period: A Guide for New Testament Students*. Downers Grove, IL: InterVarsity Press, 2002.

Kamesar, Adam, ed. *The Cambridge Companion to Philo*. Cambridge: Cambridge University Press, 2009.

Mason, Steve. *Josephus and the New Testament*. 2nd ed. Peabody, MA: Hendrickson, 2002.

Nickelsburg, George W. E. *Jewish Literature between the Bible and the Mishnah: A Historical and Literary Introduction*. 2nd ed. Minneapolis: Fortress, 2011.

VanderKam, James C. *An Introduction to Early Judaism*. Grand Rapids: Eerdmans, 2001.

VanderKam, James C., and Peter Flint. *The Meaning of the Dead Sea Scrolls: Their Significance for Understanding the Bible, Judaism, Jesus, and Christianity*. San Francisco: HarperCollins, 2002.

제1장

『솔로몬의 시편』과 로마서 1:1-17
"하나님의 아들"과 예수의 정체성

웨슬리 힐(Wesely Hill)

사도 바울은 로마교회에 보내는 편지를 시작하면서 복음의 핵심 요소들을 간략하게 요약했다. 즉, 이 복음이 하나님께로부터 시작되었고(롬 1:1), 선지자들의 글에 예언되었으며(1:2), 마침내 그 중심에 하나님의 "아들"을 두게 되었다는 것이다(1:3, 9). 이 아들은, 바울에 따르면, 성령의 활동을 통해 권능으로 부활(1:4) 다윗의 후손으로서(1:3), 이제는 특정한 사람들—특히 바울 자신—에게 은혜를 주시고 사도로 삼으셔서 자신이 누구인지〔identity〕와—모든 민족을 구원하는—자신의 능력을 증언하게 하셨다(1:5).

이러한 바울의 요약이 차례대로 제시되고 있기에 이해하며 따라가는 것이 어렵지는 않지만, 그럼에도 몇 가지 난해한 문제가 발생한다. 이스라엘의 하나님께 "아들"이 있다는 것이 도대체 무슨 의미인가? 바울이 신의 활동 안에 이뤄지는 생식이나 출산과 같은 이교적인 개념들을 어느 정도 수용했음을 의미하는 것인가? 또한 하나님의 "아들"이 부활할 때에 비로소 "권능으로 하나님의 아들"로 "선포되었다" 혹은 "지정되었다"(NIV)는 것은 무슨 의미인가? 예수 그리스도께서 죽은 자들 가운데서 부활하기 이전에는 하나님의 아들이 아니었다는 것을 암시하고 있는 것인가?

이와 같은 질문을 할 때는 먼저 성경 해석의 기본 원리들과 규칙들을 떠올리는 것이 중요하다. 즉, 우리는 어떤 본문을 다룰 때에 시간적으로 "이후에" 놓인 것(본문이 어떻게 해석되고 사용되었는지를 의미한다—역주)뿐 아니라, 그 본문 "이면에" 놓인 배경에도 초점을 맞추어야 한다. 다시 말해서, 바울을 읽을 때 우리는 바울의 진술에서부터 발전해 나가는 "하나님의 아들"에 관한 가르침에 주목해야 하면서도, 또 한편으로는 과연 바울 당대의 유대인들은 하나님의 아들이란 칭호에 대해 무엇을 말하고 있는지, 그리고 그 칭호가 하나님의 목적 안에 있는 예수의 역할을 설명하는 바울의 방식에 어떠한 영향을 주었는지를 놓쳐서는 안 된다.

바울이 당대에 "하나님의 아들"이란 용어를 처음 사용한 유대인은 결코 아니었다. 이 용어는 이미 구약성경에서 하나님께 입양된 "아들"로서의 이스라엘 국가를 비유적으로 가리키거나(출 4:22-23; 호 11:1), 더 나아가 이스라엘의 왕을 가리키는 데 사용되었다(삼하 7:14; 시 2:7). 그러나 제2성전기 유대 저자들은 마치 뛰어난 연주가들처럼, 하나님의 아들이라는 한 주제를 가지고 다양한 변주곡들을 연주해내기 시작했다. 여기에 속하는 한 사례로『솔로몬의 시편』을 들 수 있다.『솔로몬의 시편』은 본래 1세기에 히브리어로 기록된 18개의 시편을 모아 놓은 것인데, 이후에 그리스어로 번역되어 칠십인역에 포함되었다. 본 장에서는 『솔로몬의 시편』 중에서도 특별히 17편을 통하여, 로마서 1장에 나타난 바울의 **기독론**을 더 자세히 살펴보고자 한다.

『솔로몬의 시편』: "다윗의 후손, 그들의 왕을 그들을 위해 세우소서"

『솔로몬의 시편』은 신실하게 율법을 지키는 유대인이 곤경에 처했던 시기에 문자적이고도 표상적으로 지어진 것으로 보인다. 『솔로몬의 시편』 가운데 가장 중요한 17편은 서쪽 이방인의 땅에서 온 한 군인에 대해 언급하고 있다(『솔로몬의 시편』 17:12-14). 이 군인은 아마도 주전 63년 예루살렘을 장악하고, 결국 조국에서 멀리 떨어진 이집트에서 죽임을 당한 로마 장군 폼페이우스일 것이다(참조, 2:26-27). 폼페이우스가 예루살렘을 정복한 이후에 성전에서 보여준 행동은 신성모독적이었기에, 이는 율법을 준수하는 유대인들로 하여금 다시 하나님의 심판을 부르짖게 만들었다. 그러나 이것이 『솔로몬의 시편』의 저자(들)가 마주한 유일한 난관은 아니었다.[1] 예루살렘 내부에 있는 신실하지 못한 자들, 곧 예루살렘

---

1. 이 시편의 최종 형태에 다수의 저자들이 관여했지만, 여기서부터는 편의상 한 명의 저자로 언급할 것이다.

에서 정치와 종교를 장악했던 하스모니아 왕조, 사두개파(17:6, 45; 참조, 1:8) 역시 시편 저자에게 위기감을 주었고, 또한 율법을 준수하는 삶의 방식에도 위협을 가했다.

결과적으로 시편 저자와 그 백성들은 종말론에 관심을 두게 되었다. 그들은 예루살렘의 현 상황을 받아들이기보다는 종말론적 메시아가 미래에 와서 잘못된 것을 바로 잡고, 당시에 만연했던 악을 무너뜨려 주기를 기대했다. 실제로 R.B. 라이트(Wright)에 따르면, "『솔로몬의 시편』은 현존하는 다른 어떤 유대문헌보다도, 메시아에 관한 중요한 개념들을 많이 담고 있다."[2]

다윗 계열의 통치자인 메시아

『솔로몬의 시편』 저자는 하나님께서 다윗과 그의 후손들을 이스라엘의 왕으로 세우셨음을 확인하는 가운데 17편을 시작한다. "주여, 당신께서 다윗을 이스라엘의 왕으로 세우셨나이다. 그리고 그의 후손에 관해 그에게 맹세하셨나이다. 그의 왕국은 영원히 당신 앞에서 사라지지 않으리라고!"(17:4). 그리고 4절 이후에는 예루살렘을 정복한 군인이 저지른 신성모독에 초점을 맞추며, 예루살렘이 겪는 현재의 곤경들과 함께 잘못 되어가는 모든 일들을 나열한다(17:5-20). 시편 저자는 이런 암울한 상황에 대한 반응으로, 하나님께서 개입해주시기를 간구한다. "보소서. 오, 주여, 당신께서

---

2.   R. B. Wright, "Psalms of Solomon: A New Translation and Introduction," in *The Old Testament Pseudepigrapha* (vol.2; ed. James H. Charlesworth; Garden City, NY: Doubleday, 1985), 639-70, 643.

알고 계신 시간에, 오 하나님, 당신의 종 이스라엘을 다스릴 다윗의 후손, 그들의 왕을 그들을 위해 세우소서"(17:21).

종말론적 대리자인 메시아

『솔로몬의 시편』 저자가 간구하는 하나님의 개입은 과감하고 다소 폭력적이기까지 하다. 시편 저자는 다윗의 후손이 나타나서 예루살렘을 약탈하며 돌아다니는 이방인들을 내쫓아 줄 것과, 더 럽혀진 유대인들을 처리해 줄 것을 소망한다(17:23, 25, "죄인들"). 하지만 시편 저자는 또한 이런 파괴적인 심판 이후에, 폭력이 멈추고 새로운 공의의 통치가 실현되기를 소망하기도 한다. 곧, 다윗의 후손이 새롭게 회복된 이스라엘을 인도하고 심판하게 될 것이다 (17:26). 다윗의 후손은 또한 이방인들을 정복할 것이고(17:30), 솔로몬이 스바 여왕으로부터 존경과 더불어 선물을 받은 것처럼(왕상 10:1-13; 참조, 사 45:14; 60:10-14), 이방인들로부터 선물을 받게 될 것이다(17:31). 〔이 다윗 계열의 후손은〕 "하나님의 가르침을 받아 그들을 다스리는 공의로운 왕이 될 것이다. 그가 그들 가운데 있는 날들에는 불의가 없을 것이다. 모든 이가 거룩할 것이고, 그들의 왕은 주 메시아(혹은, 주의 메시아)가 될 것이기 때문이다."(17:32). 여기에서 이스라엘의 하나님께서는 "그리스도," 곧 기름 부음을 받은 자, 혹은 "메시아"와 동일시되는 이 다윗 계열의 통치자의 왕이자 "주"가 되실 것이다(17:34). 이 통치자는 백성을 다스릴 때 죄가 없을 것이고(17:36), 거룩한 영으로 힘을 얻을 것이며(17:37), 자신의 통치에 복종하는 모든 이들에게 종말론적 번영과 축복을 가져다 줄 것이다(17:40-46).

17편에 따라 다음과 같은 그림을 그릴 수 있다. 현재의 모든 상황들은, 시편 저자가 소망하고 있는 미래의 모습과는 달리, 팽팽한 긴장 속에 있다. 외부적으로는 하나님의 백성들이 강력한 이방 군대로부터 정치적, 군사적 위협을 받고 있으며, 내부적으로는 동족 가운데 더럽고 신실하지 못한 사람들을 마주해야 한다. 이러한 문제들에 대한 해결 방안은 바로 오랫동안 기다려 온 다윗의 후손이 나타나는 것이다. 이스라엘의 황금시대를 이끈 다윗 왕의 후손은 이방인들을 굴복시킬 것이고, 불순종하는 이스라엘 백성들을 깨끗하게 할 것이다. 이 메시아적인 인물은 하나님께서 과거에 스스로 약속하신 것에 대한 실제 성취이기에, 시편 저자는 당시의 황폐한 상황 앞에서도 담대함을 잃지 않았다.

로마서 1:1-17:
"다윗의 후손 … 권능으로 하나님의 아들로 지정되신 분"

다윗 계열의 통치자, 종말론적 대리자인 메시아

놀랍게도 바울은 "거룩함의 영"〔Spirit of holiness〕이신 성령의 활동을 통해 진행되는 하나님의 종말론적 계획 속에서, 다윗의 후손인 하나님의 메시아가 구별되어 맡은 역할이 있다고 본다는 점에

서 『솔로몬의 시편』 저자와 일치한다.[3] 로마서 1:3은 바울의 친서로
여겨지는 편지들 가운데 유일하게 예수께서 다윗의 후손이심을 언
급하는 구절이다.[4] 바울은 이러한 언급과 함께, 『솔로몬의 시편』에
담긴 전통—메시아는 다윗 왕위의 후손이며 이스라엘 백성을 돌보
고 다스리는 권한을 계승하는 자—을 염두에 두고 설명을 이어간
다.[5] 따라서 바울은 예수를 "권능 있는 하나님의 아들"로 부르면서
"예수는 이스라엘 백성을 향한 하나님의 궁극적인 구원을 대리하
시는 분, 기름부음 받은 종말론적 대리자"라는 것을 말하려 했던
것으로 보인다.

영원한 아들인 메시아

그러나 바울은 종말론적 메시아에 대한 기대가 담겨 있는 유대
전승을 적어도 두 가지 면에서 크게 수정했다. 첫째, 바울은 하나님
께서 성령을 통하여 아들을 부활시킨 사건을 예수께서 메시아로
승인되고 세워진 사건, 즉 예수의 메시아 정체성이 공적으로 명확
하게 선포된 사건으로 인식하는데, 이때에 이 사건이 부활 이전에

3. Daniel Falk, "Prayers and Psalms," in *Justification and Variegated Nomism: Volume 1—The Complexities of Second Temple Judaism* (ed. D. A. Carson, P. T. O'Brien, M. A. Seifrid; Grand Rapids: Baker, 2001), 7-56.
4. 바울이 만약 디모데후서 2:8의 저자라면, 로마서 1:3은 바울의 편지들 가운데 예수께서 다윗의 후손이심을 언급한 두 구절 중 하나가 된다.
5. 예수께서 다윗 계열의 아들됨을 강조하는 또 다른 신약성경 본문으로는 다음과 같은 것들이 있다(마 1:1-16, 20; 9:27; 12:23; 15:22; 20:30-31; 21:9, 15; 막 12:35-37a; 눅 1:27, 32, 69; 2:4; 3:23-31; 요 7:42; 행 2:30; 계 5:5; 22:16).

이미 하나님의 아들이셨던 분에게 일어났던 것임을 분명히 밝힌
다. 로마서 1:3-4에서 바울의 복음은 (1) 하나님의 "아들 … (2) 다
윗의 후손 … (3) 권능으로 하나님의 아들로 선포되신 분"에 관해
말하는데, 이때 "아들"로 선포되신 그분은 선포되기 이전부터 이미
"아들"이었다. 바울은 그 아들의 일대기의 순서를 염두에 둔 것이
분명하다. 곧 바울의 사고방식은 다음과 같이 흘러가는 것처럼 보
인다. 하나님께서는 아들을 가지고 계신데, 이는 예수께서 나타나
기 이전부터 히브리 성경의 선지자들을 통해 이미 알려진 것이다.
그 아들의 땅 위에서의 삶—바울의 그리스어를 문자 그대로 읽으면
"육신에 따른" 삶—은 그가 다윗의 후손으로 났음을 보여준다. 하
지만 그 아들이 죽음과 부활 이후에 새롭게 시작한 국면도 있다—
성령의 활동을 통해 아들을 부활시키신 하나님의 역사 덕분에, 새
로운 시대가 열린 것이다! 권능을 가지신 하나님의 아들은 이제 바
울과 같이 특별히 임명된 사역자들에게 그 권능을 부어주신다. 우
리는 이러한 일대기 장면을 각각 차례대로 배열해 봄으로써, 하나
님께서 이스라엘의 성경에 예언적인 통찰을 담으실 때 이미 아들
을 염두에 두고 계셨음을 확인할 수 있다. 다윗의 왕위에서 나시고
그늘진 땅 위에서 〔육신의〕 연약한 삶을 살아내신 것도 그 아들이시
며, 거룩의 영을 통하여 부활할 때에 단지 "아들"로서 뿐만 아니라
"권능으로 아들"로 선포되신 분도 바로 그 아들이시다(도표 1.1을
보라).

선재하신 "하나님의 아들"	육신으로는 다윗의 후손	성령을 따라 권능으로 하나님의 아들로 선포됨

[도표 1.1 로마서 1:3-4에 나타난 그 아들의 일대기]

아타나시우스가, 하나님 아버지와 그 아들이 결코 완전히 동일할 수 없다고 가르친 4세기 교부 아리우스에 반대한 이유가 바로 여기에 있다. 아타나시우스는 로마서 1:3-4과 같은 본문이 하나님께서 어떤 특정 시점에 아들을 가지심으로써 아버지가 되신 방식을 보여주고 있다는 식의 문자적인 해석을 비판했다. 그는 이 구절이 예수께서 "아들"이 아니셨던 시간을 상정하고 있는 것이 결코 아님을 주장하면서, 예수께서 정말로 하나님의 아들이시며 이 아들 됨은 영원한 아들 됨이라고 가르쳤다. 곧, 이 아들 됨은 예수의 육신의 삶 가운데 드러났으나, 땅 위의 삶의 결과로 초래되거나 그로 인해 결정된 것이 결코 아니라는 말이다.[6] 다시 말해, 아들 됨이라는 것이 세상에서의 육체적인 출생이나 탄생과 유사하긴 하지만 결코 그것과 동일하지는 않다는 것이다.

이방인을 정복하는 메시아

둘째, 바울은 다윗의 후손의 승리가 뜻하는 본질을 재정의함으로써 『솔로몬의 시편』과 같은 문헌들에서 물려받은 메시아 전통을

---

6. 이 부분에 대한 아타나시우스의 주장이 일목요연하게 정리된 것을 보려면 다음을 보라. Peter J. Leithart, *Athanasius* (Foundations of Theological Exegesis and Christian Spirituality; Grand Rapids: Baker, 2011).

수정했다. 『솔로몬의 시편』 17편에서 메시아의 승리는 우상을 숭배
하는 이방인들의 추방과 관련이 있다(17:22). 또한 메시아의 승리
는 이방인들을 멸망시키고 쫓아내는 것(17:24), 그들을 신실한 유
대인들로부터 분리하고(17:28), 약탈하여 종으로 삼는 것(17:30-
31)과 관련이 있다. 메시아의 심판은 자비로 인하여 누그러질 것이
지만(17:34), 그 심판은 분명 모든 사람들 가운데 구별되어 이뤄질
것이다(17:45).

우리는 바울에게서 『솔로몬의 시편』의 많은 특징들이 아이러
니하게 뒤바뀌는 것을 볼 수 있다. 신실한 유대인이었던 바울은 메
시아의 종이자(롬 1:1), 이방인들을 위해 일하는 자가 되었다(1:5-
6). 바울이 전하는 메시아는 곧바로 승리하시는 분이 아니라, 먼저
죽으시고 패배의 고통을 당하심으로써만 승리하는 분이시다(1:4).
그 결과로 이방인들은 『솔로몬의 시편』이 기대했던 것처럼 그분께
복종—하지만 이방인들은 십자가에 달리신 메시아께 복종하는데,
이분은 지금도 살아계셔서 은혜와 평강을 주신다(1:7)—하게 된다
(1:5). 이때 바울이 전하는 복음은 분명 조상들의 유대 전통에 의존
하고 있는 것이었지만(참조, 1:2) 동시에 그는, 로마서 1장의 이 부
분과 이후 절들에서, 하나님께서 예수 그리스도 안에서 행하신 놀
라운 새 역사에 비추어 유대 전통을 급진적으로 재해석해 나간다.
예수로 인해, 하나님의 의는 더 이상 단순히 이방인들을 복종시키
고 이스라엘을 회복시키는 개념으로 정의되지 않는다. 그보다도
그 아들의 죽음과 부활에 비추어 볼 때, 이제 하나님의 의는 유대
인과 이방인을 막론하고 "믿는 모든 자"를 동일하게 믿음을 근거

로 심판하시고 구원하시는 하나님의 행위 안에 드러나게 되었다
(1:16-17).

이와 같이 우리는 서론에서 논의했던 내용으로 다시 돌아왔다.
바울을 해석하는 것이 바울 당대에 친숙했던 텍스트를 통해, 바울
서신에 담긴 핵심 용어들과 개념들을 이해하는 것에 달려있다면,
우리는 또한 그 반대의 경우도 마찬가지로 중요하다고 결론 내릴
수 있다. 다시 말해, 창조적이고 독창적인 사상가 바울이 예수—하
나님과 함께 선재하셨던 분, 육신으로 자신을 드러내시고 죽음을
겪으신 분, 부활의 권능으로 인한 새로운 삶을 위해 성령께서 구별
하신 분—로 인하여, 유대교로부터 물려받은 핵심 용어들과 개념들
을 새롭게 해석하게 된 것도 동일하게 중요하다는 말이다. 결론적
으로 바울의 편지들을 우리가 제대로 해석하기 위해서는 바울 이
전의 전통에 주의를 기울여야 할 뿐만 아니라, 유대문헌 전통과는
(아이러니하게도) 구별되면서, 전례 없는 새로운 통찰들을 풀어내
는 바울의 방식에도 주의를 기울여야 한다.

더 읽을거리

추가적인 고대 문헌

4QFlor 1:10-13, 4Q246 2:1, 4QpGen 49, 4QpIsaa 2:21-28, 쉐모네
에스레이(Shemoneh Esrei) 14-15와 같은 제2성전기 유대문헌들 가운
데, 우리가 『솔로몬의 시편』 17편에서 살펴 본 메시아 개념들과 유

사한 내용을 찾아볼 수 있다. 그밖에도 갈라디아서 4:4-6는 예수의
아들 됨에 관하여 바울이 가진 이해가, 당대 유대인들이 메시아를
기대한 것과 맞닿아 있으면서도 동시에 바울이 예수를 하나님 아
버지와 영원한 자녀 관계에 위치시킴으로써 그 기대 범위를 뛰어
넘고 있음을 보여준다. 또한 바울의 편지들 외에도, 히브리서의 초
반부를 보면 예수에 관하여 "아들 됨" 언어를 사용하여 해석하고
있다(히 1:1-14).

영역본과 비평판

NETS

Wright, R. B. "Psalms of Solomon: A New Translation and
Introduction." Pages 639-70 in vol.2 of *The Old Testament
Pseudepigrapha*. Edited by James H. Charlesworth. Garden City,
NY: Doubleday, 1985.

────. *Psalms of Solomon: A Critical Edition of the Greek Text*.
London: T&T Clark, 2007.

이차문헌

Collins, John J. *The Scepter and the Star: Messianism in Light of the
Dead Sea Scrolls*. 2nd ed. Grand Rapids: Eerdmans, 2010

Dunn, James D. G. "Jesus—Flesh and Spirit: An Exposition of
Romans I.3-4." *JTS* 24 (1973): 40-68.

Hengel, Martin. *The Son of God: The Origin of Christology and the*

History of Jewish-Hellenistic Religion. Philadelphia: Fortress, 1976.

Hill, Wesley. *Paul and the Trinity: Persons, Relations, and the Pauline Letters*. Grand Rapids: Eerdmans, 2015.

Jenson, Robert W. "Once More the Logos Asarkos." *IJST* 13(2011): 130-33.

Novenson, Matthew V. *Christ among the Messiahs: Christ Language in Paul and Messiah Language in Ancient Judaism*. Oxford: Oxford University Press, 2012.

Rowe, C. Kavin. "Biblical Pressure and Trinitarian Hermeneutics." *ProEccl* 11 (2002): 295-312.

Stuckenbruck, Loren T. "Messianic Ideas in the Apocalyptic and Related Literature of Early Judaism." Pages 90-116 in *The Messiah in the Old and New Testaments*. McMaster New Testament Studies. Edited by S. Porter. Grand Rapids: Eerdmans, 2007.

Winninge, Mikael. *Sinners and the Righteous: A Comparative Study of the Psalms of Solomon and Paul's Letters*. ConBNT 26. Stockholm: Almqvist & Wiksell, 1995.

제2장
솔로몬의 지혜와 로마서 1:18-2:5
모두를 향한 하나님의 진노

조나단 A. 리니버(Jonathan Linebaugh)

"하나님의 진노가 하늘로부터 나타나고 있다"(롬 1:18). 이 바울의 사도적 선포의 첫 단어는 진노이다. 바울은 로마에 "복음 전하는 일"에 열심을 보인다(1:15). 하나님의 아들, 예수 그리스도에 관한 좋은 소식〔복음〕(1:3-4)이 "구원을 주시는 하나님의 능력"이기 때문에, 그리고 "그 복음 안에서 하나님의 의가 나타나기" 때문이다(1:16-17). 하지만 바울의 선포는 구원하는 의의 나타남으로 시작하지 않고, 오히려 **진노**와 함께 시작된다. 바울의 설교 속에서 드러나고 있는 하나님의 진노(1:18)는 하나님의 "의로운 심판"(2:5)이 나타날 때에 완전히 임하게 될 것이다―이 심판 안에서 "유대인이나 이방인이나 모두 죄의 권세 아래에 있다"(3:9)라는 결론은 "의롭다고 인정받을 사람은 아무도 없다"(3:20)라는 단 하나의 결말로 이어질 뿐이다.

로마서 1:18-2:5은 모든 인간이 처한 보편적인 상태를 바울이 수사학적으로 드러내는 첫 단계라 할 수 있다. 모든 인간은 죄인이다(*homo est peccator*). 이는 가히 혁명적인 계시라 할 수 있다. 하지만 어휘나 주제, 논지의 구조라는 측면에서 볼 때, 바울이 사용하는 언어는 분명 초기 유대문헌 전통과 평행을 이루고 있다. 예컨대, 로마서 1:18-2:5와 마찬가지로 솔로몬의 지혜 13-15장은 인간의 우상숭배 역사 속에서 유대인과 이방인이 하나님 앞에서 맺고 있는 관계를 살피고 있다. 솔로몬의 지혜와 로마서 사이의 평행들은 손쉽게 둘의 유사점을 찾아 비교하게 만든다. 하지만 앞으로도 보게 되겠지만 〔사실 둘 사이의〕 차이점이 훨씬 더 중요하다고 할 수 있다.

솔로몬의 지혜: "우리는 죄를 짓지 않을 것이니이다"

때로 지혜서라고도 불리는 솔로몬의 지혜(이하 지혜서)는 주전 200년과 주후 50년 사이, 알렉산드리아에서 그리스어로 기록된 것으로 보인다. 오랫동안 그리스도인들은 고난 속에서도 옳다함을 얻은 의인을 생생하게 그려내는 〔지혜서〕 2-5장을 읽으면서 **기독론적 반향**을 찾아내 왔다. 지혜서는 칠십인역에 포함되어 있으며, 다양한 기독교 전통들은 그것을 외경 혹은 제2경전으로 여겼다.

지혜서의 몇몇 부분(예를 들어 2-5장)이 묵시전승과 관련이 있어 보이는 것은 사실이지만, 그 이름이 말해주듯이 지혜문학으로 분류하는 것이 가장 바람직하다고 할 수 있다. 적어도 이 작품의 일부는 사회적으로 불안했던 알렉산드리아의 상황 때문에 쓰인 것으로 보이는데(참조, 지혜 19:13-15), 그것이 정확히 어떤 상황이었든지 간에 윤리 질서의 안정이나 역사의 패턴 그리고 과거·현재·미래의 하나님의 정의에 관하여 일련의 질문들이 쏟아질 만큼 당시 분위기는 상당히 심각했던 것으로 보인다. 이러한 위기 상황에 대하여—주로 현재 일어나는 악인의 번영과 의인의 고난을 위기 상황로 여기는 것 같다(참조, 지혜서 2-5장)—지혜서는 희망의 말씀을 선포한다. 바로 하나님의 무한한 사랑은 변함없이 정의롭다는 것이다.

하나님의 정의로운 심판

바울의 로마서 1:16-17과 마찬가지로, 지혜서는 하나님의 정의의 복음과 관련이 있다(참조, 지혜 1:1). 이 정의의 모습은 미래에 "의인들의 영혼"(3:1), 곧 하나님이 보시기에 "합당한 사람들"(3:5)이 "하나님의 자녀들 가운데 속하게"(5:5) 될 때, 그리고 하나님 자신께서 "의인들을 괴롭힌"(5:1, 17-23) "악인들"(1:16)과 맞서 싸우실 때에 비로소 분명하게 드러날 것이다. 이와 같은 대조적인 형태의 정의는 대표적으로 홍해에서 나타난 바 있다. 하나님의 의로운 단일 행동은 **이스라엘 백성을 구함**(10:18, "[지혜는] 깊은 물을 가로질러 [의인들을] 인도했다")과 동시에 **애굽 백성을 멸망**시켰다(10:19. "하지만 지혜는 그들의 원수들을 물속에 묻어버렸다"). 여기서 하나님의 정의는 그분이 일하시는 **형식**(구원이나 멸망)과 그 **대상**(의인이나 악인)이 조화롭게 대응하는 가운데 드러나고 있다.

이러한 대응은 하나님께서 "모든 것을 재고, 헤아리고, 달아서 처리하셨다"(11:20)라는 지혜서의 고백과 부합한다. 따라서 이 대응은 종말은 출애굽과 같을 것이라는 약속을 확고하게 만든다.

이것이 바로 고난 받는 자들을 향한 지혜서의 위로이다. 과거에 일어났었던 일이 (옛 기도를 반향 하여) 일어날 것이다. 과거에 정의를 행하셨던 하나님께서 다시 의인을 구원하실 것이며, 하나님께서 악인을 심판하실 때에 현재의 불의는 전복될 것이다. 하지만 이러한 좋은 소식은 반드시 "의인"이 있을 것이라는 인간학을 전제하고 있다. 지혜 13-15장이 논의하는 것도 바로 이 전제이다.

죄인들로부터 이스라엘이 구별됨

솔로몬의 지혜 11-19장은 이스라엘 백성을 향한 정의의 축복과 애굽 백성이 받아 마땅한 심판 사이를 계속해서 대조하는 방식으로 성경의 사건들을 재배열한다. 이러한 방식으로 출애굽기와 민수기의 일부분이 다시 회자된다. "하나님의 합당한 심판"(12:26)은 바로 이러한 대조 속에서 드러난다. 애굽 백성의 멸망은 정의로운 심판이 실현된 결과이다. 그들은 피조물을 신으로 섬겼기 때문이다(12:24). 마찬가지로 이스라엘 백성의 구원과 보호 또한 정의로운 은혜가 실현된 결과이다. 그들은 "인간의 악한 의도가 만들어낸 작품"에 꾀이는 우상숭배에 빠지지 않았기 때문이다(15:4). 필연적으로 악행의 원인이 되는 우상숭배에 대하여 확고하게 반박을 가하는 지혜 13-15장은 이스라엘과 비-이스라엘 사이의 차이점—즉, 이스라엘은 우상숭배에 빠지지 않았고 비-이스라엘은 빠졌음—을 강조하기 위해서 성경 속 역사를 재구성 한다.

지혜서는 세 단계로 수사학적인 비난을 펼쳐낸다. (1) 자연숭배의 어리석음(13:1-9)에서 시작하여 (2) 우상숭배의 기원과 그로 말미암는 도덕적 타락(13:10-15:17)이 이어진다. (3) 이어서 애굽 백성이 보여주는 천박한 숭배 의식과 어리석은 모습으로 마무리 된다. 하나님께서 만드신 것을 숭배하는 것이 인간의 손으로 만든 작품들을 숭배하는 것보다는 분명 덜 비참한 일이지만, 전자 역시 지식에 있어서 문제가 있다는 것은 변명의 여지가 없다. "그들이 물질세계를 이해하려고 노력한 만큼 많은 것을 알 수 있었다면, 어찌하여 그들은 그것들의 주를 찾아내지 못하였는가?"(13:8-9; 참조, 13:1). 이러한 종교적인 어리석음은 인간이 만든 작품에 기도하는 사람들을 조롱하는 모습 속에서 더 완전하게 드러난다. 우상 자체는 상실감 혹은/그리고 영예를 향한 시도들로부터 생겨난다(14:12-21). 우상숭배자는 움직이지 못하는 것에 대고 안전한 여행을 빌고, 기능하는 손발이 없는 것에게 힘을 구하며, 가장 어리석게는 죽은 것에 대고 생명을 구한다(13:18-19). 이런 유형의 우상숭배가 악행의 원천이다. "이름조차 붙일 수 없는 우상들을 숭배하는 것이 모든 악행의 시작이고, 원인이며, 끝이다"(14:27). 애굽 백성은 우상숭배에서 악행으로 옮겨간 것—그들은 창조주조차 복을 내리지 않은 가증한 동물들을 숭배했다(15:18-19)—과 "하나님께는 악인과 그의 악행이 똑같이 가증스럽다"(14:9)라는 신학적인 결론 모두를 보여주는 전형이라 할 수 있다.

이와 같은 전반적인 정죄 속에서 우상숭배와 악행으로부터 벗어난 이스라엘의 무죄함은 더욱 칭송된다.

[1] 그러나 우리 하나님께서는 인자하시고 진실하시며 참을성이 많으
셔서 만물을 자비로 다스리신다. [2] 우리가 죄를 짓는다 하더라도 당
신의 권능을 알기에, 우리는 당신의 것이니이다. 그러나 우리는 당신의
것으로 여겨짐을 알기에 죄를 짓지 않을 것이니이다. [3] 당신을 아는
것이 온전한 의이고, 당신의 권능을 아는 것이 영생의 근원이니이다.
[4] 인간의 악한 의도가 만들어낸 작품도, 화가들의 열매 없는 수고도
우리를 속이지 못하고 …. (솔로몬의 지혜 15:1-4).

지혜서는 무지함이 우상숭배의 원인인 것과 마찬가지로 이스
라엘의 특별함을 하나님에 대한 지식—이는 의의 절정이자 영생의
근원이다—과 결부시킨다. 지혜서는 출애굽기 34장을 반향하면서
모세에게 약속된 것과 같은 하나님의 은총을 고백한다(출 34:9).
이 은총은 잠정적인 죄마저도 용서하는 은총이다. 하지만 이 잠정
적인 죄가 실제로 발현될 가능성은 보이지 않는다. "우리는 죄를
짓지 않을 것이니이다"(지혜 15:2). 이 부분은 칠십인역 출애굽기
34장을 기발하게 활용한 것이다. 지혜서 15:2에 기록된 "우리가 죄
를 짓는다 하더라도"라는 표현은 (딱히 필요는 없지만) 미래의 죄
용서에 대한 소망의 근거를 황금 송아지 사건에 대한 모세의 기도
위에 두고 있다. 따라서 과거 이스라엘의 대표적인 우상숭배 행위
와 관련되었던 언어를 반향시키면서 이스라엘이 우상숭배를 하고
있지 않다고 주장하는 것이다. 그러므로 지혜서가 재구성한 성경

이야기 속에서, 출애굽기 32장에 기록된 재앙이 결코 언급되지 않는 것은 당연한 일이다. 우상숭배와 악행으로 이어지게 되는 "그릇된 생각을 가진"(2:1) 악인과는 달리, 이스라엘은 하나님을 알고 있다. 바로 그러한 이유에서 죄가 없다. 이것이 우상숭배에 빠진 악한 비-이스라엘은 불의하며, 우상숭배에 빠지지 않고 하나님께 순종하는 이스라엘은 의롭다는 분명한 차이를 만들어낸다.

로마서 1:18-25: "판단하는 네가 같은 일을 행한다"

하나님의 정의로운 심판

죄에 관한 이야기는 에덴에서 시작된다(지혜 2:23-25; 롬 5:12). 이 시작이 전체의 이야기를 담고 있는 것이라면, 지혜서와 로마서는 유사한 이야기로 전개해 나갈 것이다. 지혜서 13-15장과 로마서 1:18-2:5 사이에 나타나는 접촉점은 실제로 이 둘이 유사한 이야기를 하고 있다는 인상을 준다. 이 두 본문 사이에 주제나 어휘는 상당히 중복되는데, 이보다 더 중요한 것은 로마서 1:18-32의 논의 순서가 지혜서 13:1-14:31와 평행하게 진행된다는 점이다—수사학적인 진행은 각기 다르다. 이제 논의는 하나님을 아는 지식이 고갈되어 잃어버린바 된 상황으로부터 우상숭배와 그로 인해 발생하는 악행으로, 그리고 받아 마땅한 심판이 기다리고 있는 상황으로 점차 이동한다(도표 2.1을 보라).

창조와 관련된 하나님을 아는(알 만한) 지식이 고갈되었다.
지혜서 13:1-9 // 로마서 1:19-20

참 하나님을 알 기회를 버린 것은 거짓 종교의 것으로 드러난다.
지혜서 13:10-14:11, 15-21(15:7-13) // 로마서 1:21-23

우상들을 따르면 그에 상응하는 악행으로 기울게 된다.
지혜서 14:12-14, 22=29 // 로마서 1:24-31

우상숭배와 악행을 저지른 죄인들에게 하나님의 합당한 심판이 준비되어 있다
지혜서 14:30-31 // 로마서 1:32

[도표 2.1: 지혜서 13-15장과 로마서 1:18-2:5의 신학적인 접촉점들]

이와 같은 두 본문 사이의 연결점들로 인해 로마서를 읽는 유대 독자들—즉, 지혜서 전통 속에 있는 독자들—은 "창조주 하나님 대신에 피조물을 섬겼던"(롬 1:25) 사람들이 악행에 내버려졌고 (1:24, 26-31) 결국 "죽어 마땅하다"(1:32)라고 선포하는 바울에게 상당히 공감했을 것이다. 로마서 2:1-5도 이러한 공감을 전제하고 활용하는 것처럼 보인다.

이스라엘이 죄인에 포함됨

로마서 2:1에서 바울은 대화 상대자에게 말하고 있다. 바울은 이 대화 상대자가 로마서 1:19-32에 묘사된 죄인들을 판단하고 있으며 동시에 그곳에 나열된 우상숭배와 악행에 동참하고 있다고 여긴다. "판단하는 네가" 또한 "같은 일을 행한다"라는 말씀 때문에, 바울의 비판은 필연적으로 판단하는 것 **자체**를 향하고 있다

(2:1, 3). 하지만 여기에서 중요한 것은 판단하고 있는 사람이, 자신은 "하나님의 심판을 피할 것"(2:3)이라 가정하고 있다는 점이다. 하나님께서는 **오래 참으시며 인자하신 분**—이 언어는 칠십인역 출애굽기 34:9에 호소하는 지혜서를 반향 한다(롬 2:4; 참조, 지혜서 15:1)—이시기 때문이다. 그러나 위에서 언급한 것처럼 지혜서는 황금 송아지 사건의 결과로 언급된 하나님의 자비라는 단어를 사용하기는 하지만, 우상숭배와 관련하여 이스라엘은 무죄하다는 주장을 펼치기 위해서 그 단어를 본래 출애굽기 문맥과는 분리시켰다. 하지만 바울은 자신의 대화 상대자에게 하나님께서 "사람들이 회개하도록 그들의 죄를 보고도 넘겨주신다"(지혜 11:23; 참조, 롬 2:4)는 지혜서의 신학을 빠르게 상기시키면서, 출애굽기 34장과 같이 우상숭배와 악행이라는 모체 위에 자비를 위치시킨다. 지혜서 13-15장이 도덕적 타락과 거짓 종교라는 일반적인 역사에서부터 이스라엘을 **분리시키는** 반면에, 바울은 "판단하는 네가" 또한 "같은 일을 행한다"(롬 2:1, 3)고 상기시킴으로써 죄를 범하는 인류 역사 속에 이스라엘을 **포함시킨다**.

　이러한 관점에서 보면 로마서 1:18-32은 다소 다르게 읽힌다. 지혜서가 이스라엘과 비-이스라엘 사이의 좁힐 수 없는 차이를 압축적이면서도 충실하게 전달하는 반면, 바울은 **모두**를 향하여 하나님의 진노가 나타나고 있음을 과감하게 선포한다(1:18). 이 진노의 나타남은 로마서 1:16-18에서 단어의 반복을 통해 의의 나타남과

연결된다(도표 2:2을 보라).[1]

[16] 내가 복음을 부끄러워하지 아니하노니 …	… 이 복음은 구원을 주시는 하나님의 능력이라	[17] 복음에는 하나님의 의가 나타나서 …	[18] … 하나님의 진노가 나타나나니

[도표 2.2 로마서 1:16-18 논리 진행]

　　바울의 논리 진행은 진노(죽음)과 의(생명)의 두 부분 중 진노가 주요한 위치를 차지하고 있다는 것을 보여준다. 로마서에서 "위로부터"〔롬 1:18, 하늘로부터〕 나타난다는 진술은 지혜서의 방향 즉, 사람들이 "아래로부터"―"피조물의 웅대함과 아름다움으로부터" "그것들의 창조주"를 알아내는 방향(지혜 13:5)―추론했어야 한다고 말하는 지혜서의 방향과는 분명 다르다. 지혜서에 있어서 하나님은 피조물로부터 떠올릴 수 있는 분이시지만 이러한 추론 가능성은 결코 실현될 수 없었다. 하지만 로마서에서 바울은 "하나님을 알 만한 것이 환히 드러나 있다 … 하나님께서 그것을 환히 드러내셨기 때문이다"(1:19)라고 말한다. 따라서 지혜서와는 대조적으로 로마서가 지칭하고 있는 사람들은 "하나님을 알았다"(1:21). 그들의 잘못은 우둔함에 있는 것이 아니라 죄에 있었다―하나님을 "하나님으로" 영화롭게 해드리는데 실패했고(1:21), 피조물을 숭배하는 우상숭배를 저지른 것이다(1:25; 참조, 1:21-24).

1.　도표는 나의 번역이다.

하나님을 아는 지식으로부터 시작하여 무지와 우상숭배 그리
고 악행으로 치닫는 바울의 이야기는 "이 세상의 창조 때부터"
(1:20) 지속된 인간의 비극적인 역사를 전해준다. 이 창조의 배경
은 로마서 1:18의 "모두"가 곧, "불경건과 불의"의 드라마에 출현하
는 아담과 같은 인간임을 말해준다. 이 아담과 같은 인간에는 이스
라엘도 포함된다(참조, 5:12-14)—이것이 지혜서와의 비교에 있어
서 중요하다. 로마서 1:23은 바로 이 지점을 세워나간다. 하나님의
영광을 "썩어 없어질 사람처럼 보이도록 만들어진 형상들"과 바꾼
인간에 대한 바울의 묘사를 통해 아담의 창조 장면을 떠올릴 수 있
겠지만(참조, 창 1:26), 사실 바울은 칠십인역 시편 105:20 (106:20
NIV)에 묘사된 이스라엘의 황금 송아지 숭배 사건을 암시하고 있
다.[2]

시편 105:20 LXX	로마서 1:23
"그리고 그들은 그들의 영광을 풀 먹는 소의 모양으로 바꾸었다."	"그리고 그들은 썩지 않는 하나님의 영광을 썩어 없어질 사람과 새와 네 발 짐승과 기어다니는 동물의 형상의 모양으로 바꾸었다."

우상숭배에서 벗어난 이스라엘을 보여주는 지혜서는 악인(비-
이스라엘)과 의인(이스라엘) 사이의 차이를 유지하기 위해서 이스
라엘 역사로부터 황금 송아지 사건을 제거했다. 하지만 바울은 정
경에 담긴 사실들을 받아들였다. 곧, 이스라엘은 시내 산에서 범했

---

2. 도표는 나의 번역이다.

던 본래의 죄를 통해 로마서 1:18-32에서 선포된 우상숭배와 악행의 역사 속에 포함된다.

따라서 로마서 1:18이 강조하듯이, "모두"—유대인과 이방인(참조, 롬 3:9)—"핑계를 댈 수 없다"(1:20). 모두가 하나님을 예배하는 것을 피조물 숭배와 바꾸었기 때문이다(1:25). 지혜서 14:12-14에서는 그러한 우상숭배가 필연적으로 악행으로 이어진다. 하지만 로마서에서는 하나님께서 그들을 "마음의 정욕"(1:24)과 "부끄러운 욕심"(1:26)과, "타락한 마음"(1:28)에 "내버려 두셨기" 때문에 악행이 발생한다. 따라서 우상숭배에서 악행으로 **자연스럽게 이동하는** 지혜서와는 대조적으로, 바울은 우상숭배자들이 악행으로 **넘겨진** 것을 **하나님의 심판이** 이루어진 것으로 본다. 물론 지혜서에 있어서 이스라엘은 이와 같은 〔우상숭배와 악의〕 역사에서 제외된다. 우상숭배와 그에 따른 악행의 다양한 형태로부터 벗어난 이스라엘은 "인간의 악한 의도가 만들어낸 작품"(지혜 15:4)에 꾀이지 않은 나라로서, "죄를 짓지 않을 것이다"(15:2). 하지만 바울은 〔지혜서의〕 두 요점에 동의하지 않는다. 바울은 다양한 형태로 표현되는 우상숭배를 묘사하기 보다는 창조주보다 피조물을 더 섬기고 경배하는 잘못된 숭배를 공통분모로 뽑아낸다(롬 1:25). 즉, 아담적 인간들의 우상숭배 역사에 이스라엘이 연관되는 한—로마서 1:23에 나타난 황금 송아지 숭배 암시는 이러한 연관성을 드러낸다—그들도 "하나님의 진리를 거짓으로 바꾸는" 역사에 포함된다. 이스라엘 역시 "하나님께서 … 내버려 두신"(1:24) 사람들 가운데 있기에 "죽어 마땅한 일을 행하는 자들"(1:32)이라는 보편적인 판결에도 포함된다.

로마서 3:22-23은 로마서 1:18-25의 논의를 완벽하게 요약해낸다. "유대인과 이방인 사이에 어떠한 차이도 없다. 모든 사람이 죄를 범하였기 때문이다." 지혜서 13-15장은 비-유대인의 악행과 우상숭배의 모습을 이스라엘의 무죄함과 나란히 놓음으로써, 인간학적인 구별을 강조하는 역할을 한다. 로마서 1:18-2:5은 이와 정반대의 주장을 한다. 바울은 아담적 인간들의 우상숭배와 악행으로 점철된 역사에 이스라엘을 포함시킴으로써, 하나님 앞에서 모든 인간이 본질적으로 하나라는 것〔동일함〕을 선포한다. 다시 말해, 유대인이나 이방인이나 모두 "죄 아래에"(롬 3:9) 있으며, 그렇기에 인간은 죄인이라는 공통분모로 요약할 수 있다.

더 읽을거리

추가적인 고대 문헌
반〔anti〕-우상숭배 논쟁을 담은 문헌으로는 『시뷜라의 신탁』, 요세푸스의 『아피온 반박』, 필론의 『십계명』 52-81이 있다. 우상숭배에 대한 또 다른 바울서신으로는 데살로니가전서 1:2-10, 고린도전서 8:1-13, 10:6-22이 있다.

영역본과 비평판
NETS

NRSV

Rahlfs, Alfred, and Robert Hanhart, eds. *Septuaginta*. Stuttgart: Deutsche Bibelgesellschaft, 2007.

이차문헌

Barclay, John M. G. "Unnerving Grace: Approaching Romans 9–11 from The Wisdom of Solomon." Pages 91–110 in *Between Gospel and Election*. WUNT 257. Edited by F. Wilk and J. R. Wagner. Tübingen: Mohr Siebeck, 2010.

Collins, John J. *Jewish Wisdom in the Hellenistic Age*. OTL. Louisville: Westminster John Knox, 1997.

Dodson, J. R. *The Powers of Personification: Rhetorical Purpose in the Book of Wisdom and the Letter to the Romans*. BZNW 161. Berlin: de Gruyter, 2008.

Linebaugh, Jonathan A. *God, Grace, and Righteousness in Wisdom of Solomon and Paul's Letter to the Romans: Texts in Conversation*. NovTSup 152. Leiden: Brill, 2013.

McGlynn, M. *Divine Judgment and Divine Benevolence in the Book of Wisdom*. WUNT 2.139. Tübingen: Mohr Siebeck, 2001.

Watson, Francis. *Paul and the Hermeneutics of Faith*. London: T&T Clark, 2004.

제3장
『희년』과 로마서 2:6-29
할례와 율법 준수, 그리고 민족성

세라 휘틀(Sarah Whittle)

바울은 로마교회에 보내는 편지를 시작하면서 유대인이든 이방인이든 할 것 없이 모든 인간은 하나님의 의로우신 심판을 피하지 못한다고 말한다. 다른 영역에서와 마찬가지로 하나님께서는 심판 가운데서도 공평하시다ー"먼저는 유대인에게요 그리고 이방인에게라"(롬 2:9-10). 이러한 상황에서 율법을 받은 것은 하나님의 정의와 관련되어서 별다른 유익이 없는 것처럼 보인다. 율법을 받지 못한 이방인들이ー"율법이 요구하는 일이 그들의 마음에 적혀있기에"(2:15)ー"율법이 요구하는 일"(2:14)을 행할 수도 있기 때문이다. 이 복잡한 논의에서 바울은 디아트리베〔diatribe〕ー가상의 대화 상대를 세워 수사학적 질문들과 대화를 주고받는 글쓰기 유형ー를 도입하여, 자신의 주장에 담긴 해석상의 문제를 논의한다.

유대인과 이방인ー율법 안에 있는 자들이나 율법 밖에 있는 자

들이나 모두—을 향한 하나님의 의로우신 심판에 대하여, 바울이
주장하는 핵심은 바로 할례 문제 그리고 언약적 관계 표시와 관련
이 있다. 바울은 해야 할 순종이 없이 단지 포피를 베어내는 육신
의 할례를 분명하게 거부하고 마음의 할례에 우위를 두면서, 육신
의 할례를 받지 않은 이방인들을 그리스도 안에 통합시켜 올바른
언약의 범주를 세워 나간다. 사실 할례의 내면화 자체는 전혀 새로
운 것이 아니다. 이것은 구약성경과 제2성전기 유대 문헌들 가운데
서 이미 나타난 바 있다(신 10:16, 30:6, 10; 렘 4:4; 1QpHab 11.13;
필론,『세부규정』 1.305). 하지만 이전의 할례가 민족적 정체성의
표시였던 반면, 바울이 말하는 마음의 할례는 유대인과 이방인 모
두 그리스도 안에서 의롭다 함을 얻었다는 표시가 되기에, 이는 가
히 혁신적인 주장이라 할 수 있다. 바울에게 있어서 진정한 할례는
표면적이고 육신적인 할례가 아니라 내면의 할례인 것이다—"성령
으로 마음에 받는 할례가 참 할례이다"(2:29). 이로써 하나님의 백
성에 합류하는 것과 하나님의 심판의 대상이 되는 것은 더 이상 민
족이라는 기준에 좌우되지 않는다.

『희년』: "내 언약은 너희 육신 속에 있을 것이라"

할례의 가치에 대하여 논하는 또 다른 유대문헌으로는 『희년』
을 들 수 있다. 『희년』은 주전 2세기에 창세기와 출애굽기 전반부

(창조부터 시내산까지)를[1] 재기록한 문헌이다. 『희년』은 시내산에서 율법을 수여받은 모세에 대한 이야기로 시작하며, 희년을 위한 "시대의 구분" 혹은 (하나님께서 제정하신) 연대기에 특별한 관심을 두고 있다.[2]

쿰란에서 발견된 14개의 히브리어 사본들의 단편들은 그리스어와 라틴어, 에티오피아어로 된 희년서의 번역을 보완하고 있다. 쿰란에서 이 문헌의 사본이 상당수 발견되었다는 것은 이 문헌이 창세기나 출애굽기와 같은 수준의 권위를 누렸음을 암시한다.[3] 마카비 항쟁 시기에는 헬라화로의 동화라는 외부의 심한 압박이 있었는데, 당시에 그리스 문화에 저항하면서 할례의 의무를 주장하는 것은 동전의 양면과 같았다. 이러한 분위기 속에서 희년서의 저자는 유대인의 정체성이 구별되기를 장려하고, 이방인과 그들의 관습으로부터 거리를 두려고 노력했던 것 같다. 그리고 이러한 노력에 있어서, 할례는 가장 중요한 사안이었다.

---

1. 『희년』 번역은 R. H. Charles, ed., *The Apocrypha and Pseudepigrapha of the Old Testament in English: With Introductions and Critical and Explanatory Notes to the Several Books* (Oxford: Clarendon, 1913)에서 가져온 것이다. 서론적인 문제들을 다룬 책으로는 다음과 같은 것들이 있다. James C. VanderKam, *The Book of Jubilees* (GAP; London: T&T Clark, 2001), 21; James L. Kugel, *A Walk through Jubilees: Studies in the Book of Jubilees and the World of Its Creation* (JSJSup 156; Leiden: Brill, 2012).

2. 『희년』은 달력이 시내산에서 주어졌다고 생각한다. 희년서에서 일주일은 7일이다. 또한 7년을 한 주기로 여기고 여기서 다시 일곱 주기를 49년, 즉 희년으로 본다. 한편 어떤 달력(태양력 혹은 태음력)을 따를지를 두고 유대교 안에서 큰 다툼이 있었다.

3. VanderKam, *Book of Jubilees*, 7.

할례와 언약적 정체성

우리가 집중해서 보고자 하는 희년서 15장은 주께서 아브라함에게 나타나셔서 언약을 선포하는 장면을 다룬다. 이 언약의 표시는 곧 "남자는 모두"(『희년』 15:11) 포피를 베어 할례를 받는 것이다. "내 언약은 너희 육신 속에 있을 것이라, 이는 영원한 규례가되게 하기 위함이라"(15:13). 어떤 남자든, 심지어 노예의 아들이라하더라도 태어나서 팔 일째에 할례를 받지 않으면 집으로부터 쫓겨났으며 "언약을 깨뜨린 것"으로 간주되었다. 이 장면에서 희년서는 창세기 17장과 상당히 유사하게 진행된다. 하지만 그 이후 부분—할례와 관련된 율법들이 확장된 부분—은 당시의 역사적인 배경을 반영하고 있을 가능성이 높다. 더불어 희년서에서만 다뤄지는 특별한 할례 율법들이 있는데, 이 율법들은 하늘의 서판에 기록되어 있는 것이자 영원한 것으로 묘사된다.

언약 자손이 되기 위해서 남자는 태어난 지 팔 일째에 할례를받아야 했다. 만약 할례를 받지 않으면, 멸망의 자손이 되었다(15:26). 곧, 주께 속했다는 표시가 없는 사람은 "멸망이 [예정되어있었다]"(15:26). 할례를 받아야 하는 이유는 주 앞에 있는 천사들과 성별된 천사들도 그들이 창조되던 날에 할례를 받았다는 데에있다. 이스라엘 백성들이 거룩한 천사들 및 주와 함께 있기 위해서는 할례를 받아야 한다는 것이다(15:27). 하나님께서는 모든 사람들을 다스리시지만, 오직 이스라엘만이 한데 모여 거룩해질 수 있고, 오직 이스라엘만이 주의 백성이 될 수 있다. 이런 이스라엘과는대조적으로 다른 사람들과 다른 민족들은 주께서 영들로 하여금 다스리게 하셔서 점차 잘못된 길로 가게 된다.

할례 받지 않은 자들에 대한 심판

희년서 15장의 이후 부분은 벨리알의 자식들(즉, 악하고 무가치한 사람들)이라 불리는 몇몇 이스라엘 백성이 그들의 자녀들에게 할례를 행하지 않을 것(15:33)이라는 예언을 담고 있다. 저들은 이와 같은 신성모독을 행함으로 스스로를 이방인과 같이 만들 것이다. 이로 인해 하나님의 진노의 대상이 되고 이 땅에서 제거되어 뿌리가 뽑히게 될 것이다. 할례 받지 않는 것은 영원한 죄이기에, 결코 용서받지 못할 것이다(15:34). 희년서는 할례와 관련된 특별한 율법들을 언급한 후에, 다시 창세기 18장의 이야기로 되돌아간다. 여기서 우리는 하늘에 기록되어 있으며 불순종하게 되면 멸망으로 이어지는 율법들, 즉 이스라엘의 자녀들을 위한 영원한 할례 율법들을 추가로 더 보게 된다.

로마서 2:6-29: "할례는 마음의 문제다"

율법 준수자의 칭의

그러나 바울은 민족이라는 기준으로 심판을 받는 것이 아니라는 사실을 분명히 하고자 한다. 먼저 바울은 어떤 사람이 율법을 받은 사람인지를 따지는 문제를 다룬다(롬 2:12-13). 바울에 따르면 단지 율법을 받고 듣는 사람이 아니라 율법을 행하는 사람이 의롭다 하심을 얻는다. 더 나아가 율법을 받지는 않았지만 율법이 요구하는 일을 행하는 이방인의 범주를 소개하며 율법이 이미 "그들의 마음에 적혀 있음"을 드러낸다(2:15). 반대로 율법을 가진 것만을 의존하며 그것을 자랑하는 유대인은 그 지나친 자부심으로 인해 오히려 비난을 받는다. "율법을 자랑하는 네가 율법을 범함으로 하나님을 욕되게 하느냐"(2:23). 여기서 추론할 수 있는 것은 바울이 세운 가상의 대상이 실제로 율법을 범했기에 어떠한 우월감도 자제해야 한다는 것이다.

율법 준수와 마음의 할례

민족과 심판에 관한 논의는 할례 이야기에서 절정에 달한다. 율법을 준수하는 사람에게는 할례가 유익하지만, 율법을 범하는 사람에게 할례는 "무할례가 된다"(2:25). 바울의 수사법을 따라가게 되면, 할례를 받지 않은 채 율법의 요구를 행하는 사람은 할례를 받은 것으로 간주된다. 달리 표현하자면, 육신의 할례는 받지 않았지만 "율법을 준수하는 사람"은 할례는 받았지만 율법을 범하는 사람을 정죄하게 될 것이다. 물론 할례 받지 않은 사람이 율법의 요구를 행한다는 설명은 할례 자체가 율법의 요구라는 사실과 심각한 충돌을 일으키긴 한다. 이것을 설명해내기 위해서는 "할례"와 "유대인"뿐 아니라, "율법 준수"까지도 다시 정의 내려야 한다. 실제로 이후에 바울은 이러한 작업에 착수한다. "외면적 유대인이 유대인이 아니요, 외면적 육신의 할례가 할례가 아니니라. 오직 내면적 유대인이 유대인이며, 할례는 마음의 문제다. 율법의 조문을 따라서가 아니라 성령으로 받는 것이다"(롬 2:28-29 ESV).

희년서 안에 있는 특별한 할례 율법들은 이스라엘에게 육신의 포피를 베어 할례를 받고 하나님의 진노를 피하라고 명령—이방인과 구별된 정체성을 유지하라는 요구로부터 나온 명령—하는 반면, 바울은 오히려 내면에 집중한다. 바울에게 할례는 영적인 것이지 육신적인 것이 아니다. 바울에게 할례는 곧 마음의 문제다. 하지만 바울은 이에 대해 굳이 해석학적 작업까지 착수하진 않는다. 〔구약〕 성경 곳곳에서 이미 할례를 재정의 해왔기 때문이다(신 10:16; 30:6, 10; 렘 4:4). 하지만 "비밀의" 혹은 "숨겨진" 일로도 번역될 수 있는 로마서 2:29의 "마음의"(일) 개념은, 이스라엘의 언약 갱신—이 종말론적인 사건 속에서 하나님께서는 이스라엘의 순종을 가능하게 하심으로, 다시 언약적 관계를 회복하려 하신다—과 연관된 신명기 본문에서만 발견된다(신 29:29).

데이비드 린시컴〔David Lincicum〕은 "마음의" 혹은 "숨겨진"이란 용어가 유대교 분파 안에서 중요한 해석학적 기능을 해왔다고 이야기 한다. 마음의 할례는 바울이 그리스도 안에서 일어났다고 믿는 "종말론적으로 '숨겨진' 신비"의 범주 안에 들어간다.[4] 비록 명확한 인용은 없지만, 로마서 2:29에서 바울이 말한 "마음"과 "성령"은, 하나님의 영을 주심(겔 36:26-27)과 관련된 전승, 그리고 율법을 마음에 기록하는 것(렘 31:33-34[38:33-34 LXX])과 관련된

---

4.   David Lincicum, *Paul and the Early Jewish Encounter with Deuteronomy* (Grand Rapids: Baker, 2013), 150–51.

전승을 반영할 가능성이 높다.

희년서 자체는 "마음의" 할례라는 개념을 종말론적인 범주로 이해한다(『희년』 1:23-24).

이후에 그들은 온 마음과 영혼을 가지고 정직하게 나[하나님]에게로 돌아올 것이다. 내가 그들의 마음의 포피와 그들 자손의 마음의 포피를 베어내 할례를 행할 것이다. 내가 또한 그들 안에 거룩한 영을 창조할 것이며, 그들을 깨끗하게 하여 이 날부터 영원까지 나로부터 떠나지 않게 할 것이다. 그들의 영혼은 나에게 그리고 내 모든 명령에 충실할 것이다. 그들은 나의 명령을 이룰 것이며, 나는 그들의 아버지가 되고 그들은 나의 자녀가 될 것이다. (『희년』 1:23-24).

하지만 희년서와 로마서에서 각기 나타나는 종말론적 성경 해석에는 중요한 차이가 있다. 즉, 희년서의 경우에는 언약의 대상이 오직 이스라엘에게로만 한정된다는 것이다. 반면에 바울은 이 언약의 범주 안에 이방인을 포함시키면서, 육신의 할례를 받지 않고도 율법에 순종할 수 있음을 주장하기 위해서 내면화라는 주제를 활용한다.

지금까지 바울이 주장한 바에 따르면, 출애굽기와 신명기가 기대한 방식의 율법 순종을 이제 성령께서 가능하게 하신다는 것이 이 종말론적 사태의 결과라고 결론내릴 수 있을 것이다. 로마서 10:6-8에서—여기서 믿음으로 말미암은 의는 토라에 기독론적인 해석을 부여한다—바울은 신명기 30:11-14를 다소 다르게 써내려

가면서, 언약의 갱신은 "율법의 모든 말씀을 지키는"(신 28:58; 29:29) 명령과는 전혀 다른 기초 위에서 이루어지고 있음을 강조한다. 바울에 따르면 이제 율법의 의로운 요구는 성령을 따라 걷는 자들에게서 성취된다. 실제로 성령을 따라 걸을 때(롬 8:4) 신자들은 율법을 성취하게 되고, 이는 다른 사람을 사랑하는 모습으로 나타난다. "남을 사랑하는 자는 율법을 다 이루었느니라"(13:8). "사랑은 율법의 완성이니라"(13:10; 참조, 갈 5:12-13).

창세기 17장에서 아브라함을 통해 시작된 할례는, 이스라엘이 하나님의 백성임을 나타내는 언약의 표시였다. 이후 유대인들은 할례를 받았으나 이방인들은 받지 않았다. 희년서 15장에 나타난 "특별한 율법들"은 할례라는 주제를 더욱 중요하게 부각시키면서, 자녀들에게 할례를 시행하지 않은 이스라엘 백성에게 영원한 멸망을 선포한다—헬레니즘의 압박에 직면해서 유대인의 정체성을 유지하는 문제는 굉장히 중요했다. 로마서 2장에서는, 유대인과 이방인의 정체성을 분리시키는 문제, 즉 율법과 할례의 문제가 화두로 떠오르는데, 바울은 이 문제를 다루면서 그리스도를 믿는 이방인을 하나님의 백성 안으로 포함시킨다. 이스라엘의 언약 갱신 본문—하나님께서 사람들의 마음에 하시는 일—에서 말하고 있는 마음의 할례, 즉 육신의 포피를 베어내는 할례와는 다른 마음의 할례는 성령을 통해 이루어진다. 이는 율법을 받지 않은 사람들도 율법의 요구를 이룰 수 있음을 의미한다. 이러한 맥락에서 바울은 "먼저는 유대인에게요 그리고 이방인에게라"(롬 1:16)는 순서를 주장하면서도—하나님의 정의로우신 심판은 유대인이든 이방인이든

할 것 없이 공평하게 적용된다는 사실을 확고히 하기 위해서—민족적 경계와 상관없이 언약의 범주를 재정의해 나간다.

더 읽을거리

추가적인 고대 문헌

유대인의 정체성과 할례에 관한 기초적인 본문으로는 출애굽기 19장, 32-34장이 있다. 이것은 또한 고린도후서 3-4장에도 반영되어 있다. 로마서 4장, 갈라디아서 2:4; 3:3, 13; 5:2; 6:12도 보라. 그리고 관련된 쿰란 공동체 기초 문헌으로는 『다마스커스 문헌』(CD), 『공동체 규율』(1QS)이 있다.

영역본과 비평판

Charles, R. H., ed. *The Apocrypha and Pseudepigrapha of the Old Testament in English: With Introductions and Critical and Explanatory Notes to the Several Books.* 2 vols. Oxford: Clarendon, 1913.

Wintermute, O. S. "Jubilees." Pages 35-142 in vol.2 of *The Old Testament Pseudepigrapha.* Edited by James H. Charlesworth. Garden City, NY: Doubleday, 1985.

VanderKam, James C. *The Book of Jubilees: A Critical Text.* 2 vols. CSCO 510. Leuven: Peeters, 1989.

이차문헌

Berkley, Timothy W. *From a Broken Covenant to Circumcision of the Heart: Pauline Intertextual Exegesis in Romans 2:17-29*. SBLDS 175. Atlanta: Society of Biblical Literature, 2000.

Gathercole, Simon J. *Where Is Boasting?: Early Jewish Soteriology and Paul's Response in Romans 1-5*. Grand Rapids: Eerdmans, 2002.

Kugel, James L. *A Walk through Jubilees: Studies in the Book of Jubilees and the World of Its Creation*. JSJSup 156. Leiden: Brill, 2012.

Lincicum, David. *Paul and the Early Jewish Encounter with Deuteronomy*. Grand Rapids: Baker Academic, 2013 .

Stowers, Stanley K. *The Diatribe and Paul's Letter to the Romans*. SBLDS 57. Atlanta: Society of Biblical Literature, 1981.

VanderKam, James C. *The Book of Jubilees*. GAP. London: T&T Clark, 2001.

Whittle, Sarah. *Covenant Renewal and the Consecration of the Gentiles in Romans*. SNTSMS 161. Cambridge: Cambridge University Press, 2014.

Wright. N. T. "The Law in Romans 2." Pages 131-50 in *Paul and the Mosaic Law*. Edited by James G. Dunn. Grand Rapids: Eerdmans, 2001.

4QMMT와 로마서 3:1-20
율법의 행위들과 칭의

제이슨 매스턴(Jason Maston)

아론 셔우드(Aaron Sherwood)

로마서에서 중요한 한 지점에서, 바울은 "이제 우리가 알거니와 무릇 율법이 말하는 바는 율법 아래에 있는 자들에게 말하는 것이니 이는 모든 입을 막고 온 세상을 하나님 앞에서 유죄로 드러내려 함이라 그러므로 율법의 행위들(works of the law)로 하나님 앞에 의롭다 함을 얻을 사람이 없나니 율법으로는 죄를 깨달음이니라" (롬 3:19-20)라고 선언한다. 이러한 바울의 주장은 로마서 3:9에서 시작된 논의의 결말이라 할 수 있으며, 궁극적으로는 로마서 1:18까지 거슬러 올라간다. 로마서 1-3장에서 바울은 **모든** 인간—유대인과 이방인 모두—이 하나님을 기쁘시게 하는 삶을 사는데 완전히 실패했음을 독자들에게 상기시키면서 계속해서 인간의 죄성을 드러낸다. (하나님의 신실하심과 완전히 대조되는) 인간의 죄성을 드

러내는 일은 이어지는 로마서 3:10-18에서 절정에 달한다. 여기서
바울은 모든 사람이 "죄 아래에 있다"(3:9)는 주장의 근거를 제시
하기 위해서 "율법"(3:19)이[1] 진술하고 있는 바를 끌어온다. 인간의
죄성이 드러난 후에, 이제 "율법의 행위들로 하나님 앞에 의롭다
함을 얻을 사람이 없다"(3:20)라는 결론이 주어진다. 여기서 바울
의 주장은 많은 의문들을 자아내는데, 그 중에서도 가장 중요한 의
문점은 바로 "율법의 행위들"이 대체 무엇인가 하는 점이다. 이제
이 의문점을 해결하기 위해서, 바울 문헌 외에 이 표현—『일부 율
법의 행위들』(4QMMT)[2]—을 사용하는 유일한 유대문헌을 살펴보
고자 한다.

4QMMT:
"율법의 행위들 … 너희에게 의로 여겨질 것이다"

4QMMT라는 약어는 키르벳 쿰란 주변 제4동굴에서 발견된 6
개의 사해문서를 가리킨다(4Q394-4Q399). 여기에 나타나는 "일부
율법의 행위들"〔some works of the law〕이라는 독특한 문구로 이 문헌을
지칭하기도 한다. 이 문헌은 본래 어떤 유대인 그룹이 다른 유대인
그룹에 쓴 일종의 편지였을 것이다. 많은 학자들은 당시 공동체가

---

1.   실제로 바울은 율법을 해석하는데 있어서, 시편과 선지서를 인용한다.
2.   "율법의 행위들"이란 표현은 또한 롬 3:28, 갈 2:16(3x); 3:2, 5, 10에서 나
      타난다.

만들어지는 시기에 그 공동체를 이끈 "의의 교사"가 이 문헌을 기록했을 것이라 주장한다. 재구성 된 이 문헌―현존하는 6개의 사본에서 얻은 단편들을 하나의 텍스트로 편집해 맞춘 것―은 보통 세 부분으로 나뉜다. §A는 달력에 관한 부분이고, §B는 토라의 명령들을 해석하는 주석 부분이며, §C는 신명기 27-28장에 기록된 축복과 저주의 언어를 사용하여 순종을 권면하는 부분이다.[3]

이 문헌의 저자들은 권면으로 끝을 맺으면서 자신들이 "일부 율법의 행위들"에 관해 썼다고 말하는데, 이는 편지의 수신자들이 순종하여 그들에게 의로 여겨지게 하기 위함이었다. 끝맺는 부분은 다음과 같다.

[26] 그리고 우리가 너희에게 (편지를) 쓰는 것은, [27] **일부 율법의 행위들**에 관해 말하는 것이 너희와 너희의 사람들에게 유익이 되리란 생각에서이다. [28] 우리는 너희가 율법에 관한 지식과 이해를 가지고 있음을 보아왔다. 모든 일에 지각을 갖추어라. 그리고 (너희가 받은 권면을) 지키기 위해서, 그분의 임재 안에서 그분을 구하여라. [29] 벨리알의 권면과 악함을 너희에게서 멀리하기 위해서 (그분의 임재 안에서 그분을 구하여라) [30] 그러하면 마지막 때에 너희는 우리의 말이 옳음을 알고 즐거워할 것이다. [31] 스스로의 선을 위하여 그분의 임재 안에서 선하고 옳은 일을 할 때, 그것이 너희에게 의로 여겨질 것이다. [31] (스스로의 선을

---

3. §A는 원래 따로 전해지다가(참조 4Q237), 어느 시점부터 4Q395와 합쳐지게 되었다는게 널리 인정되는 견해이다. A부분은 여기서 논의되는 주제와는 딱히 관련이 없다.

위하여) 그리고 이스라엘을 위하여(§C 26-32).

이 복잡한 문헌에서 길을 잃지 않기 위해서 우리는 다음의 세 가지 질문에 대하여 답해보고자 한다. 첫째, "율법의 행위들"이라는 문구는 어떤 의미인가? 둘째, 저자가 "의로 여긴다"라고 할 때, 그 의미는 무엇인가? 셋째, 율법의 행위들과 의의 관계는 무엇인가?

율법의 행위들

한편으로 율법의 행위들이라는 문구는 §B에서 발견되는 명령들의 요약을 상징하는 표현일 수 있다. §C 27의 율법의 행위들이라는 문구와 §B의 첫 문장—"이것은 우리가 논의한 결정의 일부이다 […] 이는 […] 우리가 […] 행위들"—사이에 어떠한 연관이 있을 수 있다. 하지만 히브리어 표현이 각기 다르고 텍스트 자체도 상당히 파편화 되어 있기 때문에, 둘 사이에 확실한 연관이 있다고 분명하게 결론 내리기는 어렵다. 그럼에도 불구하고 개념적으로는 §B와 의미가 통하는 것이 사실이다. §B부분은 토라의 각기 다른 24개의 명령들을 언급하면서 이것들을 어떻게 적용할 것인지에 관한 공동체의 견해를 담고 있다. 이 명령들을 하나로 묶는 특징은 바로 기록된 모든 명령들이 정결함과 부정함을 다루고 있다는 점이다. 저자들은 수신자들이 토라를 이해할 능력이 있다고 믿었고 자신들이 해석한 결론들을 수신자들이 배우기를 바랐기 때문에 이 명령들에 관하여 썼다. 또 다른 한편으로 "율법의 행위들"이라는 문구는 토라에 대한 순종을 가리키는 표현일 수 있다. 여기서 초점은 토라의 명령 자체가 아닌 토라의 명령에 순종하는 인간 행위자에게 있다. 이러한 초점은 마지막 단락의 전체적인 맥락과도 잘 맞아떨어지며, §B가 제공하는 특별한 해석들을 잘 지키라고 권면하는 §C 전체와도 잘 어울린다.

이 두 견해 모두 지지하는 증거들을 갖고 있기 때문에, 가장 좋은 해결책은 두 견해를 적절히 조율하는 것이다. 율법의 행위들이라는 문구는, 특별히 §B에서 묘사된바, 율법이 요구하고 있는 행위들을 가리키는 것이라 볼 때에 가장 잘 이해될 수 있을 것 같다. 그럼에도 이 문구를 편지의 전체적인 목적 안에서 이해할 필요가 있다. 그 목적이란 것은 바로 율법의 행위들에 순종하도록 하는 것, 다시 말해 수신자들이 특정한 일들을 **행하도록** 동기를 부여하는 데에 있다.

의로 여김

다른 대부분의 §C와 마찬가지로 "그것이 너희에게 의로 여겨질 것이다"(§C 31)라는 표현 역시 구약성경으로부터 나온 것이다. 이 표현은 형식에 있어서 비느하스에 대한 묘사 부분과 가장 가까워 보인다. 비느하스는 바알브올을 숭배한 이스라엘 백성들에게 내려진 하나님의 심판을 멈추기 위한 행동을 취한 바 있다(민 25:6-13; 시 106:28-31). 이러한 행동은 비느하스에게 의로 여겨졌다—즉 그는 의롭다 함을 얻었다(justified). 비느하스에 대한 묘사 부분은 또한 개념적인 측면과 언어적인 측면에서 아브라함의 이야기와 연관성이 있다. 창세기 15:6은 "아브라함이 주를 믿으니 주께서 이를 그의 의로 여기시고"라고 말한다. 이러한 구약의 배경들에 주목하는 것은 중요하다. 이 본문들은 하나님께서 누군가를 의로 여기실 때 그 사람이 이미 언약공동체의 일원이라는 것을 보여주기 때문이다. 많은 그리스도인들이 "칭의"를 죄의 용서 개념(아래를 보라)으로 이해하고 있지만, 사실 제2성전기 시대의 많은 유대인들은 그런 식의 이해를 가지고 있지 않았다. 하나님의 의롭게 여기시는 행위는 누군가를 언약〔공동체〕의 일원으로 **만드는** 것이 아니라, 그 사람이 이미 언약 공동체 안에 지위를 갖고 있음을 **증명하는** 것이었다.

율법의 행위들과 의의 관계

편지를 끝맺는 부분의 마지막 문장은 누군가 "선하고 옳은 일"을 할 때 그것이 의로 여겨진다고 말한다. 이 문장을 뒤집어 읽는다면, 아마도 수신자들이 해야 하는 선하고 옳은 일이란, 바로 앞서 언급한 "율법의 행위들"이라고 볼 수 있다. 이러한 개념상의 연관성은 4QMMT에서 칭의가 결국 토라에 대한 순종에 달려있음을 보여준다. 하지만 이것이 곧 4QMMT의 저자들이 "율법주의"〔legalism〕의 개념을 가지고 있었다는 의미는 아니다. 행위의 목적이 하나님의 은혜를 **얻어내기** 위한 것이 아니었기 때문이다. 이들은 하나님께서 은혜를 이미 베푸셨다는 것을 알았다. 하나님께서 〔과거에 이미〕 그들과 언약 관계를 맺으셨기 때문이다. 더욱이 저들은 하나님께서 어떤 방식으로든지 자신들이 순종하도록 도우신다고 주장했다—"네가 받은 권면을 지키기 위해서 그분의 임재 안에서 그분을 구하여라"(§C 28-29). 4QMMT의 저자들은 구원을 얻는 데 있어서 인간을 유일한 행위자로 보지 않았고 심지어는 주요한 행위자로도 보지 않았다. 우리가 살펴보겠지만, 그럼에도 불구하고, 의로움을 위한 수단으로서 토라에 대한 순종을 강조하는 것 역시 무시해서는 안 된다.

로마서 3:1-20: "율법의 행위들로 … 의롭다 함을 얻을 사람이 없나니"

4QMMT를 염두에 두고 로마서 3:20—"율법의 행위들로 하나님 앞에 의롭다 함을 얻을 사람이 없나니"—에 담긴 바울의 주장을 살펴본다면 우리는 그의 주장을 더욱 잘 이해할 수 있게 된다. 그런데 앞서 언급한 것처럼 4QMMT에서 "율법의 행위들"이라는 표현이 §B에 담긴 특정한 내용들을 가리키는 것인지 아니면 토라의 "행함"(doing)을 가리키는 것인지에 관해서는 모호한 측면이 있다. 이와 같은 문제가 로마서 3:20에서도 발생하는데, 예를 들어 1984년 NIV 성경과 2011년 NIV 성경의 번역을 비교해보면 이를 자세히 알 수 있다.

로마서 3:20 (1984년 NIV)	로마서 3:20 (2011년 NIV)
"그러므로 율법을 준수함으로 하나님 앞에 의롭다 함을 얻을 사람이 없나니."	"그러므로 율법의 행위들로 하나님 앞에 의롭다 함을 얻을 사람이 없나니."

둘 사이의 변화를 좀 더 "문자적인" 번역으로 이동한 것으로 설명할 수도 있지만, 이는 기본적으로 "율법의 행위들"이 율법에 담긴 특정한 명령들을 가리키는 것인지 아니면 율법을 행함을 가리키는 것인지에 대한 불명확성을 더 분명히 인식한 결과에서 비롯되었다고 볼 수 있다.

율법의 행위들

4QMMT에서도 살펴봤듯이, 이러한 두 견해를 적절하게 조율하는 것이 가장 나을 수 있다. 로마서 2-3장에 나타난 토라에 관한 바울의 진술들을 추적해보면, 우리는 바울이 다양한 주제들—도둑질(롬 2:21), 간음(2:22), 우상숭배(2:23), 신성모독(2:4), 할례(2:25-29)—을 다루면서 대개 토라를 넓은 의미로 사용하고 있다는 것을 보게 된다(2:12-15, 18-20). 로마서 3:19-29 문맥에서도 어떤 특정한 명령들을 염두에 두고 있는 것처럼 보이지는 않기에, "율법의 행위들"을 넓은 의미에서 토라에 대한 어떤 순종 행위라고 보는 것이 가장 좋을 것 같다.[4] 하지만 단순히 이러한 결론으로 해석을 제

---

4.   이러한 주장은 최근 학계 대다수의 견해, 특히 바울에 관한 새관점의 견해와 대비된다. 이들은 "율법의 행위들"이 모든 명령을 가리키는 것이라 할지라도, 바울이 특별히 염두에 둔 것은, 할례, 음식법, 안식일 규정과 같이, 유대인의 언약적 정체성 표지들이라고 주장한다. 이 세 가지 사안은 특히

한해버리면 바울이 하고 있는 작업의 일부를 놓치게 될 수도 있다.

의 선언하기

바울이 가진 칭의 혹은 의에 대한 견해를 더욱 잘 이해할 수 있도록 돕는 실마리를 로마서 3:20에서는 더 이상 찾기 힘들다. 이 구절 이전에 로마서 1:17은 의를 믿음과 연결한 바 있는데, 이 구절 직후(롬 3:21-26; 4:1-25)에서도 그와 같은 연결을 시도하고 있다.[5] 또 다른 구절, 특히 로마서 4:1-8을 보면 바울이 칭의에 대하여 우리가 4QMMT에서 본 것과는 다른 이해를 갖고 있음을 발견하게 된다. 여기에서 바울은 칭의를 죄의 용서와 연결하면서 하나님께서 "경건하지 아니한 자"(4:5)를 의롭다고 하신다는 점을 강조한다. 4QMMT의 저자들은 하나님께서 선언하시는 의를 이미 하나님과의 언약적 관계 안에 있는 자들에게 적용하는 반면, 바울은 언약 밖에 있는 자들에게 선언되는 하나님의 의를 언급한다. 이처럼 바울은 "칭의"를 회심과 가까운 의미로, 곧 하나님의 백성들 중에 한 사람으로 세워진다는 의미로 사용한다.

의와 율법의 행위들의 관계

그렇다면 바울에게 있어서 칭의와 율법의 행위들 사이의 관계는 무엇이었을까? 다르게 말하자면 바울은 어떠한 이유로 의로움

유대인을 그들의 이웃들로부터 구별해내는 역할을 했다.

5.　롬 1:18, 29; 2:8; 3:5에서 바울이 말하는 "불의"를 또한 주목하여 보라.

으로 가는 수단으로서의 율법의 행위들을 거부했을까? 이 질문은 다시금 4QMMT와 바울을 비교하게 만든다. 이 두 질문에 대답하려면 먼저 의로움과 율법의 행위들 사이에는 기본적으로 유사성이 있음을 지적할 필요가 있다. 4QMMT와 바울은 모두, 사람을 의롭다고 선언하시는 이가 바로 하나님이심을 분명히 인정한다. 4QMMT의 저자들에게 있어서 하나님께서 의롭다고 선언하시는 근거는 율법의 행위들을 행함에 있다. 하지만 바울은 이러한 개념을 뒤집는다. 바울에 따르면 율법의 행위들을 행하는 것으로는 의롭다 함을 얻어내지 **못한다**. **율법**과 **행위들**이라는 핵심 단어에 부합하는 이 두 가지 소견은 모두 적절하다고 할 수 있다.

행위들

4QMMT와 마찬가지로 바울은 구약성경, 즉 시편 143:2(142:2 LXX)을 사용하면서 이 구절을 자신의 목적에 맞게 수정하여 사용한다. 이 시편의 저자는 하나님께서 자신의 죄에 대하여 심판을 행하지 않기를 바라는 근거로 "살아 있는 어느 누구도 하나님 앞에서 의롭지 못하다"라는 주장을 펼치고 있다. 사실상 이러한 시편 저자의 주장은 하나님과 비교해 볼 때 어느 누구도 의롭지 못하다는 당연한 발언이다. 바울은 이 시편 인용구에 "율법의 행위들로"라는 말을 덧붙이면서 초점을 이동시켰다. 이로써 어느 누구도 이와 같은 **수단**으로는 하나님 앞에서 의롭게 되지 못한다는 점이 강조된다. 더 이상 초점은 죄인과 의로우신 하나님 사이의 비교에 있지 않다. 이제 초점은 하나님으로부터 의롭다는 판결을 얻는 (혹은 얻

을 수 없는) 방식에 있다. 4QMMT와 비교해 볼 때, 바울은 구원 과
정에 있어서 하나님과 인간이 어떻게 상호작용 하는지에 대하여
분명 다르게 생각하고 있다. 바울은 4QMMT §C 27과 같은 주장들
안에서, 누군가가 의롭다고 선언되는 근거로서 인간이 주요한 행
위자라는 논증들을 발견하고, 토라 **행함**이라는 인간의 행위를 지적
하면서 그것이 의로움을 얻는 수단이라는 생각을 분명하게 거부한
다.

율법

이 지점에서는 바울의 논지가 분명하지 않지만, 이후에 바울이
초점을 토라와 순종에서 하나님의 백성을 정의하는 특징으로 옮겨
가고 있는 것은 분명한 것 같다. 바울은 그리스도 안에서 이루어지
는 하나님의 행위와 이에 대한 반응으로서의 믿음을 강조한다. 이
믿음이 곧 하나님의 백성을 특징 짓는다. 우리는 여기에서 칭의가
율법의 행위들에 의해서 이루어지는 것이 아니라고 바울이 강력하
게 주장한 이유를 보게 된다. 그 이유는 바로 하나님께서 자신의
아들을 통해서 백성들에게 의로움을 주고자 하셨기 때문이다. 이
와 동시에 바울은 새로운 율법의 역할을 규정한다. 이제 바울은 유
대인과 이방인 사이를 구별하는 장벽 혹은 유대인을 위한 칭의의
근원으로서의 토라를 세우는 대신, 구약성경 자체를 기초로 하여
모든 입을 막고 온 세상—유대인과 이방인 모두—을 하나님 앞에서
유죄로 드러내었다(롬 3:10-19). 당시로서는 급진적이었을 이러한
해석은 완전히 반문화적인 복음의 메시지—하나님께서 율법의 행

위들과는 관계없이 예수를 믿는 모든 자들을 의롭게 하시려고 예
수 그리스도 안에서 일하는 중이라는 메시지—를 강화하는 기능을
한다(롬 3:21-26).

더 읽을거리

추가적인 고대 문헌

"율법의 행위들"과 비슷한 표현을 사용하는 또 다른 유대 문헌들
로는, 4QFlor 1:7(논란의 여지가 있음)과 1QS 5:21; 6:18이 있다.
『공동체규율』(1QS) 전체는 일부 유대인들이 율법에 대한 순종을
어떻게 이해했는지에 관해 연구할 때 유익하게 사용될 수 있다. 이
와 관련된 또 다른 바울 문헌으로는 갈라디아서 2:15-21; 3:1-14이
있다.

영역본과 비평판

Qimron, Elisha, and John Strugnell, eds. *Qumran Cave 4. V, Miqṣat
Maʿasé ha-Torah. DJD* 10. Oxford: Clarendon, 1994.

García Martínez, Florentino, and Eibert J. C. Tigchelaar, eds. T*he
Dead Sea Scrolls: Study Edition.* 2 vols. Leiden: Brill, 2007 .

이차문헌

Abegg, Martin G. "4QMMT C27, 31 and 'Works Righteousness.'"

DSD 6, no. 2 (1999): 139-47.

de Roo, Jacqueline C. R. "Works of the Law" at Qumran and in Paul. *NTM* 13. Sheffield: Sheffield Phoenix, 2007.

Dunn, James D. G. "4QMMT and Galatians." *NTS* 43, no. 1 (1997): 147-53.

Hogeterp, Albert L. A. "4QMMT and Paradigms of Second Temple Jewish Nomism." *DSD* 15, no. 3 (2008): 359-79.

Kampen, John, and Moshe J. Bernstein, eds. *Reading 4QMMT: New Perspectives on Qumran Law and History*. Atlanta: Scholars Press, 1996.

Sprinkle, Preston M. *Paul & Judaism Revisited: A Study of Divine and Human Agency in Salvation*. Downers Grove, IL: InterVarsity Press, 2013.

von Weissenberg, Hanne. *4QMMT: Reevaluating the Text, the Function, and the Meaning of the Epilogue*. STDJ 82. Leiden: Brill, 2009.

Wright, N. T. "Justification and Eschatology in Paul and Qumran: Romans and 4QMMT." Pages 104-32 in *History and Exegesis: New Testament Essays in Honor of Dr. E. Earle Ellis on His Eightieth Birthday*. Edited by Sang-Won Son. New York: T&T Clark, 2006.

제5장
「에녹의 편지」와 로마서 3:21-31
하나님의 의가 나타남

조나단 A. 리니버(Jonathan Linebaugh)

로마서 3:21에서 바울은 이전에 없던 새로운 가능성, 새로운 무언가를 선언한다. 바울은 "율법의 행위들로 하나님 앞에 의롭다 함을 얻을 사람이 없다"(롬 3:20)라는 절망적인 결론에 이어 그가 "그리스도 예수로 인해 얻는 구원"(3:21, 24)이라 부르는 사건 안에서 하나님의 의가 나타났다고 선언한다. 이 의는 로마서 3:20으로 귀결되는 죄들을 심판하지 않고, 오히려 예수의 죽음 안에서 드러난다(3:25). 이 예수의 죽음은 예기치 못한 선언, 즉 죄인들(3:23)이 의롭다 함을 얻는 결과—즉 "하나님의 은혜로 값없이 의롭다 함을 얻는(justified)"(3:24)—를 낳았다.

바울의 선언은 새로웠다. 하지만 역사가 바뀌는(혹은 많은 경우에 역사를 끝마치는) 심판의 순간에 하나님의 의가 나타날 것이라고 바울 홀로 생각했던 것은 아니다. 초기 유대교 문헌들, 특히

'묵시'문학 안에서는 바울과 같은 사상이 흔히 나타난다. 이러한 전
승들 안에서 바울의 위치 그리고 전혀 새로운 무언가를 보여주는
바울의 방식은 로마서 3:21-31과 다른 문헌―「에녹의 편지」와 같
이, 받은 계시를 전달한다고 말하며 하나님의 의의 나타남을 선포
하는―과의 비교를 통해 밝혀질 수 있다.

「에녹의 편지」:
"의인들은 죄인들로 발견되지 않을 것이다"

「에녹의 편지」(『에녹1서』 92:1-5; 93:11-105:2; 이후 편지 부분)
는 『에녹1서』―다른 시대에[1] 다른 장르로 구성된 문헌들의 모음집
이지만, 그럼에도 모두 에녹의 말을 담고 있다―의 문학사(literary
history)에 있어서 상대적으로 늦은 시기에 해당하는 작품이다("에녹
의 첫 번째 책"이라고도 불리는 『에녹1서』는 부록을 제외하고 크게 다섯 부분으로
나뉘며, 「에녹의 편지」는 그 중에서도 후반부에 해당한다―역주). '쿰란' 제4동
굴에서 발견된 가장 오래된 사본의 단편들은 아람어로 되어 있지
만, 그럼에도 일부 학자들은 이 텍스트의 일부가 본래 히브리어로
쓰였을 것이라 추측한다. 『에녹1서』는 대부분의 유대 전통과 기독
교 전통에서 비-'정경적'인 문헌으로 받아들여졌지만, 에티오피아
교회와 에리트레아(Eritrean) 정교회는 이 문헌을 자신들의 정경 안

---

1. 다양한 에녹 전승들이 있으며, 그 시기는 주전 3세기부터 1세기까지 이른다.

에 포함시켰다. 『에녹1서』 구성과 본문의 내용을 보자면, 「에녹의 편지」는 아마도 '마카비 항쟁'(주전 167-142) 바로 직전에 기록된 것으로 보인다.

「에녹의 편지」는 "나의 아들들과 … 정직을 행하고 평화를 가져올 마지막 세대여"(『에녹1서』 92:1)와 같이 허위로 에녹의 입을 통해 말하는 것처럼 보인다. 「에녹의 편지」는 현재는 비록 고난의 시기일지라도 "의인들"은 "거룩하고 위대하신 분께서 모든 일에 대한 시기를 정해두셨기 때문에 … 슬퍼할 필요가 없다"(『에녹1서』 92:2)라고 위로한다. 지금은 단지 불의(injustice)의 시간일 뿐이다. 현재 "악"의 길을 걷는 자들은 의인에게 약속된 부와 상을 누리고 있는데 반해(96:4; 참조, 94:1-5), 의인들의 삶은 신명기 28-30장에 나타난 '언약'적 저주로 설명되는 형국이다. 의인들은 슬퍼하며 "우리는 머리가 되기를 바랐지만 꼬리가 되었다"(103:11; 참조 28:13, 44)고 말한다.

하나님의 정의가 드러날 것이다

여기에서 드는 의문점은 '신명기'의 축복과 저주 패턴이 뒤집힌 것과 같은 불합리한 상황이 실제 현실을 반영하고 있는 것인지 아니면 단순히 일시적인 불의의 득세를 반영한 것인지의 여부다. 이때 죄인들도 자신의 의견을 피력한다. "경건한 자들이 자신들의 운명에 따라 죽었구나! 자신들의 행위에 대하여 무슨 보상을 받았는가?"(102:6). 에녹은 이에 대하여 대안을 제시하기를, 심판 날에 의인들은 "죄인들로 나타나지 않을 것"(104:5)이라고 말한다. '종말론적'으로 번영이 역전된 상황에서(104:5-6), 겉으로만 의롭게 보이는 부자들(96:4)과 불순종한 것처럼 보이는 낙심한 자들〔실제 의인들〕(103:9-15)은 모두, 불의가 보여주는 허상으로 드러날 것이다. 심판자는 이러한 상황을 다시 역전시키는 활동으로서 악인에게는 벌을 주고 의인에게는 상을 줄 것이다. 더불어 억압을 받던 자들은 죄인들을 억압하는 자가 되어서 현재 역전된 상황이 올바르게 세워질 것이다.

「에녹의 편지」 95:3	「에녹의 편지」 96:1
"너희가 바라는 대로 너희가 그들을 심판하도록 주께서 다시 그들을 너희 손에 붙이실 것이다."	"죄인들은 너희 앞에서 곧 멸망할 것이며, 너희는 너희가 바라는 대로 그들을 지배하게 될 것이다."

　최종적인 심판의 **결말**(의인들의 축복과 죄인들의 멸망)과 그 수단(죄인들은 의인들에게 심판받음)은 현재의 불의가 '종말'에 사라지게 될 것임을 보증한다. 죄인과 축복, 의인과 저주라는 공의롭지 않은 연관성은 사라질 것이며, 긍정적인 측면에서 의인은 복을 받고 부정적인 측면에서 악인은 저주를 받음으로써 정의의 구분선이 다시 그어질 것이다.

의인은 구원받을 것이다

　하지만 죄인들은 "경건한 자들이 죽었구나"(102:6)라고 말한다. 죄인들은 눈을 열어 〔현실을〕 보라고 이야기한다. 왜냐하면 드러난 현실을 외면하고 드러나지도 않은 어떤 반전을 기대하는 것은 공상으로 도피하는 것과 마찬가지이기 때문이다. 물론 이에 대한 에녹의 반박은 죽음이 결코 끝이 아니라는 것이다. 하지만 에녹서의 세계 안에서 에녹의 반박은 단지 순진한 추론이 아니다. 미래에 대한 선언은 계시를 기록한 것이기 때문이다. 에녹은 자신이 "보았던" 것을 "알고 있었기" 때문에(참조, 94:5, 10; 97:2; 98:8, 10, 12; 100:10; 103:2, 7-8; 104:10, 12) 맹세할 수 있었고(103:1) 또한 약속할 수 있었다. "지극히 높으신 분의 계명을 실천하기 위해, 현명한 이들의 말을 귀담아 듣고 이해한 자들은 복이 있을 것이다. 그들은 의의 길을 걸을 것이고, 오류로 인도하는 자들과 함께 그릇된 길로 나아가지 않을 것이며, 또한 구원을 받을 것이다"(99:10).

「에녹의 편지」는 하나님의 의가 나타날 것이라는 계시를 담고 있다. 현재는 고난의 시기이다. 의의 관점에서 볼 때 잘못된 사람들이 상을 받고 있기 때문이다. 말하자면 죄인들이 복을 받고 의인들이 언약적 저주를 받고 있다. 그러나 하나님의 정의가 다가오고 있다. 마지막 심판 때에 불의는 정의로 회복될 것이며 죄인들은 벌을 받고 의인들은 복을 받게 될 것이다. 이것이 바로 「에녹의 편지」에 담긴 복음이다(도표 5.1을 보라).

진영	불의한 현재	정의로운 종말
의인들	저주	축복
불의한 이들	축복	저주

[도표 5.1: 「에녹의 편지」에 나타난 의의 나타남]

로마서 3:21-31: "하나님의 의가 나타났다"

지금 하나님의 정의가 나타났다

에녹의 묵시("계시")는 미래지향적이다. 지금은, 범죄의 현장과 같이, 의인들은 고통을 받고 악인들은 언약적 축복을 받는 고난의 시기이다. 지금은 문제의 시기이다. 지금(now)은 종말론적인 그때(but then)—정의가 회복되고 세워질 것이라고 약속된 미래의 심판의 때—와 서로 충돌한다. 지금 하나님의 의는 숨겨져 있다. 그러나 그 때는 하나님의 의가 나타날 것이다.

이와 대조적으로 바울에게 있어서 하나님의 의가 나타나는 것은 바로 지금이다—"그러나 지금은 율법과 상관없이 하나님의 의가 나타났다"(롬 3:21). 이러한 바울의 표현은 에녹의 귀에 미래의 심판 때에 약속된 일이 바울이 말하는 "그리스도 예수로 인해 얻는 구원"(3:24)이라는 사건 안에서 일어났다는 선언으로 들렸을 것이다. 「에녹의 편지」와 같이 로마서 역시 "[하나님의] 의로우신 심판이 나타나는 … 날"(2:5), 다시 말해 "하나님께서 각 사람에게 그들이 행한 대로 보응하실 날"(2:6)을 묘사하고 있다. 이 심판 이전의 시기는 "오래 참음"(2:4)의 시기였지만, 하나님께서 죄를 간과하시던 날들(3:25)은 이제 "하나님의 진노의 날"(2:5)이 될 것이다. 로마서 3장은 "오래 참음"(3:25)의 시기, 곧 하나님의 의가 나타나기 이전의 시기를 설명하고 있는데 이는 로마서 2장과 연결되어 있다. 하지만 로마서 3:21-26은 이 시기를 현재의 시간으로 보기보다는, 오히려 과거의 시간 안으로 집어넣는다. 바울에게 있어서, 오래 참음의 시기—하나님께서 "전에 지은 죄를 간과하셨던 날들"(3:25)—
는 예수 그리스도의 죽음이라는 하나님의 의의 실행(enactment)으로
끝났다. 「에녹의 편지」가 종말의 심판으로서 약속한 것을 바울은
지금 묵시로 선언하고 있는 것이다. 이를테면, "그리스도를 속죄
제물로 내어주신"(3:25) 하나님의 행위는 하나님의 "의로운 심
판"(2:5)—죄에 대한 하나님의 심판—이 나타난 것을 의미한다.

모든 사람이 불의하다

하지만 에녹에게 아마도 충격적이었을 이러한 의의 나타남의
문제는 단순히 시기만이 문제가 아니다. 「에녹의 편지」는 의인과
죄인의 분명한 구별에 기초하고 있다. (의인은 언약적 저주를 받는
반면 죄인은 복을 받는) 문제가 발생한 현재 의인과 죄인의 삶은
(심판의 때에 의인은 복을 받고 죄인은 저주를 받을 것이라는) 해
답을 기다리고 있다. 하지만 바울은 로마서 1:18-3:20의 결론을 요
약하면서 "모든 사람이 죄를 범하였기 때문에 … 아무런 차이가 없
다"(3:22-23; 참조 3:9)라고 선언한다. 「에녹의 편지」에 있어서, 저
러한 바울의 주장은 단 하나의 결론, 즉 유죄판결로만 인도할 뿐이
다. 더불어 이것은 로마서 3:20에서 바울이 정확히 율법의 영역을
제한하면서 내린 결론이기도 하다. "율법의 행위들로 하나님 앞에
의롭다 함을 얻을 사람이 없나니"(3:20).

경건하지 않은 자를 의롭다 하심

"그러나"로 시작하는 로마서 3:21은 3:20과 대조를 이룬다. 하

나님의 의는 칼 바르트(Karl Barth)가 "유죄 판결 가운데 무죄 선고라
는 … 불가능한 가능성(impossible possibility)"[2]이라고 부른 것에서 나
타났다. 하지만 이 불가능한 가능성, 즉 "율법과 상관없는"(3:21)
하나님의 의는 율법의 유죄 판결과 죽음이라는 형벌을 회피하지
않고 오히려 그것을 관통한다. 의로우신 재판관의 의로우신 판결
에 따르면(2:5; 3:5-6) 죄인은 죽어 마땅하다(1:32; 참조, 6:23). 십
자가는, 예수의 죽음으로 하나님의 최종적인 심판이 실행된 것이
며, 곧 의가 나타났다는 것을 의미한다. 왜냐하면 십자가는 죄인들
을 위한 그리스도의 죽음이 곧 죄인의 죽음(참조, 갈 2:20)이라는
하나님의 법칙(decree)을 이행한 것이기 때문이다. 그러나 십자가에
서 경건하지 않음을 심판하셨던 하나님께서 동일한 사건을 통해
경건하지 않은 자를 또한 의롭다고 하신다(롬 4:5)—이러한 가능성
은 전례가 없다. 십자가라는 종말론적 심판의 현장에서, 죄인들은
처형되어 비존재(nonbeing)(롬 4:17, "없는 것")의 상태가 되지만, 죽
은 자를 살리시는 하나님께서는 심판하신 후에 무성(nothingness)으
로부터 재창조하신다.

다른 종류의 정의

여기에서 우리는 「에녹의 편지」와 로마서를 구별하는 기준선
앞에 서게 된다. 「에녹의 편지」에 있어서, 현재의 문제는 죄인과 축

---

2.   Karl Barth, *The Epistle to the Romans* (trans. E. Hoskyns; London: Oxford
      University Press, 1993), 92.

복이라는 연결점에 나타난 불의에 있다. 하지만 바울은 이와 다른 문제에 직면하고 있으며, 따라서 다른 해결책―바울의 해결책은 「에녹의 편지」의 저자가 지적한 문제〔죄인이 복을 받고 의인은 저주를 받는 것〕만큼이나 그 저자〔의 해결책, 즉 의인은 복을 받고 죄인은 저주를 받는 것〕를 불안정한 것으로 보고 있다―을 제시하고 있다. 만약 "모든 사람이 죄를 범했다"(롬 3:23)면 "의인은 없다"(3:10). 그렇다면 "아무도 의롭다고 **선언되지** 않을 것이다"―즉 의롭다 함을 얻지 못한다〔justified〕(3:20). 율법은 이와 같이 말해왔다. 하지만 이제는 율법과 관계없는 의가 말한다. 이 의는 율법의 판결(3:23, "모든 사람이 죄를 범했다")을 지지하고 율법의 형벌(3:25-26, 죽음이라는 형태로 나타나는 죄에 대한 심판)을 성립시킨다. 그러나 여기서의 심판은 의롭다 함을 주는 심판이다. 이 심판은 불의한 자를 의롭다고 선언한다. 로마서 3:24에 나타난 칭의의 대상은 바로 죄를 범한 사람들(3:23)이다. 「에녹의 편지」의 관점에서 보면, 불의한 자를 의롭다고 부르는 의는 신학적으로 모순이다. 바울은 마치 법정적 "이중 사고"[3]〔모순되는 두 가지 생각을 동시에 수용하는 것―역주〕 사례를 선언하고 있는 것처럼 보인다. 심판은 죄인을 죄인으로 규정하긴 하지만 (3:23), 이후에 겉보기에는 정의롭지 못한 칭의의 언어와 함께 그 판결은 뒤집힌다.

물론 바울에게 있어서, 겉보기에 정의롭지 못한 이 정의〔justice〕의 정당성은 예수의 죽음에 달려있다(롬 3:25-26). 하지만 에녹의

---

3.   George Orwell, *1984* (New York: Penguin, 1949), 213-14.

귀에 이것은 갈수록 상황이 더 악화되는 것으로 들린다. 「에녹의 편지」에서 현재의 불의는 의인의 죽음 안에서 가장 강렬하게 인식되기 때문이다(예, 『에녹1서』 99:15; 102:4-11; 103:3, 9-10, 15). 이러한 관점에서 보면, 바울의 설명은 (죄인을 의인으로 부르는) 불의한 행위를 (의인의 죽음이라는) 불의한 사례와 결부시키면서 그 불의한 행위를 정당화 하려는 시도로 보일 뿐이다. 하지만 (「에녹의 편지」의 관점에서 보면) 잘못된 것에 잘못된 것을 더해봐야 아무 소용이 없다. 잘못된 두 가지가 하나님을 의롭게 만든다는 식의 주장을 에녹이 들었다면 그것을 인정했을 리가 없다. 여기서의 핵심은 에녹과 바울 사이의 차이점들이 드러나고 있다는 것, 그리고 바울은 다른 종류의 정의를 선언하고 있다는 것이다. 그것은 바로 율법과 상관없는 의이자(롬 3:21) 바울이 "예수 그리스도를 믿음으로 말미암은 하나님의 의"(3:22, 나의 사역)라고 불렀던 의이다.

"하나님의 의"가 "율법과 상관없이" 나타난다는 것은, 인간이 "율법의 행위들과는 상관없이 믿음으로 의롭다 함을 얻는다"(3:28)는 것을 의미하기 때문에, 결국 인간의 모든 자랑의 근거들을 박탈시키는 결과를 낳는다(3:27). 이렇게 제거된 행위들은 믿음에 대한 부정적인 정의(definition)를 제공한다. 즉, 믿음은 칭의의 주체로서의 인간에 대해 "No"라고 말한다. 하지만 '인간학'과 관련해서 "No"를 외치는 믿음은 '기독론'과 관련해서는 "Yes"라고 말한다—이 믿음은 "믿음 안에 계신"[4] 예수 그리스도를 경건하지 않은

---

4.   Martin Luther, *Lectures on Galatians* (1531/35) = *LW* 26:129. 다르게 말하면,

자에게 주시는 칭의의 근거로 고백한다. 그리하여 바울은 하나님의 구원하시는 의의 나타남을 다음과 같이 간결하게 요약한다(참조, 1:16-17). "하나님의 은혜로 주어진 선물로서의 칭의"(3:24, 나의 사역). 바울은 이 선물을 "그리스도 예수로 말미암아 얻는 구원"(3:24)이라고 부르면서, 십자가에 달리신 그리스도를 자비의 마음을 가지고 죄에 대한 하나님의 심판을 감당하신 분(3:25-26)이자 자비롭게도 죄인들에게 의가 되신 분(5:6-10, 17; 참조, 고전 1:30; 고후 5:21)으로 묘사한다.

죄인들에게 주어지는 이 선물(3:23-24)은 "모두"—유대인과 이방인(3:9)—를 포함한다. 따라서 한 분이신 하나님께서는 유대인과 이방인 모두의 하나님(3:29)이 되시고, 또한 할례자나 무할례자 모두에게 믿음을 통해 의롭다고 선언하신다(3:30). 바로 이 조건 없는 선물, 곧 경건하지 않은 자를 의롭다 하시는 예수의 선물로 인해 바울은 이방인을 향한 혁명적인 사역을 펼칠 수 있었던 것이다. 유대인과 이방인 모두를 향한 사도의 선언은 곧 모든 사람들을 죄인으로 선언하면서 동시에 모든 사람들을 의롭다고 선언하시는 하나님의 심판이란 지진의 결과물이다. 예수의 죽음이 곧 죄에 대한 하나님의 심판이기 때문에 율법은 〔파기되는 것이 아니라 오히려〕 예수 안에서 세워진다(3:31). 하지만 이 심판 안에는 이보다 더 깊은 신비가 숨겨져 있다. 즉, 하나님의 의의 나타남은, "나를 사랑하사 나

그리스도께서는 말씀 안에서 자신을 나타내시며, 이 말씀은 그분과 결부된 믿음을 창조한다. 그렇다면 그리스도는, (고전 1:30을 따라) 루터가 말하듯이, "우리의 의"다.

를 위하여 자기 자신을 버리신"(갈 2:20) 분을 통해 이루어지기 때문에, 죄에 대한 하나님의 심판은 궁극적으로는 죄인의 의롭다 함을 목표로 삼고 있으며 실제로 그것을 이루어 낸다는 것이다.

더 읽을거리

추가적인 고대 문헌

유언과 묵시문학은 방대하다. 묵시적 본문으로는 예를 들어, 『스바냐 묵시록』, 『에스라4서』, 『바룩2서』가 있으며, 유언으로는 『모세의 유언』, 『열두 족장의 유언』, 『욥의 유언』이 있다. 「에녹의 편지」를 반영하거나, 그로부터 영향을 받은 텍스트를 보려면 솔로몬의 지혜 2-5장을 보라. 또 이와 관련된 바울 문헌으로는 고린도후서 5:17-21, 갈라디아서 2-3장, 빌립보서 3:2-11이 있다.

영역본과 비평판

Olson, D. *Enoch: A New Translation*. North Richland Hills, TX: BIBAL Press, 2004.

VanderKam, James C. *1 Enoch: A New Translation*. Minneapolis: Fortress, 2004.

The Aramaic fragments from Qumran cave 4 are included in:

García Martínez, Florentino, and Eibert J. C. Tigchelaar, eds. *The Dead Sea Scrolls: Study Edition*. 2 vols. Leiden: Brill, 2007.

For the Ethiopic texts:

Knibb, M. A. *The Ethiopic Book of Enoch*. 2 vols. Oxford: Clarendon, 1978.

For the Greek fragments:

Black, M. *Apocalypsis Henochi Graece*. PVTG 4. Leiden: Brill, 1970.

이차문헌

Linebaugh, Jonathan A. "Debating Diagonal Δικαιοσύνη: *The Epistle of Enoch and Paul in Theological Conversation*." Early Christianity 1 (2010): 107-28.

—————. *God, Grace, and Righteousness in Wisdom of Solomon and Paul's Letter to the Romans in Conversation: Texts in Conversation*. NovTSup 152. Leiden: Brill, 2013.

Seifrid, Mark, A. *Christ, Our Righteousness: Paul's Theology of Justification*. NSBT 9. Leicester: Apollos, 2000.

Stuckenbruck, Loren T. *1 Enoch 91-108*. CEJL. Berlin: de Gruyter, 2007.

Westerholm, Stephen. *Perspectives Old and New: The 'Lutheran' Paul and His Critics*. Grand Rapids: Eerdmans, 2004.

제6장
시락서와 로마서 4:1-25
아브라함의 믿음

마리암 카멜(Mariam J. Kamell)

아브라함은 하나님의 약속을 믿은 믿음으로 인해 하나님 백성의 아버지가 되었고, 유대 전통과 기독교 전통 모두에서 〔믿음의〕 조상으로서 정점에 서있다. 아브라함은 유대 문학 안에서도 모든 사람이 따라야 할 믿음의 본보기로서 대단히 훌륭한 인물로 묘사되며, 하나님과 더불어 이야기를 나누기도 하고 심지어 언약을 맺기도 한다. 구약성경 내내, 이스라엘 백성들은 아브라함의 하나님을 예배하라는 말씀을 듣게 되는데, 이는 아브라함이 먼저 하나님의 말씀을 듣고 이방 문화를 떠났기 때문이며 그의 후손들도 하나님한 분만을 예배할 것이라고 언약을 맺었기 때문이다.

따라서 하나님께서 유대인과 이방인 모두에게 신실하시다는 주장의 근거를 찾을 때에, 아브라함은 바울에게 있어서 하나님의 목적의 단일성을 견고히 세우는 일에 토대가 되는 인물이다. 바울은 로마서 1-3장에서 인간의 신실하지 못함과 하나님의 신실하심을 대비시키면서 다음과 같은 수사학적 질문들로 의기양양하게 결론을 맺는다. "하나님께서는 유대인만의 하나님이시냐? 또한 이방인의 하나님은 아니시냐? 그렇다. 이방인의 하나님도 되신다. 하나님께서는 오직 한 분이시기에, 할례 받은 사람도 하나님께서 믿음으로 의롭다 하시고 할례 받지 않은 사람도 똑같이 믿음으로 의롭다고 하신다"(롬 3:29-30). 바울은 확신의 찬 목소리로 모든 사람—유대인든지 이방인이든지—에게 있어서 의의 근거는 그리스도를 믿는 믿음이라는 사실을 주장한다. 하지만 하나님이 한 분이라는 사실이 그분의 백성—그리스도를 믿는 믿음을 가진—역시 하나라는 것을 보증한다는 확언으로 인하여, 바울은 이제 할례의 가치를 격하시킴으로 율법을 급진적으로 훼손시키고 파기했다는 비난을 해결해야 하는 입장에 서게 됐다(3:31). 이에 대한 해결의 노력이 로마서 4장에 담겨있다. 여기에서 바울은 자신의 주장을 변호하기 위하여 아브라함의 이야기, 특히 창세기 15:6에서 아브라함이 칭찬 받는 장면을 가져왔다. 창세기 15:6에 호소하는 바울의 주장은, 아마도 현대 독자들에게는, 율법이 어떻게 이신칭의를 명백하게 "증거" 하고 있는지를 보여주는 것으로 생각될 수도 있겠지만(참조, 3:21), 그전에 우리는 제2성전기 다른 유대인들이 〔바울과는〕 상당히 다른 자신들의 신학적인 주장을 정당화하기 위해서 어떻게 아브라함을 읽었는지에 대해 먼저 살펴볼 필요가 있다. 이것은 분명 유익한 작업이 될 것이다. 바울이 자신의 주장을 피력하기 위하여 아브라함 이야기를 사용한 방식을 살펴보기 위해서, 우리는 이제 로마

서 4장과 시락서—아브라함의 생애와 경험을 기록하고 있는 유대
문헌—를 비교해 보고자 한다.

시락서: "시험 가운데에서도 신실한 사람으로 드러났다"

집회서라는 이름으로도 잘 알려진 시락(혹은 시락서)은 예루살렘
에 거주하던 예수 벤 시라가 쓴 장문의 지혜문학 작품이다. 그는
마카비 항쟁(주전 167-142)이 일어나기 바로 직전에 이 작품을 기
록했다.[1] 시락서는 본래 히브리어로 기록되었으나, 이후 벤 시라의
손자가 서문을 덧붙여 그리스어로 번역했다. 시락서는 유대교에서
결코 정경에 포함되지 못하였지만 칠십인역에는 포함되었고, 로마
가톨릭교회, 동방정교회, 성공회와 같은 일부 기독교 교파 안에서
도 제2경전으로 인정을 받았다.

아브라함은 믿음과 혈통 면에서 이스라엘 전통의 정점에 서있
다는 중요성으로 인해 시락서 44-49장을 포함한 각종 믿음의 영웅
목록들(예, 히 11장) 가운데서 자주 나타나곤 한다. 시락서의 상당
부분은 잠언의 전통 위에 서있는데, 42:15에 이르러 벤 시라는 본
문을 예찬(encomium)(일련의 칭송들)으로 전환한다. 벤 시라는 "주
의 업적들"(works of God)(시락서 42:15)을 칭송함으로 시작하며, 시

---

1. 벤은 히브리어로 "-의 아들"이란 뜻이다. 저자의 이름은 "예수 벤 엘레아자
르 벤 시라"(시락서 50:27)이다. 엘레아자르는 그의 아버지이고 시라는 그
의 할아버지이다.

락서 44:1에 이르러서는 "신실한/훌륭한 사람들"을 칭송한다. "신
실한 사람들"(44:10)에 초점을 맞췄던 벤 시라는 44:16에서는 에
녹으로, 그리고 44:17-18에서는 노아로 그 시선을 옮겨간다. 이 이
스라엘 전통에서 아브라함은 세 번째 인물로 나타난다(44:19-21).
그 내용은 다음과 같다.

> [19] 수많은 민족의 조상, 아브라함은 (어떤 흠과 함께)
> 자신의 영광을 더럽히지 않았다.
> [20] 아브라함은 지극히 높으신 분의 명령들을 지켰고,
> 그분과의 언약으로 들어갔다.
> 아브라함은 자신의 육체에 그분의 명령을 새겼고,
> 시험 가운데에서도 신실한 사람으로 드러났다.
> [21] 그리하여 주께서는 아브라함을 일으켜 세워 맹세하시되,
> 민족들이 그의 후손을 통하여 복을 받게 하시고[2]
> 그들에게 바다에서 바다까지,
> 강에서 땅 끝까지 상속하여 주셨다. (시락서 44:19-21).

율법을 지키는 자 아브라함

우리가 이 본문에서 아브라함과 관련하여 중요하게 생각해야

---

2. 이 번역은 히브리어 본문을 토대로 한 것이다. 그리스어 본문은 창세기의
    약속들을 근거로 하여 이 첫 번째 축복 이후에 두 줄을 더 추가한다—그를
    땅의 티끌 같이 번성하게 하며 그의 자손/씨가 별들처럼 높이 솟아 오르게
    할 것이다.

할 한 가지는 바로 이야기의 전개 과정이다. 모세가 시내산에 오르기 전에 이미 아브라함은 "지극히 높으신 분의 명령들을 지켰다"라는 말을 들었다. 이것은 창 26:5에서 하나님께서 아브라함을 인정하시는 장면을 반향한다. "아브라함이 나에게 순종하고 내가 그에게 요구한 모든 것을 행하며, 나의 계명들과 나의 율례들과 나의 법도들을 지켰음이라"(창 26:5). 그러나 시락서는 창세기 26장의 칭송을 넘어선다. 창세기 안에서 토라는 아직—모세에게 주어진 것처럼—주어지지 않았다! 그러나 시락서에 나타나는 말씀은 토라, 곧 모세에게 주어진 명령들을 가리킨다(참조, 시락서 24:23). 이처럼 시락서는 아브라함이 심지어 토라가 주어지기 이전부터 그것을 지켰다는[3] 후대의 유대문학의 보편적인 개념을 사용함으로써 창세기 26:5에 기록된 아브라함에 대한 평가를 더욱 더 확장시킨다.

아브람에게 주어진 하란을 떠나라는 명령	창세기 12장
그의 자손을 티끌 같게 하리라는 약속	창세기 13:14-17
주께서 그의 방패와 상급이 되신다는 약속	창세기 15:1-5
"아브람이 주를 믿으니 주께서 이를 그의 의로 여기셨다"	창세기 15:6
민족에 대한 언약	창세기 15:7-20
아브라함이란 이름으로 변경된 것과 할례 언약	창세기 17장
이삭에 대한 언약	창세기 18장
이삭의 탄생	창세기 21장
이삭의 결박	창세기 22장

[도표 6.1: 창세기에 따른 아브라함의 생애]

---

3. 참조, 킷두쉰 14; 희년 6:18-19; 바룩2서 57:1-2; 창세기 랍바 61:1; 창세기 비록 19:24b-26.

아브라함 이야기의 순서

연대기에 관한 더욱 큰 질문들을 넘어서서, 아브라함의 생애에 일어난 사건들이 나열된 순서에 있어서 미묘한 차이점이 있다는 것을 인식하는 것이 중요하다(도표 6.1을 보라). 창세기 15장은 본래 아브라함 이야기 가운데서도 절정부에 해당한다. 하나님께서는 하나님의 약속을 신뢰하는 가운데 모든 것을 버리고 떠난 아브람과 대화 하시면서 언약을 맺으신다. 여기서 하나님께서는 아브람에게 그가 받을 보상이 엄청날 것이라고 재차 말씀하시지만, 아브람은 오히려 그 말씀을 밀어낸다. 아무리 좋은 보상을 받는다 하더라도 그것을 상속할 자식이 없다면 무슨 소용이겠는가? 이에 창세기 15:4-5에서 하나님께서는 그의 진짜 자손들이 하늘의 별들과 같이 무수히 많게 될 것이라고 말씀하시며 이전에 하셨던 약속을 다시금 확증하신다. 이 때 창세기 15:6은 "아브람이 주를 믿으니 주께서 이를 그의 의로 여기셨다"라고 말하며 상황을 극적으로 요약한다. 이후 약속과 질문, 확증으로 이어지는 동일한 패턴의 대화가 또 다시 이어진다(창 15:7-21). 창세기 15:6은 그 자체로 15장 전체의 중심이자, 아브라함 이야기 전체의 요약이기도 하다. 그리고 두 장을 넘긴 후, 즉 17장에서 하나님께서는 다시 무수히 많은 자손들을 [그에게] 약속하신다. 여기서 하나님께서는 아브람의 이름을 아브라함으로 바꾸시고, 할례를 언약의 표시로 제정하신다. 그리고 마침내 창세기 22장에서 아브라함이 하나님의 명령에 순종하여 기꺼이 아들 이삭을 바치는 장면에서, 아브라함의 이야기는 최고조에 이른다(아케다[Aqedah], 혹은 "결박"). 이것이 바로 아브라함의 신실함을 최종적으로 시험하는 장면이다.

그러나 시락서에서 아브라함의 이야기를 살펴보면, 이야기의 순서가 신학적으로 중요하게 전환되었음을 알 수 있다(도표 6.2를 보라). 시락서 44:20에는 아브라함에 관한 묘사가 총 네 가지로 나타난다. 첫째, 아브라함이 토라를 "지켰다." 둘째, 아브라함이 하나님의 언약〔관계 안〕으로 들어갔다. 셋째, 아브라함이 할례를 받았다. 넷째, 아브라함이 시험 가운데서 신실함을 드러냈다(창 26:5; 15:18; 17:23; 22:1-19). 여기서 강조점은 아브라함의 **행위들**〔actions〕에 있다. 아브라함은 모든 면에서 신실했다. 벤 시라는 "그러므로" 하나님께서 아브라함의 자손들이 무수히 많게 될 것을 약속하셨다고 말하며 결론을 맺는다(시락서 44:21)—처음에는 아브라함이 "큰 민족"(창 12:2)이 되는 것과 관련이 있었던 약속이, 이후에는 그의 자손이 "땅의 티끌 같이"(창 13:16) 많게 될 것을 의미하게 되었다.

아브라함이 토라를 "지켰다"	창세기 26:5
하나님과의 언약〔관계 안〕으로 들어갔다	창세기 12:1-3, 15:7-20
할례를 받았다	창세기 17장
시험 가운데서 신실함을 드러냈다	창세기 22장
그러므로 하나님께서는 아브라함에게 무수히 많은 자손들을 약속하셨다	창세기 12:2, 13:14-17

[도표 6.2: 시락서에 따른 아브라함의 생애]

신실함과 약속

로마서 4장에서 바울이 제시한 아브라함 이야기와는 다른 읽기 방식이지만 그럼에도 시락서는 상당히 흥미롭다. 시락서에서 아브라함의 신실함은 이야기의 중심부에 위치한다. 할례 사건이나 자신의 아들을 기꺼이 제물로 바친 사건을 통해서도 알 수 있듯이 아브라함은 모든 면에서 말씀(law)에 신실했다. 그 결과로서 하나님께서는 아브라함을 축복하셨다. 믿음의 영웅들에 포함되었던 아브라함은 시락서 전체를 결론짓는 핵심을 보여주고 있다. "성실하게 너희의 일을 하라. 그리하면 그분께서 정하신 때에 너희에게 **상급**을 주실 것이다"(시락서 51:30, 고딕체 첨가). 벤 시라가 아브라함 이야기를 읽는 방식이 결코 독특한 것은 아니다. "언제나 유대교는 창세기 15:6에 나타난 아브라함의 믿음이 창세기 17:4-14의 아브라함의 할례와 쌍을 이룬다고 주장했다. 이에 누군가 아브라함의 의에 대해서 말하고자 할 때는, 언약을 믿는 것과 언약을 지키는 것, 이 두 가지를 끊임없이 하나로 묶어야 했다."[4]

로마서 4:1-25: "아브라함은 소망 중에 믿었다"

로마서 4장에서 바울은 시락서 44:19-21에서 발견되는 아브라함과는 상당히 다른 모습의 아브라함을 보여준다. 우리의 목적을 위해서, 먼저 두 문헌 사이에 드러나는 두 가지 중요한 차이점을 보이고자 한다. (1) 아브라함 생애의 **연대기적 순서**와 (2) 아브라함

---

4.   Richard N. Longenecker, "The 'Faith of Abraham' Theme in Paul, James and Hebrews: A Study in the Circumstantial Nature of New Testament Teaching," *JETS* 20 (1977): 205.

이 얻은 칭의의 근거에 관한 문제가 그것이다. 이제, 벤 시라와는 완전히 대조적으로, 하나님께서 믿음에 근거해 아브라함에게 복 주셨다는 것을 보이기 위해 바울이 아브라함을 가리키고 있는 장면을 살펴보고자 한다(창 15:6).

아브라함 이야기의 순서

벤 시라와는 다르게, 바울에게 있어서 창세기 속 사건들의 순서는 그의 논지에 있어서 상당히 중요하다. 바울의 논지는 도표 6.1에서도 볼 수 있듯이, 창세기 속 이야기의 순서와 비슷한 순서로 진행된다. 이보다 더 중요한 점은 창세기 17장에서 하나님과 아브라함 사이에 세워진 할례의 언약 **이전에**, 창세기 15:6에서 이미 아브라함의 의로운 상태가 선언되었다는 점을 바울이 강조한다는 것이다. 실제로 하나님께서 아브라함과 언약을 맺으셨을 때(창 12:4) 아브라함의 나이가 75세였기 때문에 이스마엘이 태어났을 때 그의 나이는 86세가 되고(16:16), 할례를 받았을 때는 99세가 된다(17:24). 그렇다면 아브라함이 의롭다고 선언된 것(15:6)은 할례를 받은 때로부터 13-24년 **이전**임에 틀림없다(도표 6.3을 보라).

하나님과 아브라함의 언약	75세	창세기 12:4
아브라함이 의롭다고 선언됨	??세	창세기 15:6
이스마엘의 탄생	86세	창세기 16:16
아브라함의 할례	99세	창세기 17:24

[도표 6.3: 창세기에서 주요 사건들마다 드러난 아브라함의 나이]

심지어 바울은 로마서 4:9에서 창세기 15:6을 인용―바울은 "아브라함의 믿음이 그의 의로 여겨졌다"라는 문구를 하나님 앞에서 죄가 용서받는 것과 칭의를 가리키기 위해서 사용한다(롬 4:6-8, 24-25)―하는데, 이는 사건이 일어난 시간상 할례에만 지나치게 중요한 역할을 부여하고 있는 것이 적합하지 않다는 것을 지적하기 위함이다. 바울은 아브라함이 할례를 받은 "이후가 아니라, 받기 이전에" 그의 믿음이 의로 여겨졌음을 지적한다(4:10). 그리고 하나님께서 할례의 언약을 세우신 것은 아브라함에게 무수히 많은 자손들을 약속하신 이후에 이루어진 것임을 언급한다. 따라서 바울에 따르면, 아브라함과 맺은 하나님의 언약은 아브라함 자손의 표식이 할례가 아니라 하나님의 신실하심을 신뢰하고 하나님의 말씀을 믿는 믿음임을 드러낸다. 이로 인해 더 충격적인 주장이 뒤따르는데, 그것은 바로 믿음을 가진 이방인도 하나님의 백성 안에 포함된다는 것이다(4:11-12).

믿음과 약속

바울의 이러한 아브라함 사용은 시락서 44:20에서 묘사되는 전통적인 아브라함 해석과는 또 다시 대조된다. 벤 시라가 아브라함의 율법에 대한 순종을 칭송하는 반면에, 바울은 아브라함에게 주어진 약속이 그의 믿음에 근거하여 이루어진 것이라고 주장한다. "아브라함과 그의 후손이 받은 약속, 곧 세상의 상속자 되리라는 약속은 율법을 통해서가 아니라 믿음으로 말미암은 의를 통해서였다"(롬 4:13, 고딕체 첨가). 두 저자 모두 상속의 크기에는 동의하지

만—유대 해석가들은 하나님의 약속의 성취는 단지 이스라엘 땅뿐
아니라 "**세계**" 전체에 이를 것이라는 해석에 합의했다—로마서
4:13에서 아브라함의 상속의 근거에 관한 바울의 이해는 분명 시
락서 44:21("그러므로…")의 결론과 충돌한다. 바울에게 있어서 아
브라함의 순종은 결코 자손에 대한 하나님의 약속으로 이어지지
않는다. 오히려 바울은 아브라함을 "경건하지 않은 자"(4:5)와 동
일시하고 하나님께서 자신의 말씀을 성취시키실 것에 대한 아브라
함의 신뢰가 하나님의 칭찬으로 이어지는 것이라 주장한다.

율법의 위치에 관한 바울의 논의는 시락서의 "그러므로" 순종
에서 믿음으로라는 토대를 변형시켜, "그러므로 … 믿음으로〔by
faith〕"라는 결론으로 이어진다. 따라서 로마서 4:16의 아브라함은
단지 혈통과 할례에 따른 조상이 아니라 그와 동일한 믿음을 가진
자들의 조상이다. 아브라함이 이미 "죽은 것이나 다름없는"(4:19)
자기의 몸을 하나님께서 되살려 자손들을 주실 수 있다고 믿었던
것과 같이, 우리도 하나님께서 예수를 죽은 자들 가운데서 살리신
것을 믿기에 결국 우리 역시 아브라함과 동일한 믿음을 가졌다고
말할 수 있다(4:24). 하나님께서 상속자를 주실 수 있는 분이라는
것에 대한 아브라함의 믿음—모든 물리적인 이유에도 불구하고—
은 그가 하나님께서는 "죽은 자들을 살리시며 없는 것들을 있는 것
들로 만드는"(4:17) 분임을 진정으로 믿었음을 보여준다. 아브라함
은 하나님께서 자신과 사라의 이미 죽어버린 출산 능력을 다시 살
리실 수 있다는 것("죽은 자들을 살리시며")과 무로부터〔ex nihilo〕 상
속자를 창조하실 수 있다는 것("없는 것들을 불러내어 있는 것들이

되게 하신다")을 신뢰했다. 우리 역시 그리스도께서 죽은 자들 가
운데서 살아나셨다는 것을 믿는 그리스도인으로서(참조, 엡 1:18-
20) 창조하신 피조물들을 되살리시는 하나님의 능력을 믿는다. 심
지어 소망이 보이지 않는 때조차 우리는 **우리의 순종**에 따라서가
아닌 하나님 **본인의 약속**에 대한 응답으로서 그렇게 하신다는 것을
확신한다(6:8-11). 물론 하나님의 신실하심은 우리로부터 순종을
불러일으킨다(6:12-15). 하지만 이는 하나님께서 순종이 가능한 생
명을 이미 우리에게 주셨기 때문이지 순종을 해야 생명을 얻기 때
문은 아니다.

이후 로마서 4:22에서 아브라함의 믿음의 크기를 살펴보고 난
뒤에, 바울은 창세기 15:6에 있는 아브라함에 대한 칭송으로 되돌
아간다. 아브라함은 하나님께서 약속하신 것을 능히 이루실 분으
로 확신하는데, 이것이 바로 "그의 의로 여겨진" 이유였다. "이는
그의 의로 여겨졌다"라는 말은 아브라함만을 위해 기록된 것이 아
니라, 또한 우리를 위한 것—곧, 죽은 자들로부터 우리의 주, 예수
를 살리신 그분을 믿는 우리를 위한 것—이기도 하다. 따라서 우리
역시 의로 여겨질 것이다(4:21-24). 하나님의 신실하심과 능력에
대한 믿음은 바울에게 있어서 근본적으로 중요한 것이었기에, 아
브라함은 그 중요성을 보여주는 완벽한 사례가 된다(4:28-21). 다
른 곳에서 바울은 예수를 따르는 자들에게 신실함 가운데 머물 것
을 강권하기도 하지만(참조, 6:1-23), 이 로마서 4장에서는 의도적
으로 시락서 이야기에서 두드러진 신실한 순종의 행위들(율법을
준수하고, 할례를 받고, 이삭을 바치는 것과 같은 행위들)을 보여주

는 아브라함으로부터, 하나님께서는 어떤 곤경과도 상관없이 당신의 약속을 성취시킬 수 있는 분이심을 계속해서 신뢰하는 아브라함에게로 그 초점을 옮겨간다. 이로써 아브라함의 이야기는 완전히 다른 이야기가 된다.

더 읽을거리

추가적인 고대 문헌

아브라함의 이야기를 재차 언급하는 유대문헌을 보려면 다음을 보라. 느헤미야 9:6-8, 이사야 51:1-2, 마카비1서 2:51-52, 『에스드라2서』 3:12-15, 『아브라함의 유언』 1:1-5, 『희년』 6:18-19, 12-17장, 요세푸스 『유대고대사 1』. 필론은 자신의 저작 일부에서 아브라함을 칭송한다. 예를 들어 다음을 보라. 『아브라함의 생애에 대하여』, 『미덕들에 대하여』 212-219, 『알레고리 주석』 3.83-84, 203, 228. 아브라함을 시험 가운데서도 신실함을 보여주는 자, 곧 부모로서의 모범으로 제시하는 본문을 보려면 『마카비4서』 14-15장, 16:20을 보라. 신약성경에서는 갈라디아서 3:6-29, 히브리서 11:8-19, 야고보서 2:20-24을 보라.

영역본과 비평판

NETS

NRSV

Beentjes, Pancratius C. *The Book of Ben Sira in Hebrew: A Text Edition of All Extant Hebrew Manuscripts and a Synopsis of All Parallel Hebrew Ben Sira Texts*. Leiden: Brill, 1997.

Ziegler, Joseph. *Sapientia Iesu Filii Sirach*. 2nd ed. Septuaginta 12.2. Göttingen: Vandenhoeck & Ruprecht, 1980.

이차문헌

Gregory, Bradley C. "Abraham as the Jewish Ideal: Exegetical Traditions in Sirach 44:19-21." *CBQ* 70 (2008): 66-81.

Lambrecht, Jan. "Romans 4: A Critique of N. T. Wright." *JSNT* 36 (2013): 189-94.

McFarland, Orrey. "Whose Abraham, Which Promise? Genesis 15.6 in Philo's *De Virtutibus* and Romans 4 ." *JSNT* 35 (2012): 107 – 29 .

Schliesser, Benjamin. *Abraham's Faith in Romans 4: Paul's Concept of Faith in Light of the History of Reception of Genesis 15:6*. WUNT 2.224. Tübingen: Mohr Siebeck, 2007.

Wright, N. T. "Paul and the Patriarch: The Role of Abraham in Romans 4." *JSNT* 35 (2013): 207-41.

제7장
『공동체규율』과 로마서 5:1-11
칭의와 고난의 관계

마크 D. 매튜스(Mark Mathews)

칭의에 관한 논쟁이라는 빠르고 거친 저류를 느끼지 않고, 바울에 관한 연구를 시도할 수 있는 방법은 없다. 로마서 3:19-4:25에서 바울은 **어떻게** 믿음으로 의롭다 함을 받는지에 대해서 자신의 논지를 세웠다. 로마서 5:1-11에서는 하나님의 백성으로 간주된 것의 유익 내지는 그 결과들을 다룬다. 이번 장의 초점은 바로 여기에 있다.

바울은 그리스도 안에서 주어진 의롭다 하는 은혜를 받은 자들이 하나님과 더불어 화평을 누리고 장래의 영광에 이르는 소망을 품고 즐거워 한다는 것을 언급하면서 로마서 5:1-2을 시작한다. 이는 신자의 구원을 '이미'/'아직'(aleady/not yet)이라는 구도 위에 세우는 역할을 한다. 이후 바울은 로마서 5:3-5에서, "그뿐만 아니라 우리가 또한 **고난** 중에도 즐거워하나니, 이는 고난은 인내를, 인내는 인

격을, 인격은 소망을 낳는 줄을 알기 때문이다. 소망이 우리를 부끄
럽게 하지 아니함은, 우리에게 주신 성령을 통하여 하나님의 사랑
이 우리 마음에 부어졌기 때문이다"(고딕체 첨가)라고 말했다.

이는 장래의 영광에 이르는 소망을 품고 즐거워하는 것이 본질
적으로 고난을 겪는 것에 기초하고 있다는 것을 의미한다. 물론 신
명기 28-30장에 기록된 축복과 저주에 비추어 볼 때, 하나님 백성
의 삶에 대한 이와 같은 관점은 심각한 문제를 야기한다. 하나님께
서는 신명기 신학의 기본 토대가 되는 신명기 28-30장에서 언약에
순종하는 자들에게는 물질적인 축복과 보호를, 불순종하는 이들에
게는 가난과 고난을 약속하셨다.[1]

그렇다면 다음과 같은 의문이 생기기 마련이다. 그리스도께서
자신의 백성을 위하여 율법 아래 저주가 되심으로 하나님과 백성
사이의 반목(enmity)을 제거하셨다면(롬 5:10-11; 갈 3:10-14), 어찌
하여 의롭다고 여겨진 사람들이 고난을 받게 되는가 하는 것이다.
달리 말해, 하나님의 모든 약속이 예수 안에서 "예"(yes)가 된다면
(고후 1:20), 어찌하여 그리스도 안에서 하나님을 향한 언약적 신
실함을 가진 자들이 율법 아래 언약의 저주(신 28-30장)로 보이는
일들을 겪는 것인가?

이러한 바울의 세계관은 제2성전기 묵시적인 전승들을 관찰함
으로써 가장 잘 이해될 수 있다. 왜냐하면 현재 "이 땅 위에서" 하

---

1. 신명기 체계와 관련된, 신실함에 대한 보상의 교리 논의는 다음을 보
    라. Moshe Weinfeld, *Deuteronomy and the Deuteronomic School* (Oxford:
    Clarendon, 1972), 307-19.

나님의 백성의 삶의 모습이 어떠한지에 대한 바울의 이해는 이러한 전승들에 의해 형성된 것이기 때문이다. 이 묵시문헌들에서는 신명기의 축복과 저주가 미래 시기까지 미루어졌다고 주장하는 신학을 반영하면서 현재 시기에는 악인들이 번영하고 의인들이 고통받고 있다고 말한다. 이것이 바로 '신정론'에 관한 묵시론적인 대답이다. 이러한 사상을 밝히는 데에 도움을 주는 전승으로는 『공동체규율』이 있다.

『공동체규율』: 정의의 행함과 고난의 경험

『공동체규율』은 쿰란동굴들 중 첫 번째 동굴에서 발견된 사본(1QS)에 나타나는 문헌이다.[2] 1QS는 대략 주전 1세기 초반의 것으로 『공동체규율』의 발전 단계에 있어서는 가장 후대에 속한다. 이 문서는 쿰란 지역과 관련된 하나 혹은 일부 공동체들의 정체성을 나타내는 분파적인 문서로서, 어떤 특정 공동체의 실제적인 의식들을 반영하는 것인지에 대해서는 논쟁 중에 있다. 그럼에도 불구하고 이 문헌 안에 포함된 전승들은 한 공동체/공동체들이 생각했던 하나님의 이상적인 백성으로서의 정체성을 보여준다.[3] 다양한 단계를 거친 이 문서는 공동체의 교사를 위한 교범서로 사용되었

---

2. 『공동체규율』은 또한 4Q255-264, 5Q11, 5Q13에서도 발견된다.

3. Carol A. Newsom, *The Self as Symbolic Space: Constructing Identity and Community at Qumran* (STDJ 52; Leiden: Brill, 2004), 186-90.

을 수도 있고, 혹은 공동체 입문을 위한 안내서로 사용되었을 수도 있다. 어떠한 경우든지 간에 이 문서가 그 공동체의 묵시적인 사고 방식을 보여주는 것은 분명하다.

신실한 자들의 고난

다음의 구절들은 공동체가 언약적 신실함에 헌신하고 있음을 반영한다. 또한 여기에는 운명이 뒤바뀔 미래를 기대하는 가운데 〔현재의〕 고난을 이해하는 개념도 포함되어 있다.

[1] '공동체 회의'〔Society of Yahad〕에는 율법 전체에 계시된 모든 것들에 관하여 나무랄 데 없이 정통한 12명의 일반인〔평신도〕과 3명의 제사장 이 있어야 할 것이다. [2] 진리와 의와 정의와 사랑과 겸손으로 서로 함 께 일하기 위하여 [3] 정의를 행함과 **고통스러운 고난**으로 속죄하고, 상 한 심령과 자기 절제로 그 땅에서 신실함을 지키는 자들이어야 한다. [4] 그들은 모든 사람들과 함께 이 시대의 교훈과 진리의 길을 따라서 살 자들이어야 한다. [5] 그렇게 될 때에 공동체 회의는 진정으로 세워 질 것이며, 이스라엘을 위해 "영원히 존속"하는 성전이자―신비―아론 을 위한 지성소가 될 것이다. [6] 그들은 재판에 필요한 참된 증인들이 며, 그 땅을 위해 속죄하게 하시려는 하나님의 뜻에 따라 그 땅을 회복 시키기 위해 선택된 자들이다. [7] 그리고 악인들에게 벌을 내리려는 하나님의 뜻에 따라 말이다. (1QS 8:1-7, 고딕체 첨가).

"공동체 회의"는 곧 공동체 전체를 가리키는 말이다. 사해문서에서 발견되는 또 다른 문헌들을 통틀어 보더라도, 위에서 언급된 공동체 구조와 같은 내용은 없다. 다른 곳에 이러한 내용이 없다는 것은 이 구절들이 그 공동체 구성원이 되려는 모든 사람들에게 해당되는 규율 혹은 그들을 향한 기대를 나타낼 가능성이 높다는 것을 뜻한다.[4] 따라서 우리는 1QS 8:3-4에 나타난바, 신실한 자들에게 고난이 있을 것이라는 확고한 예상이 어떻게 설명되고 있는지를 살펴볼 수 있다.

이와 같은 묵시 공동체들이 묘사하고 있는 정의를 행하는 것과 고난을 경험하는 것 사이의 상관관계는 신명기 학파보다는 예언서 전승 위에서 더욱 분명하게 드러난다. 구약의 예언서에서 의인들은 보통 불의한 수단으로 부를 축적하는 예루살렘 성전의 악한 지도자들로부터 억압받는 사람들이다. 이 지도자들은 가난한 자들의 신앙을 의심하였고 자신들이 가진 부와 번영이 곧 자신들의 의로움을 증명한다는 식의 주장을 펼치기 위해 신명기 전승을 사용했다. 반면에 앞서 말한 공동체는 스스로를 예언서 전통 위에 올려놓음으로써 번영한 악한 대적들을 겉으로만 의로워 보이는 자들—실제로는 언약적 신실함을 위반하는 자들—과 연결시킨다(참조, 『에녹1서』 96:4). 이러한 배경에서 쿰란 공동체는 자신들을 하나님의 진정한 성전(1QS 8:5)이라 부르며 예루살렘의 악한 지도자들과 대조시킨다. 그리하여 쿰란 공동체는 예언서 전승에 나타나는 의인

---

4.   Michael A. Knibb, *The Qumran Community* (Cambridge: Cambridge University Press, 1987), 129. 참조, 1QS 3:2.

들과 같이 자신들 역시 악하고 부유한 지도자들로부터 핍박 받을
것을 예상하면서, 자신들이 가진 신실함을 분명하게 드러내고, 자
신들이 받는 고난을 통하여 그 땅을 위한 속죄를 행한다.

고난과 천사의 영향력

또한 『공동체규율』 안에 포함된 『두 영에 대한 소고』(1QS
3:13-4:26)에서도 의인들의 고난을 언급한다.

[21b] 어둠의 천사의 규율은 또한 모든 의인들의 타락을 담고 있다.
[22] 그들의 모든 죄와 불법, 명예롭지 못하고 반항적인 행위들은 천사
의 선동에 의한 것이며 [23] 이는 곧 하나님의 신비에 속하는 일이다.
하나님께서 허용하신 시기의 끝이 올 때까지 말이다. 또한 의인들이 겪
는 모든 **고난**과 모든 **시련**은 이 천사의 사악한 규율 때문에 일어나는 것
이다. (1QS 3:21B-23, 고딕체 첨가).

의인들이 고난 받는 이유를 서술하고 있는 이 구절들은 우리가
다른 분파주의 문서들(CD 4:12-19; 1QM 14:9-10)에서 확인할 수
있는 것과 유사하다. 말하자면, 외부 세계의 악한 세력이 하나님의
백성을 대적하고 속이면서 고난을 주고 있다는 것이다.

고난과 구원

또 다른 구절에서도 의인들이 고난을 받을 것이라는 예상이 나
타나는데, 여기에는 송축의 개념 역시 담겨있다.

[16] 나는 송축할 것이다. 나는 그분의 기적들과 권능의 행위들에 관해 묵상할 것이며, 내가 종일토록 의지하는 그분의 한없는 사랑을 묵상할 것이다. 그 때 나는 알게 될 것이다. [17] 살아있는 모든 것들에 대한 심판이 그분의 손에 있으며, 그분이 하신 모든 일들이 진실 됨을 알게 될 것이다. 고난이 올 때도 나는 그분을 송축할 것이며, 그분의 구원 안에서 즐거워 할 것이다. (1QS 10:16-17, 고딕체 첨가).

여기에서 "고난"이 "구원"과 밀접한 관계를 드러내는 동의어로서 평행된다는 것이 중요하다. 흥미롭게도 "구원"이라는 단어는 이 문헌 전체에서 오직 이곳에서만 나타난다. "구원"은 "복수의 날"(1QS 10:19)이라는 배경 안에서 언급되는데, 이는 구원이라는 단어가 종말론적인 의미로 사용되고 있음을 뜻한다. 따라서 현재의 고난과 이후의 구원은 미래에 있을 신원 개념과 밀접하게 연관된다. 즉, 하나님의 백성의 현재 삶은 고통스럽다 하더라도 결국 마지막 날에는 백성들의 옳음이 증명되고 현재 번영을 누리고 있는 악인들은 멸망당하게 된다는 것이다. 이처럼 고난을 예상하고 이해하는 방식은, 쿰란공동체에서 수집되고 필사되었음에도 분파주의 문헌은 아닌 다른 전승들(『에녹1서』 93:9-10; 91:11), 이를테면 묵시전승과 같은 다른 전승을 통해 형성되었을 것이다.

이 묵시적 본문들은 하나님의 신실한 백성들이 현재 겪는 고난의 삶이 미래에 회복되고 보상 받을 것이라는 기대가 담긴 세계관을 보여준다. 어떤 쿰란문헌들(예, 초기 에녹 전승들)은 주로 신정

론 문제만을 다루기 때문에, 고난으로 인해 혹은 고난의 시기 동안
에 즐거워하고 송축한다는 언급을 발견하기 어렵다. 이 문헌들은
단지 의인들이 악인들의 손에 부당하게 고난을 받는 이유에 대해
설명하면서 언약의 저주를 받은 것처럼 보이는 의인들을 위해 확
신과 보장을 제공하려 할 뿐이다. 하지만 『공동체규율』이라는 분
파주의 문헌은 고난이라는 주제를 개작하면서(reshape), 그것이 더
이상 억압이나 부당한 일이 아니라, 하나님께서 의도적으로 정하
신 시험의 기간임을 드러내고, 더 나아가 고난이 하나님의 백성을
구별해내고 특징짓는 역할을 한다고 말한다.

로마서 5:1-11: "우리가 또한 고난 중에도 즐거워하나니"

신실한 자들의 고난

바울은 고난이 하나님의 신실한 백성의 정체성을 보여주는 표
지라는 묵시적인 전례에 대하여 동의했다. 하지만 로마서에서의
고난은 단순히 고난을 위한 고난이 아니며 또한 반드시 거쳐야 하
는 시험도 아니다. 오히려 로마서에서 고난은 장래의 이르게 될 영
광의 소망에 대한 신자의 확신을 공고히 하는 일종의 과정이다(롬
8:17). 그렇지만 여기에서 말하는 소망은 무언가가 일어날 수도 혹
은 일어나지 않을 수도 있다는 식의 소망이 아니다. 이 소망의 실
재는 이미 하나님이 내어주신 아들 안에서 드러난 하나님의 사랑
과 성령의 선물을 통해 증명되었다(5:5). 그렇기 때문에 하나님의

백성은 단순히 어떤 것을 바라는 것이 아니라 확실한 소망을 기대
하며 갈망하는 것이다. 이는 악인들은 심판을 받고 의인들은 신원
될 것이라고 분명히 암시하고 있는 묵시적인 전승에 따른 것이다.
묵시적인 전승 안에서 이러한 언급은 어떤 의견이나 견해에 근거
한 것이 아닌 천상의 계시와 지식에 근거하고 있다(롬 8:16; 참조,
에녹1서 103:1-4).

그리스도와 함께 받는 고난과 구원

이제 의롭다 함을 얻고 하나님과 화해를 하게 된 사람들은, 하
나님께서 자신의 원수들과 화해하기 위하여 자신의 아들을 내어주
신 것이라면 자신이 시작한 일을 또한 스스로 마치실 것임을 깨닫
게 될 것이다(롬 5:10). 비록 그 소망의 확실성이 고난을 통해서 오
는 것이지만 말이다. 이러한 맥락은 신자들이 그리스도의 형상과
같이 될 것이라는 바울의 기대에도 부합한다(8:28-29). 이는 그리
스도를 따르는 자들이 그리스도께서 가셨던 영광으로의 길을 동일
하게 가게 될 것임을 암시한다.

이는 비슷한 주제를 가진 또 다른 구절, 곧 그리스도와 "함께"
라는 신분〔identity〕과 관련하여 나타나는 고난을 말하고 있는 구절
에서도 증명된다. 그리스도의 수난의 세부사항들을 해설하는 것은
아니지만 그의 고난을 가리키는 구절들로는 다음과 같은 것들이
있다. "그리스도께서 경건하지 않은 자를 위하여 **죽으셨다**"(5:6).
"그리스도께서 우리를 위하여 **죽으셨다**"(5:8). "이제 우리가 **그리스
도의 피로** 의롭다 하심을 받았으니"(5:9). "그의 아들의 **죽음**을 통하

여 하나님과 화해하게 되었으니"(5:10, 이 단락의 모든 절들에 고딕체 첨가). 먼저 우리는 바울이 『공동체규율』과는 분명 차이가 있다는 것을 알 수 있다. 백성의 죄를 속죄하는 것은 바로 그리스도의 고난이기 때문이다(참조, 1QS 8:3-4). 로마서 1-4장에서도 바울은, 정의를 행하고 고난을 겪는 것을 속죄의 수단으로 이해하는 『공동체규율』과는 달리, 인간은 스스로의 힘으로 속죄할 수 없음을 주장한 바 있다.

바울에게 있어서, 이제 백성들을 그리스도와 동일하게 만드는 것은 그리스도와의 연합이다. 하지만 이 동일함은 의롭다 함을 받는 것에서 멈추지 않는다. 의롭다 함을 받은 자들은 이제 자신들을 대신하여 고난—하나님과 그 백성을 대적하는 세계에서 겪는 고난(참조, 골 1:24)—을 당하신 그리스도와 연합하여서 그리스도께서 가신 영광의 길을 동일하게 가게 될 것이다. 따라서 의롭다 함을 받은 자들이 겪는 고난은 본질적으로 장래의 영광과 연결된다. 만일 로마서 5:1-5과 8:16-39이 5-8장에서 인클루지오(inclusio), 즉 수미상관 역할을 하는 것이라면, 5:1-11와 함께 8:16-18은 그 절정/결론을 확립하는 역할을 한다고 할 수 있다.

[16] 우리가 하나님의 자녀인 것을 성령께서 친히 우리의 영과 함께 증언하시니. [17] 이제 우리가 자녀이면 (그렇다면) 우리는 상속자—하나님의 상속자이며 그리스도와 함께 공동상속자—이다. 만일 그분의 영광에 참여하기 위하여 **우리가 참으로 그분의 고난에 참여한다면** 말이다.

[18] **우리가 현재 겪는 고난은 장차 우리에게 나타날 영광과는** 비교할

수 없다. (롬 8:16-18, 고딕체 첨가).

로마서 8:17은 원인/결과의 조건문을 보여주는 것이 아니다. 오히려 증거/추론으로 보는 것이 더 낫다. 즉, '우리가 자녀이므로 우리는 상속자이다'라는 의미이다. 또한 우리가 상속자라는 증거는 우리가 그분의 고난에 참여한다는 데에 있다. 이와 동시에 "그분의 영광에 참여하기 위하여"라는 목적절은 자신의 백성을 위한 하나님의 뜻과 그 뜻의 확실한 성취를 보여준다. 곧, 우리가 그리스도의 고난에 참여하는 것은 목적("그분의 영광에 참여하기 위하여")과 결과(영광에 참여하는 것) 모두를 위한 것이다. 이러한 이유로 신자들은 고난 중에도 즐거워할 수 있다. 그리스도께서는 부활로 신원되셨기에 백성들은 결국 그분의 생명으로 구원을 받게 될 것이다(5:10). 한편으로 하나님의 은혜의 결과인 이 부활은 죽음의 영역에서 생명의 영역으로 옮겨가는 것을 보여주며, 또한 현재 시기의 의는 고난과 함께 온다는 것을 보여준다. 이때 고난은 의인들을 구별하는 표지이자 기쁨의 원인이 된다. 고난이 기쁨의 원인이 된다는 말은 고통 가운데 느끼는 마조히즘을 뜻하는 것이 아니라, 장래에 하나님의 영광에 참여할 것이라는 소망의 실재를 현재의 고난이 증명하고 있다는 점에서 그렇다는 것이다. 이와 같이 바울과 『공동체규율』을 비교해 볼 때, 우리는 두 가지 관점을 확인할 수 있다. 하나는 현재의 고난에 대한 입장이고, 또 다른 하나는 현재의 고난과 미래의 관계에 대한 설명이다. 이는 도표 7.1에서도 확인할 수 있다.

신명기 전통(신 28-30장)	현재 시기의 고난은 언약에 대한 불순종의 표시이다.
제2성전기 묵시 전승들	현재 시기의 고난은 언약에 대한 신실함의 표시이다. 고난은 미래의 반전을 기대한다 .
로마서	현재 시기의 고난은 신실한 자들을 분별한다. 고난은 미래의 영광을 기대한다.

[도표 7.1: 의인의 고난]

더 읽을거리

추가적인 고대 문헌

의인들이 받는 고난과 비슷한 모티프를 보려면, 널리 알려진 작품들(에녹1서, 솔로몬의 지혜 1:16-3:10)뿐만 아니라, 쿰란의 다른 분파 문서들을 살펴보라. 예를 들어, 『다마스커스 문헌』, 『전쟁문서』, 『하박국 페쉐르』, 『호다요트』가 있다. 이와 관련된 또 다른 바울서신으로는 고린도후서 1:3-11, 4:7-18, 11:16-12:10, 빌립보서 3:2-11, 데살로니가후서 1:2-10이 있다.

영역본과 비평판

Charlesworth, James, ed. *The Dead Sea Scrolls: Rule of the Community and Related Documents (Hebrew, Aramaic, and Greek Texts with English Translations)*. Tübingen: Mohr Siebeck, 1995.

Parry, Donald W., and Emanuel Tov. *The Dead Sea Scrolls Reader*. 6 vols. Leiden: Brill, 2004.

이차문헌

Collins, John J. *The Apocalyptic Imagination*. 2nd ed. Grand Rapids: Eerdmans, 1998.

Gorman, Michael. *Cruciformity: Paul's Narrative Spirituality of the Cross*. Grand Rapids: Eerdmans, 2001.

Jervis, L. Ann. *At the Heart of the Gospel: Suffering in the Earliest Christian Message*. Grand Rapids: Eerdmans, 2007.

Knibb, Michael A. *The Qumran Community*. Cambridge: Cambridge University Press, 1987.

Newsom, Carol A. *The Self as Symbolic Space: Constructing Identity and Community at Qumran*. STDJ 52 . Leiden: Brill, 2004.

제8장
알렉산드리아 필론과 로마서 5:12-21
아담과 죽음 그리고 은혜

조나단 워싱턴(Jonathan Worthington)

로마서 5:12-21은 상당히 놀랍다. 여기서 바울은 갑작스럽게 아담을 소개하면서 상당히 극단적인 주장을 내세운다. 바울에 따르면, 우리는 아담 때문에 정죄를 당하고 종이 되며 죽음에 이른다. 또한 우리는 예수 때문에 의롭다 함을 얻고 왕이 되며 생명에 이른다. 로마서에서 바울은 이미 인간의 죄성을 드러냈고, 또한 은혜로운 하나님의 칭의의 필요성 역시 강조했다. 바울은 역사를 찬찬히 거슬러 올라가면서, 당대 이방인과 유대인(롬 1-3장)을 묘사하고, 간략하게 출애굽(3:24, "구원") 및 모세 시대의 하나님의 인내(3:25-26)를 언급한 후, 다시 아브라함의 생애에 초점을 맞추었다(4장). 로마서 5:12-21은 역사를 거슬러 올라가는 바울의 여정에 있어서 결정적인 정점에 해당한다. 아담은 우리의 곤경의 원인이다.

로마서 5:12-21의 내용만 놀라운 것이 아니다. 이 단락에서 바울의 사고의 흐름 역시 상당히 놀랍다. 아담 이야기를 도입한 바울이 스스로 그 이야기를 중단했기 때문이다. 바울은 비교를 시작했지만 막상 실제적인 비교는 생략했다. "죄가 한 사람을 통해 세상에 들어온 것**처럼** 죽음이 죄를 통해 들어왔다. 이런 식으로 죽음이 모든 사람에게 이르렀는데, 이는 모든 사람이 죄를 지었기 때문이다"(롬 5:12, 고딕체 첨가). 바울은 문장 중간에 멈춰 서서 "이와 마찬가지로"〔so also〕라는 어구를 삽입하기를 보류한다. 로마서 5:18까지 말이다! 창세기 3장의 아담 이야기를 도입한 후에 어떠한 이유로 그 이야기를 중단한 것일까?

어쩌면 바울은 다른 사람들이 자신의 아담 이야기에 동의하지 않을 수도 있다는 것을 깨달은 것으로 보인다. 만일 다른 사람들이 아담과 같이 범죄 하지 않았더라도, 정말 "모든 사람"에게 아담의 "죽음"이 왔을까? 모든 사람은 죽는다. 하지만 이것이 정말 아담의 **선택 때문일까?** 심지어 아담도 실제로 자신의 불순종으로 인해 죽은 것이 맞을까? 여기에서 우리는 이러한 견해들을 가지고 고뇌할 필요가 없다. 바울이 옳지만, 여기에 동의하지 않는 견해도 있을 것이다. 우리가 아담에 대한 또 다른 유대인―알렉산드리아 필론―의 해석에 귀를 기울인다면 이 점이 더욱 명확하고 구체적으로 드러나게 될 것이다(더불어 결과적으로 바울이 가진 견해 역시 더욱 명확하게 드러날 것이다).

이 지점에서 필론은 바울과의 비교 대상으로서 특별한 위치에 서있다. 창세기 3장의 아담에 대한 바울의 **해석**은 로마서 5:12-21의 전체적인 요점에 있어서 꼭 필요하다. 바울 시대 모든 저술가들 중에서도 필론은 창세기 3장에 대하여 가장 상세한 해석과 주해를 제공하고 있는 인물이다. 따라서 로마서 5:12-21에 나타나는 많은 흥미로운 개념들과 모호한 표현들에 대한 우리의 질문은 바로 이 것이다. 바울과 필론은 아담의 죄와 죽음, 그리고 아담이 후대에 끼 친 영향을 어떻게 해석했는가?

알렉산드리아 필론:
"그들이 한 짓은 진노를 살 일이었다"

필론은 대략 주전 20년부터 주후 50년까지 이집트 알렉산드리 아 지역에서 살았다. 모세오경 주석가였던 유대인 필론은 성경에 초점을 맞추면서도 철학 역시 존중하면서 어떻게 하나님을 기쁘게 할 수 있는지에 대해 설명하려고 노력했다. 창세기에 관한 필론의 주석들은 우리에게 20권이 남겨져 있지만, 여기에서는 『세상의 창 조에 대하여』(*De opificio mundi*)라는 제목의 주석에만 초점을 맞추고 자 한다.

아담의 죄와 죽음의 본질

필론에게 있어서 (창세기 2장의) 아담은 인류가 형성된 모델이 다(『세상의 창조에 대하여』, 145-146). 아담의 형상은 특히 육체의 모습이나 정신적인 능력에 있어서 아름답게 보였다. 하지만 (창세 기 3장의) 아담은 (그리고 이브도) 치명적인 잘못을 저질렀다. 하나님께 불순종한 것이다. 아담은 금단의 열매를 먹고서 "순전 무결한 상태에서 반역의 상태"로 "즉시 옮겨졌다"(156). 이에 하나님 아버지께서는 "몹시 진노하셨다." 필론은 다음과 같이 기록하고 있다. "(미덕의 완성을 표상하는) 불멸의 생명나무 옆을 지나간 이후로 [그들이] 한 짓은 진노를 살 일이었다. … 그들은 오히려 불행으로 가득 찬 매일의 시간, 곧 죽음을 면할 수 없는 시간—심지어 '삶'이라고도 할 수 없어서 단지 '시간'이라 표현한다—을 선택했다. 하나님께서는 그들에게 꼭 맞는 형벌을 지정하셨다"(156).

아담과 이브는 "치료가 불가능할 정도로 강렬한 정욕의 노예가 된 최초의 사람이었다"(167-168). 그들은 "즉시 쾌락의 대가를 깨닫게 되었다." 이브에게는 극심한 출산의 고통 및 자유의 박탈이, 아담에게는 목숨을 연명하기 위한 노동과 번뇌와 끊임없는 고역이 대가로 주어졌다. 우주적인 측면에서 볼 때, 하나님께서는 그 순간 "악이 미덕들을 이기기 시작한 것"을 보셨다. 하나님께서는 "끊임없이 흐르는 은혜의 샘"을 닫으셨는데, 이는 "그것을 받을 자격이 없는 자들에게 더 이상 공급하지" 않기 위함이었다(167-168). "은혜를 베푸시며 구원자 되신 하나님께 감사하지 않은" 아담과 이브에 "걸맞는 하나님의 정의"는 곧 총체적인 파멸이었다(169a). 이제 매우 어두운 날이 왔다.

하지만 "본성적으로 자비로우신" 하나님께서는 "아담과 이브를 불쌍히 여기셔서 형벌을 완화"하시고 그들의 "삶이 계속되는 것을 허락하셨다"(169). 필론은 창세기 2-3장에 흐르는 긴장 상태를 분명하게 인식했다. "네가 [금지된 나무]로부터 먹을 때, 너는 틀림없이 죽을 것이다"(창 2:17). 하지만 막상 죽어야 할 순간이 닥쳤을 때에 하나님께서는 단지 아담의 고단한 삶에 대해서만 선언하시면서 아담의 여생을 허락하셨다(창 3장). 여기에서 하나님께서 보이신 죽음의 **위협**은 끔찍한 범죄에 "합당한 정의"를 보여준다. 아울러 하나님께서 죽음의 형벌을 **완화**시켜 주신 것은 하나님의 "자비"를 보여준다. 실제로 아담은 그날에 죽지 않았다.

인류는 은혜를 저버린 아담의 배반에 영향을 받았다. 하나님께서는 "이미 준비된 먹을 것들을 전처럼 아담과 이브에게 제공하지 않으셨다"(169). 또한 필론은 아담과 같이 행동한 **모든** 사람들 안에서 일어난 일을 설명하기 위해서 아담과 이브로부터 "종"이라는 단어를 가져와 재사용했다(167-168). 만약 우리가 (아담과 같이) 유혹에 굴복하면, 우리의 "이성은 곧바로 유혹에 넘어가 통치자가 아닌 통치 받는 자가 되고 주인이 아닌 **종**이 된다 ⋯ 불멸이 아닌 필멸을 겪는다"(165, 고딕체 첨가).

왜 "이성"이 종이 되고 필멸하게 되는가? 그것이 창세기 3장 및 아담과는 무슨 관련이 있는가? 필론의 해석의 토대는 플라톤주의에 큰 영향을 받았던 철학적 전제들과 도덕적인 목표에 있다. 영혼이 육체보다 더욱 중요하다는 필론의 믿음은 플라톤적 이원론의 한 예를 보여준다. 영혼 안에서도, 이성이 우리를 하나님과 같게 만들어 주기 때문에, 이성이 최고로 중요하다. 이성은 목적지를 향해서 말들을 이끌고 통제하는 마부와 같은 역할을 **해야 한다**. 하지만 쾌락―육체적인 것―은 우리의 영혼과 이성에 반한다. 쾌락은 육체의 감각(촉각, 시각 등)으로 들어가서 우리의 육체를 통해 (하나님께 반대하여) 비이성적인 일이 일어나도록 영혼을 압박한다.

필론이 아담을 탐구하는 목적

필론은 철학적이고 도덕적인 토대 위에서 유혹의 보편적인 심리를 드러내기 위해서—그 결과 자신의 독자들이 유혹에 저항할 수 있도록—아담의 죄와 그 영향을 탐구한다. 필론은 창세기 3장의 인물들을 알레고리적인 방식으로 읽는다. 각각의 인물들은 더욱 심오한 관념들을 표상한다. 필론에게 있어서 뱀은 쾌락적인 유혹을 드러내기 위한 완벽한 이미지다. 뱀은 육체적인 감각들(예, 시각이나 미각)을 통해서 이브의 마음을 사로잡고, 아담에게는 하나님 대신에 욕구에 항복—이것은 완전히 비이성적인 일이다—하라고 압박을 가한다. "뱀이 남자에게 한 것은 곧 쾌락이 영혼에 한 것이다"(『율법에 대한 알레고리적 해석』 3.76). "(뱀이 표상하는) 쾌락은 우리의 육체적인 "감각들"을 파고들며(이브), 우리의 "이성"을 압박하고(아담), 우리의 마음이 항복하게 만든다. 만약 우리가 (아담과 같이) 항복한다면, 영혼과 이성은 종이 되고 심지어 **필멸**하게 되는 것이 곧 우리의 운명이 될 것이다(165).

필론은 이처럼 확신에 찬 언어를 사용했지만, 아담이 한 일 **때문에** 모든 인류를 향한 보편적인 현상이 일어났음을 주장했다고 생각해서는 안 된다. 필론이 여기에서 말했던 것은 그와 같은 의미가 아니다. 필론이 다른 곳에서 아담에 관해 기록한 것을 보면 그러한 결론은 절대로 불가능하다(참조, 『율법에 대한 알레고리적 해석』 1.106-108; 『창세기에 대한 질문과 답변』 1.81). 아담의 죄는 단지 비참한 배반일 뿐이었다. 이는 물론 가증스러운 행동이었으며 하나님의 진노를 살 만한 일이었다. 이로 인해 아담은 종이 되었고 죽음을 겪게 되었다. 심지어 우리 모두를 향한 고된 수고 역시 아담으로 인해 주어졌다. 그러나 아담이 죄를 범하였을 때/범하였기 때문에 시작된 진노와 종 됨, 죽음은 절대로 피할 수 없는 것들이 아니다. 유혹이 올 때에 아담과 같이 행동하지 않으면 된다!

이제 우리의 과제 중 하나였던 창세기 3장의 아담에 관한 유대인의 해석, 그것도 상당히 높은 평가를 받는 유대인의 해석을 더 자세히 알게 되었다. 또한 우리는 바울이 어떠한 이유로 로마서 5:12-21에서 아담의 죄와 후손에 미친 치명적인 영향을 도입하고서 스스로 그만두었는지에 대해서 더욱 잘 이해할 수 있게 되었다. 이제 우리는 아담의 행위와 그 영향—그리고 이어지는 예수의 행위와 그 영향—에 관한 바울의 이해가 얼마나 급진적인 것이었는지에 대해 더욱 주목하고자 한다.

로마서 5:12-21:
"한 범죄로 모든 사람이 정죄에 이르렀다"

고린도전서는 "아담 안에서 모든 사람이 죽었다"(고전 15:22)라고 기록하고 있다. 바울은 이 진술을 로마서에서 더욱 정교하게 가다듬었다. 죽음이—명백한 외부의 침략자처럼—아담 한 사람의 죄를 통해 역사 안으로 들어왔다(롬 5:12). 여기서 바울은 무엇을 그려내고 있는가? 아담은 자신이 죄를 지은 그 순간에 "죽음"을 경험했는가? 필론에게 있어서 아담이 죽지 **않았다**는 것은 곧 하나님의 자비를 의미한다. 아담은 살았고 심지어 자녀도 낳았다. 이는 논란의 여지가 없지만, 바울은 아담에게 무슨 일이 일어났는지, 그리고 아담 **때문에** 무슨 일이 일어났는지에 대해서 분명 다른 해석을 가지고 있다.

아담의 죄와 죽음의 본질

바울에 따르면, 아담으로부터 모세까지(롬 5:12-14), 심지어 그 이후로도(5:17) "죽음은" 모든 사람에게 "왕 노릇을 해왔다." 이 죽음은 필론에게서처럼 잠재적인 것이 아니다. 아담과 같이 행동한 사람들만 경험하는 것이 아니라는 말이다. 사실 바울은 "아담이 범죄 한 것과 같이 명령을 어기는 죄를 짓지 **않은** 사람들에게조차 … 죽음이 왕 노릇한다!"(5:14, 고딕체 첨가)라고 분명하게 기록한 바 있다. 피할 수 없으며 실재하는 죽음은 벗어날 수 없는 주인과 같다. 그렇다면 아담이 계속해서 살았다고 한 필론은 틀린 것인가? 죽음이 아담의 죄를 통해 들어와 모든 사람에게 왕 노릇하며 "한 사람의 범죄로 인해 많은 사람이 죽었다"(5:15)라는 바울의 진술의 의미는 무엇이었을까?

창세기 1-5장에서 죽음이란 단어는 아담과 이브의 죄 이후의 이야기에서 중요한 역할을 맡는다.[1] 창세기 3-4장이 죽음을 다룬 이

---

1.   창세기 1-3장에서, "죽음"은 2:17과 3:3-4에 나온다. 아담의 죄 이후에, "죽

후에 창세기 5장은 아담의 족보를 기록하는데, 이 족보를 두고 필론은—아담과는 **달리**—가인은 악했기 때문에, 아담의 상속자로서의 명예를 잃었으며, 결국 셋이 장자가 되었다고 설명한다(『창세기에 대한 질문과 답변』 1.81). 이 족보의 또 다른 특징은 아담의 후손들을 나열하면서 독특하게도 "그러고 나서 그는 죽었다"라는 문구를 끊임없이 반복한다는 것이다(창 5:24의 에녹은 제외).[2] 심지어 창세기가 새로운 아담으로 그려내는 노아조차도 "그러고 나서 그는 죽었다"(창 9:29)란[3] 문구로 끝난다. 아담 가문에 있어서 아담과 함께 시작된 죽음은 이처럼 보편적인 경험이었다.

하지만 로마서 5장에서 바울은 단순히 "죽음이 왕 노릇 했다"고 말하지 않는다. 물론 이 진술 자체는 바울이 반대를 예상하고 스스로 이야기를 그만둘 만큼 논쟁적인 것은 아니었을 것이다. 필론은 모든 사람이 육체적으로 죽는다는 것에 동의할 수 있었을 것이다(죽음을 아담의 죄와 직접적으로 연결하지는 않았더라도 말이다. 또한 플라톤주의로 인해 육체보다 영혼을 더욱 중요하게 생각했기에 죽음이 반드시 나쁜 것이라고 생각하지 않았더라도 말이다). 바울은 특히 "한 사람"을 **통하여** 들어온 "죄" 때문에, 죽음이 모든 사람을 지배하게 되었다고 주장했다. 바울은 반복했다. "죄가 한

음"은 4:8, 14-15, 23, 25; 5:5, 8, 11, 14, 17, 20, 27, 31에 나온다.

2.   창세기 11장의 족보를 참조하라(참조, 히브리어성경과 칠십인역), 창세기 25장과 36장, 역대상 1-9장도 참조하라.

3.   아담 족보에서 노아 부분은 창세기 5:32에서 시작되었다가, 9:28에 이르러서야 다시 재개되며, 결국 9:29에서 아담 가문의 문구로 마무리 된다.

사람을 통하여 세상에 들어왔고, 죽음은 **죄를 통하여** 들어왔다"(롬 5:12a). "**한 사람의 범죄로** 많은 사람이 죽었다"(5:15). 모든 사람이 "정죄"에 이르렀다(5:16, 18). 모든 사람에게 "죽음이 왕 노릇한 다"(5:17). "많은 사람이 죄인이 되었다"—자연스럽게 그렇게 된 것 도 아니고 심지어 각 개인의 죄 때문에 그런 것도 아니다. 모든 것 이 아담 "한 사람"과 그의 "불순종" 때문이었다(5:19).[4]

바울이 아담을 탐구하는 목적

창세기 3장을 해석하면서 가지고 있었던 필론의 주된 관심은 독자들의 도덕성, 곧·이들이 아담과 같은 죄를 짓지 않도록 하는 데에 있었다. 사람들이 아담과 같이 죄를 짓는다면, 그들은 아담이 (적어도 일시적으로나마) 겪었던 영혼의 종 됨과 필멸을 경험하게 될 것이다. 그러나 로마서 5:12-21 가운데서 애매한 5:12("모두가 죄를 지었기 때문에")를 제외하면, 바울은 사람들이 아담과 같이 죄를 지었는지 여부에 대해 별다른 관심을 보이지 않는다(물론 로 마서의 다른 곳에서 바울은 개인 윤리에 상당한 관심을 보이며, 이 미 로마서 1-3장에서도 모든 사람이 죄를 **지었다고** 단호하게 주장 한 바 있다[참조, 롬 4:5-8, 25; 5:6-10]. 또한 로마서 6장, 8장,

---

4. 이것은 창세기 3장에서 "그를"(him)의 사용과 잘 어울린다(창 3:23). 아담 은 "영원히 살 수 있는" 가능성 곧, "생명나무"로의 접근이 차단되었다(창 3:22-24). 그의 죽음은 그 날에 확정되었다(이브의 죽음 역시 창 3:22-24에 서 "그를"에 전제되어 있다). 단수 "그를"에 해당하는 아담의 행위와 추방 때문에, 모든 후손은 영생과 분리된 세계, 즉 죽음의 세계에서 태어난다.

12-14장에서도 독자들의 윤리는 상당히 중요한 위치를 점하고 있
다). 로마서 5:12-21에서 모든 사람들은 분명히 **아담**의 결정/행위에
영향을 받고 있다. "많은 사람이 죄인이 되었고"(5:19), "정죄"에
이르렀으며(5:16, 18), "죽었다"(5:15). 위에서 언급한 것처럼, 이런
일들이 심지어 아담과 같은 죄를 짓지 **않은** 자들에게도 일어났다
(5:14). 필론의 해석이 암울하다면, 바울의 해석은 이처럼 극단적이
라고 말할 수 있다.

　하지만 인류가 아담의 절망적인 상태를 가차 없이 물려받았다
는 것 역시도 사실은 바울의 주요 관심사가 아니다. 로마서 5:12에
서 바울이 아담의 비극적인 영향에 관해 자신이 상정한 바를 이야
기한 것은 주로 아담의 대안이 되는 **예수**의 승리의 영향에 주목하
고자 했기 때문이다. 바울은 자신의 독자들 중 일부가 아담과 죄,
죽음에 관한 자신의 견해에 동의하지 않을 수 있다는 것을 깨닫고
예수를 도입하기를 다소 나중으로 미루고 있다. 당대 저명한 유대
주석가(필론)에 대한 우리의 분석이 보여주는 바와 같이, 분명 당
시 독자들 중 일부는 극단적인 바울의 해석에 동의하지 **않았을 수**
있다. 그래서 바울은 자신이 상정한 바를 분명히 명시한다. 실제적
이고도, 주요하면서, 결정적인 그의 체계가 창세기 3-5장의 아담에
관한 해석 위에 세워졌기 때문이다. 아담의 정죄와 죽음을 물려받
은 후손들은 오직 **예수**의 결정과 행동에 의해서만—율법의 소유나
준수에 의해서가 아니라—칭의와 영생을 얻을 수 있다. 이것은 단
순한 반전이 아니다. 그보다도 예수의 권능과 영향이 아담의 권능
과 영향보다 "훨씬 더" 강력하다는 의미이다!

어둡지만 그럼에도 다소 덜 비극적인 필론의 관점과 비교함으로써, 아담의 죄와 죽음 그리고 정죄에 대한 바울의 해석이 보다 명확해졌다. 이와 같은 배경에서 아담의 불순종에 대한 바울의 이해가 극단적인 특징을 가졌다는 것이 분명하게 밝혀졌기 때문에, 그에 상응하는 (훨씬 더 극단적인) 바울의 해답—예수 안에 있는 하나님의 은혜로운 선물—역시 더욱 제대로 평가받을 수 있게 되었다. 승리하는 은혜, 극단적으로 넘치는 은혜는—이 은혜는 정죄 받아, 종이 되고, 죽었던 사람들에게 의와 왕위, 생명을 준다—오직 예수의 **순종**으로 인한 것이다. 이러한 점에서 바울이 다소 극단적으로 제시한 아담 안의 죽음은 은혜와 생명에 관한 기독론적인 핵심을 설명하는 데 있어서 반드시 필요한 실패라 할 수 있다. 그리고 바로 이 은혜로운 그리스도-안의-**생명**이, 로마서 6-8장의 토대와 도약대로서 역할을 한다—심지어 로마서 5:20-21의 주제이기도 하다.

더 읽을거리

추가적인 고대 문헌

창세기 1-3장에 대한 필론의 해석을 보려면, 『알레고리적 해석』 1-2권, 『케루빔에 대하여』, 『창세기에 대한 질문들과 답변들』 1권을 보라. 창세기 3장의 아담 그리고 죄와 죽음의 시작을 언급하는 유대문헌으로는 다음과 같은 것들이 있다. 시락서 25:24, 솔로몬의 지혜 2:23-24; 10:1-4, 『에스라4서』 3:6-7, 21-22; 4:30-32; 『바룩2서』 17:2-3; 23:4-5; 48:42-43, 요세푸스 『유대고대사』 1.40-51. 또 이와 관련된 바울 문헌으로는 고린도전서 15:21-22, 45-49; 고린도후서 11:3; 디모데전서 2:13-14이 있다.

영역본과 비평판

Philo. Translated by F. H. Colson et al. 12 vols. LCL. Cambridge, MA: Harvard University Press. 1929-1962.

이차문헌

Levison, John R. *Portraits of Adam in Early Judaism: From Sirach to 2 Baruch*. JSPSup 1. Sheffield: Sheffield Academic, 1988.

──────. "Adam and Eve, Literature Concerning." Pages 1-6 in *Dictionary of New Testament Background*. Edited by C. A. Evans and S. E. Porter. Downers Grove, IL: InterVarsity Press, 2000.

Runia, David. "How to Read Philo." Pages II. 185-98 in *Exegesis and Philosophy: Studies on Philo of Alexandria*. Collected Studies 332. London: Variorum, 1990.

──────. *Philo of Alexandria: On the Creation of the Cosmos according to Moses: Introduction, Translation and Commentary*. PACS 1. Leiden: Brill, 2001.

Sterling, Gregory. "Philo." Pages 789-93 in *Dictionary of New Testament Background*. Edited by C. A. Evans and S. E. Porter.

Downers Grove, IL: InterVarsity Press, 2000.

Worthington, Jonathan. *Creation in Paul and Philo: The Beginning and Before*. WUNT 2.317. Tübingen: Mohr Siebeck, 2011.

제9장
솔로몬의 지혜와 로마서 6:1-23
인격화된 세력들에게 종이 됨

조셉 닷슨(Joseph R. Dodson)

로마서는 탁월한 명제들과 예리한 주장들 및 신앙의 원석들로 가득하다. 하지만 이러한 로마서가 가진 교리적인 풍성함으로 인해 때로는 여러 장르들을 배열하고 수사학적인 장치들을 사용하는 서신서의 문학적인 정교함을 놓치게 될 수도 있다. 로마서는 물론 전적으로 교훈적인 특징을 가진 서신이지만, 로마서 내의 신학적인 표현들을 만들어내는 기본 토대는 분명 **내러티브**다. 물론 이야기의 주인공은 하나님이지만, 바울은 다른 남은 배역들을 채우기 위해서 곧잘 인격화(personification)를 사용하곤 한다.[1]

예를 들어, 로마서 5장에 나타나는 은혜(Grace)와 죄(Sin), 죽음(Death)의 인격화는 서사적인 구조를 만들어 내는데, 이 구조는 바

---

1. 본서의 저자는 인격화를 더 알아보기 쉽도록 (영문)대문자로 표기했다.

울의 논의에 활력을 불어넣는다. 로마서 5장에서 바울은 타락 이야기를 자세히 관찰한다—아담의 불순종을 통하여 죄와 죽음이 세상에 들어왔다. 죄와 죽음이라는 거짓 통치자들은 하나님께서 창조하신 피조물들을 훼손시키고 또한 그들이 사는 곳을 정복했다(롬 5:12, 14). 그러나 하나님께서는 반격을 가하셨다. 바울은 어떻게 주께서 거짓 통치자들에게 치명상을 입혔던 둘째 아담(예수 그리스도)을 통하여 풍성한 선물을 주셨는지를 설명한다(5:15-17). 이제 죄가 넘치는 곳마다 은혜가 더욱 넘치게 된다. 한때는 죄가 죽음 안에서 왕 노릇 했지만 이제는 은혜가 의로 다스리게 되었다(5:21).

바울의 로마서 6장에서도 인격화를 계속 사용한다. 우주의 통치권을 빼앗은 인격화된 권세들은 다음과 같은 의문을 자아낸다. 은혜를 더하게 하려고 교회가 계속해서 죄에 거하겠느냐? 여기에 바울은 "그럴 수 없다"라고 분명히 대답한다. 신자들은 그리스도와 합하여 세례를 받았다. 따라서 죄는 더 이상 그들 위에 왕 노릇을 하지 못하며, 죽음도 더 이상 그들을 다스리지 못한다. 바울은 이러한 생각을 품고서 독자들에게 다시는 스스로를 죄에게 내어주지 말고, 오히려 하나님께 내어드릴 것을 당부한다. 이제는 죄의 종이 아니라 은혜의 종으로 살아야 한다. 바울에 따르면 은혜는 자신을 따르는 자들에게 거룩함과 의와 생명이라는 삶을 주지만, 죄는 자신을 따르는 자들에게 죽음이란 삶을 줄 뿐이다.

물론 바울이, 독자들을 설득하기 위하여 인격화를 사용한 유일한 저술가는 아니었다. 사실 로마서에 나타나는 은혜, 죄, 죽음의 인격화는 솔로몬의 지혜에 나타나는 인격화들, 특히 죽음의 인격화와 전체적으로 상당히 유사하다—물론 눈여겨 볼만한 차이점도 있다(이후 지혜서를 보라). 본 장에서는 로마서 6장에서 바울이 사용한 인격화뿐만 아니라, 지혜서에서 사용된 인격화도 함께 살펴보려 한다. 그 후 두 인격화 사이의 유사점과 차이점이 어떻게 로마서 6장의 메시지—특히 신자들이 죽음과 죄의 종으로 사는 것이 얼마나 부조리한 일인지에 대한—를 강조하는지를 살펴볼 것이다.

솔로몬의 지혜:
"악마의 시기로 세상에 죽음이 들어왔다"

인격화된 지혜

지혜서의 저자가 독자들로 하여금 정의롭게 살도록 독려하고자 할 때 사용한 방식 중 하나가 바로 지혜와 죽음의 인격화다. 지혜서는 "세상의 통치자들"에게 "의를 사랑하라", 주를 "생각하고" "찾아라"와 같은 호소로 시작된다(지혜 1:1).[2] 이와 같은 일들을 해야 하는 이유는 하나님께서 당신을 신뢰하는 자들에게는 스스로를 드러내시지만 경건하지 못한 자들은 홀로 내버려 두시기 때문이다 (지혜 1:2-3). 이후 지혜서의 저자는 하나님의 지혜 개념을 **인격적 존재**로 묘사하기 시작하는데, 특히 하나님의 지혜는 "거짓으로 더럽혀진 영혼 안으로 들어가지 않을 것이며 죄에 종이 된 육체 안에

---

2. 지혜서에 대한 더 자세한 배경을 보려면 본서의 2장을 보라(Linebaugh).

머물지 않을 것"이라 언급한다(1:4). "거룩한 영"인 지혜는 "거짓을
피해 가고"(1:5), "불의를 수치스러워하며" "어리석음을 떠나간
다"(1:5). 지혜는 인간을 사랑하지만, "신성을 모독하는 인간들의
죄를 용서할 만큼" 자신을 낮추지는 않는다(1:6).

인격화된 죽음

지혜서의 저자는 계속해서 독자들에게 죽음이 아닌 지혜를 품
도록 명령한다(1:12). 죽음을 불러들여서는 안 되며 멸망을 끌어들
여서도 안 된다—하나님께서는 "자신의 피조물이 황폐해지는 것을
기뻐하지 않으시기 때문이다"(1:13). 주께서는 "모든 것을 살도록
만들었고 … 그분의 정의는 영원하다." "하데스의 통치가 하나님의
거룩한 계획에는 미치지 못한다"(1:12-15). 그렇다면 도대체 어떻게
죽음이 세상에 들어왔는가? 지혜서 저자에 따르면 악인들이 죽음
을 불러왔다. 악인들은 "그들의 말과 행실로" 죽음을 불러들였다.
악인들은 죽음을 사랑하여 간음에 빠졌고 죽음을 사모하여 몰래
하나님의 창조 세계로 들여왔다. 그들은 하나님의 의를 붙잡기는
커녕 오히려 자신들을 죽음에 내다바쳤다. 악인들은 심지어 죽음
과 언약을 맺었고 이로 인해 그들은 죽음의 극악무도한 지배를 받
을 만한 종이 되었다(1:16).

죽음과의 계약으로 인해 악인들은 "하나님의 아들이라 주장하
는" "의인"에게 모욕과 고통을 주려는 음모를 꾸미게 된다. 악인들
은 이 의인의 선함을 시험해보기 위해서 "그 거룩한 자"를 수치스
러운 죽음에 내몰았다. 그들은 주께서 이 의로운 자를 구하려고 내

려가시는지 아닌지를 가만히 지켜본다(2:1, 12-20). (적어도 주후 2
세기 그리스도인들은 이 구절을 예수의 수난을 예고하는 메시아
예언으로 여겼다). 의인을 덮치는 음모는 더 나아가 악인들이 가진
사악함의 깊이와 그들의 운명의 확실함을 더욱 구체적으로 드러낸
다. 그들은 "악에 눈이 멀었다." 이로 인해 그들은 "하나님의 계획"
을 이해하지 못했고, "신앙에 대한 보상을 바라보지 못했으며" "정
결함—즉 더렵혀지지 않은 삶—에 걸린 상급을 깨닫지 못했다." 하
나님께서는 아담을 생을 위해 창조하셨고 "아담이 가진 불멸의 형
상을 따라 인간들을 만드셨음"에도 불구하고, 신앙 없는 자들은 이
제 "악마의 시기를 통해 세상에 들어온 죽음"에 속하게 되었다
(2:21-24).

지혜서 1-2장에서 본 것처럼, 지혜서의 저자는 지혜와 죽음을
비롯한 추상적인 개념들을 인격화하는데, 이는 하나님과 악마가
이 세상에 대해 가진 각각의 계획이 이루어지는 방식을 보여주기
위함이다. 지혜서의 저자에게 있어서 이와 같은 인격화의 사용은
수사학적으로도 신학적으로도 전략적인 것이다. 인격화는 하나님
의 지혜—영원한 생명으로 귀결되는—를 품을 것인지, 아니면 죽음
의 운명적인 지배를 받아들일 것인지에 대한 독자들의 선택지를
구체화하여 보여주기 때문이다.

<h2 style="text-align:center">로마서 6:1-23:
"너희는 죄로부터 해방되어 의에게 종이 되었다"</h2>

인격화된 죄, 죽음, 은혜

로마서 5:12-21에서 바울은 은혜를 적법한 왕으로, 죄와 죽음을 불법적인 지도자로 묘사하는데, 이 묘사는 로마서 6장에서 계속해서 이어진다. 은혜가 죄보다 넘치기 때문에(롬 5:20; 6:1), 이제 신자는 의로운 삶을 살아야 한다. 바울은 은혜가 왕 노릇 하는 것을 예수 그리스도의 인격과 연결시킨다. 바울은 다음과 같이 기록했다. "그러므로 우리가 죽음과 합하여 세례를 받음으로 **그분과 함께** 장사되었다. 하나님 아버지의 영광을 통하여 그리스도께서 죽은 자 가운데서 살아나심과 같이, **우리 역시 새 생명을 살도록** … 우리는 우리의 옛 사람이 **그분과 함께** 십자가에 못 박혔음을 알며, 이는 죄의 지배를 받는 육체가 죽어서 다시는 죄에게 종노릇을 하지 않기 위함이다—죽은 자는 죄에서 벗어났기 때문이다"(6:4, 6-7, 고딕체 첨가). 요컨대 바울은 다음과 같이 추론하고 있다. 첫째, 예수께서는 죽으시고 다시 살아나심으로써 죄와 죽음을 정복하셨다. 둘째, 그리스도와 합하여 세례를 받은 자들은 그분의 십자가와 부활에 참여하는 것이다. 셋째, 죄에서 벗어난 신자들은 더 이상 죄가 그들을 지배하지 못하도록 해야 한다. 그들의 충성은 새로운 주, 곧 하나님의 놀라운 은혜를 향해야 한다. "죄가 더 이상 너희의 주인이 아님은 너희가 율법 아래에 있지 않고 은혜 아래에 있기 때문이다"(6:14).

인격화된 죄와 의

바울은 계속해서 종 된 자의 법칙을 설명한다. "너희 자신을 누군가에게 순종하는 종으로 내어줄 때, 너희는 그 순종을 받는 자의 종의 되는 줄을 알지 못하느냐?" 바울에 따르면 사람들은 "죄의 종으로 사망에 이르든지, 혹은 순종의 종으로 의에 이른다"(6:16). 이때 바울은 신자들이 "죄로부터 해방되어 의에게 종이 되었다"(6:18)라며 기뻐하는 부분을 삽입했다. 결과적으로, 바울은 교회가한 때 자신들의 육체를 지배하던 죄, 부정함, 악에게 저항해야 한다고 명령한다. "그러므로 죄가 너희 죽을 육체를 지배하지 못하게하라 … 너희 자신의 어떤 부분도 악의 도구로 죄에게 내어주지 마라. 오히려 죽은 자 가운데서 다시 살아난 자와 같이 너희 자신을 하나님께 드려라 … 전에 너희가 계속해서 커지는 악과 부정함에 너희 자신을 종으로 내주었던 것과 같이, 이제 거룩함에 이르는 의에게 너희를 종으로 내주어라"(6:12-13, 19). 멈추고 그만두라는 바울의 이 명령은 더욱 심각한 내용으로 이어진다. 곧, 죄의 삯은 사망이라는 것이다(6:23). 모든 사람들은 동일한 삯을 치르게 된다. 하지만 앞의 이야기와는 완전히 대조적으로, 바울은 하나님께서 "우리 주 그리스도 예수 안에 있는 영원한 생명"을 모두에게 선물로 주셨다는 것도 선언한다.

이제 지혜서와 로마서 6장에서 사용된 인격화를 비교하는 것이, 바울의—논의 가운데, 이 지점에서 그가 세우고 있는—신학적인 주장들을 이해하는데 있어서 어떻게 도움이 되는지 살펴볼 차례다.

거룩함의 토대들

바울은 신자들에게 죄가 아닌 의를 주인으로 섬기라고 명하는데, 이는 지혜서의 명령 즉, 금지된 연인인 죽음을 사모하기보다는 "거룩한 영"인 지혜를 껴안으라는 명령과 유사하다. 지혜서의 저자가 자신의 논지의 기초를 하나님의 성품과 피조물을 향한 그분의 계획 위에 두는 반면에, 바울은 이를 그리스도의 복음과 신자들의 세례 위에 둔다. 만약 지혜서의 저자와 바울이 서로의 주장을 살펴보았다면, 바울은 하나님의 지혜와 의, 생명을 구하지 않고 오히려 죽음의 동반자가 된 사람들의 어리석음에 난색을 표했을 것이다. 또한 바울은 하나님의 영광과 창조세계를 보고서도 죽음을 불러들이려는 악인들에게 어떤 혐오를 느꼈을 것이다.[3] 그럼에도 불구하고 바울은 죽음과 악을 드러내는 **창조세계 안에서의 하나님의 일하심**을 활용하는 것에서 더 나아가(참조, 롬 1:19-32), 죄와 죽음에 대항하는 **그리스도 안에서의 하나님의 일하심**을 계속해서 강조해 나간다.

이와 같이 지혜서와 로마서를 나란히 세우고 비교하는 작업은 거룩한 삶을 향한 동기에 있어서 복음이 더해주는 또 다른 근거를 깨닫게 한다. 곧, 하나님의 의와 우주적인 계획 자체도 충분한 동기가 되지만, 새 생명을 낳는 세례와 예수 그리스도의 복음 역시 순종의 종이 되는데 있어서 중요한 근거가 된다. 또한 지혜서와의 비교는 죄에 묶여 살아가는 신자의 어리석음을 더욱 신랄하게 드러

---

3.   하지만 얼마나 많은 인간이 타락했는지에 관해서는 두 저자의 견해가 일치하지 않았을 것이다(지혜서는 "일부", 바울은 "모두").

내는 역할을 하기도 한다.

의인의 죽음

지혜서에 비추어 로마서를 읽을 때 얻을 수 있는 또 다른 유익은 각각의 문헌이 의인의 죽음을 어떻게 다루는지 살펴볼 수 있다는 것이다. 바울은 이전에 죄와 죽음의 종 되었던 자들을 해방시키는 수단으로서 그리스도의 십자가를 언급한다. 이것은 우리가 지혜서에서 본 것과는 분명하게 대조된다. 지혜서에서 거룩한 자의 죽음은 악인들의 죄를 상세히 설명하고 그들의 운명을 강조하는 역할을 한다. 다시 말해, 지혜서 안에서 하나님의 아들을 극악무도하게 죽이는 일에 참여했던 죽음의 동반자들은 영원히 멸망하게 된다. 반면에 로마서에 따르면 예수 그리스도의 죽음과 장사에 참여한 자들은 죄와 죽음에서 해방된다. 그리스도의 십자가와 부활을 통하여 악인들은 생명의 선물을 받는다. 그러므로—악인들의 최종적인 심판을 기다리는—지혜서를 배경삼아 로마서 6장을 살펴보면, 바울이 전하는 **죄인들을 위한 소망과 구원**이라는 놀라운 메시지가 더욱 더 밝게 빛나게 된다.

죄를 섬김

지혜서와 로마서를 비교하는 방식이 바울의 논지를 강조한다는 것을 보여주는 마지막 사례는 바울이 교회에 요구한 중대한 일들과 관련이 있다. 로마서에서 바울은 신자들에게 육체의 어떤 부분도 죄에게 악의 도구로 내주지 말라고 명령한다. 이것은 지혜서의 저자가 독자들에게 그들의 손으로 죽음과 멸망을 끌어들이지 말라고 명령한 것과 유사하다. 반면 지혜서의 저자가 독자들에게 죽음을 섬기는 일은 **시작도 하지** 말라고 명령한 것을 보면, 이와 관련된 바울의 명령은 〔지혜서와〕 대조적이라는 것을 알 수 있다. 즉, 바울은 자신의 독자들에게 죽음을 섬기는 일을 더 **이상은** 하지 말라고 명령했다. 여기에는 구원을 받았다 하더라도 여전히 죄의 종으로 살 수도 있다는 것이 함의되어 있다. 바울은 이 사실을 받아들이기 어려워한다. 최초에 누군가가 어떤 이유로 인격화된 세력에 종이 되기를 선택했는지를 묻는 지혜서의 암묵적인 물음은 이제 로마서에서 제기된 물음(해방되어 생명의 선물을 받은 자들이 도대체 어떤 이유로 다시 죄와 죽음에 속박되는 것을 선택하는가?) 앞에서 무색하게 된다. 바울은 다음과 같이 말한다. "너희가 지금 부끄러워하는 그 일들로부터 너희는 그 때에 무슨 열매를 얻었느냐? 그 일들은 결국 죽음으로 끝난다!"(롬 6:21).

우리가 위에서 살펴본 것에 따르면, 로마서 6장에서의 바울의 메시지는 동시대 유대인들에게 더더구나 논증〔qal wahomer: 덜 한 것에 서부터 더 한 것을 논증하는 것〕의 역할을 했을 것이다. (1) 지혜서의 저자가 주장한대로, 만일 사람들이 정결한 우주세계와 아담을 향한 하나님의 영원한 계획 때문에 하나님을 찾는 것이라면, 그리스도(둘째 아담)의 순종을 통해 드러난 하나님의 은혜 때문에 그리스도의 죽음과 부활에 참여자로 살아가는 신자들은 **하물며 얼마나 더** 하나님을 찾게 되겠는가? (2) 하나님의 아들의 죽음에 대한 지혜서 저자의 가설적인 해석이 죽음을 물리치는 근거로 역할을 한다면,

신자들은 실제 그리스도의 십자가 처형에서 얻은 구원에 비추어 **하물며 얼마나 더** 죄와 죽음을 물리치게 되겠는가? (3) 마지막으로, 지혜서의 저자가 지혜와 죽음을 인격화하면서 구원을 붙잡으라고 독자들에게 호소하는 반면, 바울은 신자들이 이미 소유한 구원의 중요성을 설명하기 위해서 은혜와 죄, 죽음에게 배역을 맡겼다. 그렇다면 하나님의 은혜로 인해 해방된 신자들이 죄와 죽음 아래에 〔다시〕 속박되어 사는 것은 **하물며 얼마나 더** 어리석은 일이겠는가? 이처럼 지혜서 1-2장의 배경에서 로마서 6장을 읽는 것은 복음에 대한 새로운 깨달음으로 이어질 뿐만 아니라 복음에 합당한 삶을 살도록 독자들을 새롭게 설득하고 감동시킨다(빌 1:27).

더 읽을거리

추가적인 고대 문헌

유대교와 신약성경에서 사용된 또 다른 인격화로는 다음을 보라. 필론, 『알레고리적 해석』 3.246, 『에녹1서』 69:8-11, 갈라디아서 3:22-29, 고린도전서 15:54-57; 야고보서 1:13-15.

영역본과 비평판

NETS

NRSV

Ziegler, Joseph. *Sapientia Salomonis*. 2nd ed. Septuaginta 13.

Göttingen: Vandenhoeck & Ruprecht, 1980.

이차문헌

Barclay, John M. G. "Under Grace: The Christ-Gift and the Construction of a Christian Habitus." Pages 59–76 in *Apocalyptic Paul: Cosmos and Anthropos in Romans 5-8*. Edited by Beverly Roberts Gaventa. Waco, TX: Baylor University Press, 2013.

Dodson, Joseph R. *The 'Powers' of Personification: Rhetorical Purpose in the Book of Wisdom and the Letter to the Romans*. BZNW 161. Berlin: de Gruyter, 2008.

Gaventa, Beverly R. "The Rhetoric of Death in the Wisdom of Solomon and the Letters of Paul." Pages 127–41 in *The Listening Heart*. Edited by Kenneth G. Hoglund. Sheffield: Sheffield Academic, 1987.

Longenecker, Bruce W., ed. *Narrative Dynamics in Paul*. Louisville: Westminster John Knox, 2002.

Southall, David J. *Rediscovering Righteousness in Romans: Personified Dikaiosyne within Metaphoric and Narratorial Settings*. WUNT 2.240. Tübingen: Mohr Siebeck, 2008.

Stafford, Emma. *Worshipping Virtues: Personification and the Divine in Ancient Greece*. London: Duckworth, 2000.

제10장
시락서와 로마서 7:1-25
인간과 율법 그리고 죄

제이슨 매스턴(Jason Maston)

로마서 7:1-25은 로마서 안에서 격렬한 감정을 불러일으키는 가장 매력적인 부분 중 하나다. 이와 동시에 어렵기로 악명 높은 부분이기도 하다. 로마서 7장에 나타난 인간과 율법, 죄에 관한 것들은 모두 교회 역사상 수많은 신학자들 사이에 큰 논쟁을 일으켜 왔다.[1] 본 장에서는 로마서 7장을 유대적인 배경에서 읽음으로써

---

1. 특히 로마서 7:7-25에 나오는 화자("나")가 누군이지를 파악하는 문제와, 7:14-25과 그 단락을 둘러싼 구절들 사이에 시간적인 관계를 파악하는 문제가 어렵다. 이를테면, Terry L. Wilder, ed., *Perspectives on Our Struggle with Sin: Three Views of Romans 7* (Nashville: Broadman and Holman, 2011)을 보라. 화자의 정체에 대한 연구로는 다음을 보라. Jan Lambrecht, *The Wretched 'I' and Its Liberation: Paul in Romans 7 and 8* (Leuven: Peeters, 1992), 59-91; Michael Paul Middendorf, *The 'I' in the Storm: A Study of Romans 7* (St. Louis: Concordia, 1997), 15-51, 133-225. 나의 논지에는 〔로마서 7장의 화자, 즉 나를〕 비신자로 보는 견해가 더 어울리지만, 설령 화자를 그

이러한 문제들 중 일부를 명확하게 밝혀내고자 한다.

로마서 7장은 혼인법을 비유로 들며 논의를 시작한다. 바울은 혼인한 여자가 남편이 죽었을 때 혼인 언약에서 해방되는 것과 마찬가지로 신자들은 그리스도와의 연합을 통해 토라로부터 자유하게 된다고 설명한다(롬 7:1-4). 이어서 7:5-6에서는 신자들이 율법에 대해 죽는 것과 그리스도와 연합하는 것을 강조한다. 로마서 7:5에 따르면 율법은 결국 죽음에 이르게 하는 죄의 정욕을 일으킬 뿐이기에 윤리적인 변화를 만들어낼 수 없다. 바울이 로마서 6장에서 주장했듯이 신자의 성화는 그리스도를 믿는 믿음과 그리스도와의 연합에 따른 필연적인 귀결이기에, 율법 준수를 통해서는 이루어질 수 없다. 이어서 바울은 전에 "기록된 율법 규정〔율법조문〕의 옛 방식"을 통해서는 불가능 했던 일이 이제 "성령의 새 방식"을 통하여 가능해졌음을 강조한다(7:6; 참조, 2:29).

바울은 로마서 7:5-6의 주장들을 더 자세히 설명하기 위해 7:7-8:13 내내 상세한 논의를 이어나간다(도표 10.1을 보라). 바울의 주장은 한 덩어리로 이해되어야 하겠지만, 여기서는 분명히 두 부분으로 분리되어 전개되고 있으며(7:7-25와 8:1-13), 각 부분들은 인간학적인 조건들과 이에 상응하는 종말론적인 결과들을 묘사하고 있다. (로마서 7:5을 더 자세히 설명하는) 7:7-25에서 바울은 인간이 토라에 계시된 하나님의 명령에 순종하지 못했다는 이야기를 인상 깊게 전한다. 바울은 이 실패와 "죽음"(실패가 인도하는 종말

리스도인으로 이해한다해도 나의 기본적인 요점들은 여전히 유효하다.

론적인 위협)이 토라의 죄성 때문이 아니라 육신을 가진 인간 주체
가 무력한 탓이라고 주장한다. 한편 이 문제에 대한 해결책은 7:6
에서 드러나고 7:25에서도 어느 정도 예상되긴 하지만, 8장의 중심
인 8:1-13에 가서야 비로소 완전하게 드러나게 된다. 하지만 지금
은 7:7-25에만 초점을 맞출 것이며, 영향력 있고 중요한 당대 문헌,
시락서와 대조하여 읽는 것이 바울의 인간학을 설명하는 데 있어
서 얼마나 유용한지를 중점적으로 살펴볼 것이다.

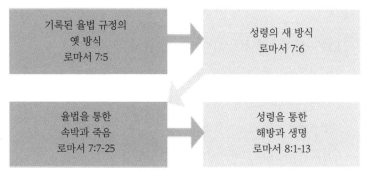

[도표 10.1: 로마서 7:5-6에서 7:7-8:13에 이르기까지 나타나는 논리적인 진행]

시락서: "네가 원하기만 한다면, 너는 명령을 지킬 수 있으며"

시락서는 지혜 전승의 영향을 받았을 뿐만 아니라 상당 부분

토라에도 의존하고 있다.[2] 이 작품 자체가 보여주듯이, 벤 시라는 당대의 다양한 신학적 문제들이나 실제적인 문제들에 정통했다. 하지만 벤 시라는 단순한 학문적인 논쟁에는 관여하려 하지 않았으며, 현인으로서 그가 가진 주요 목표는 하나님께 영광을 돌리는 삶을 살도록 다른 이들을 훈련시키는 것이었다. 이에 시락서의 가르침의 초점은 하나님을 경외하고 그의 명령의 순종하는 것이 중요하다는 데에 있다. 이러한 초점은 특히 시락서 15:11-20에서 분명하게 드러난다.[3]

[11] "나의 죄가 하나님으로부터 (온다)"고 말하지 말라.

하나님께서는 당신이 싫어하시는 일을 하지 않으시기 때문이다.

[12] "그분께서 내가 잘못을 저지르게 하셨다"고 말하지 말라.

그분께서는 죄를 짓는 사람을 필요로 하지 않으시기 때문이다.

[13] 주께서는 가증스러운 악을 미워하시며,

악이 그분을 경외하는 자들에게서 일어나게 하지 않으신다.

[14] 태초에 하나님께서는 (이) 사람을 만드셨고

그를 그 자신의 의지의 손에 맡기셨다.

[15] 만약 네가 원하기만 한다면〔choose〕,

너는 명령을 지킬 수 있으며

또한 그 뜻을 따르는 법도 알게 될 것이다.

[16] 네 앞에 쏟아진 것은 불과 물이다.

---

2. 시락서에 관해 더 알고 싶다면, 본서의 제6장을 보라(Kamell).
3. 나의 번역은 주로 히브리어 텍스트에 기초한 것이다.

원하는 것은 무엇이든지 너의 손을 뻗으라.

[17] 사람 앞에 생명과 죽음이 있으니

원하는 것은 무엇이든지 그 사람에게 주어질 것이다.

[18] 주의 지혜는 충만하다.

그분께서는 능력이 강하시며 모든 것을 감찰하신다.

[19] 하나님의 눈은 당신의 작품들을 향하시며,

그분께서는 사람의 행위 모두를 지켜보신다.

[20] 그분께서는 사람에게 죄를 짓도록 명령하지 않으시며,

거짓의 사람들이 〔죄를〕 꿈꾸도록 하지도 않으신다.

벤 시라는 이 단락 전체에 걸쳐 인간의 죄에 대한 책임이 피조물이 아닌 창조주에게 있다고 주장하는 결정론적인 견해에 대답하고 있다. 시락서 15:11-13은 고대의 논쟁에 쓰인 관용어("말하지 말라 … 때문이다")를 사용하여 이 그릇된 가르침을 소개하고 있다. 15:14-20에서는 인간 주체가 지닌 자율성을 강조한다. 벤 시라는 사람이 선천적으로 하나님의 명령들에 순종할 수 있는 능력을 가지고 있기 때문에 자신의 운명을 자유롭게 결정할 수 있다고 주장한다. 이는 자유의지에 관한 신학이 말하는 전형적인 설명 방식이라 할 수 있다.

자신의 주장을 입증하기 위해서, 벤 시라는 두 갈림길 패러다임을 가져온다(도표 10.2를 보라). 인간은 서로 대립하는 두 갈림길에 대한 선택권을 가지고 있다는 것이다. 순종으로 표현되는 길은 생명과 축복에 이르고, 불순종으로 표현되는 길은 죽음과 저주에 이

른다. 유대인이 가진 이 두 갈림길 패러다임은 모세오경에서 비롯되었다. 신명기 30:15-20에서 모세는 이스라엘 백성에게 주어진 명령들에 순종함으로 생명을 택하라고 명령하기에 앞서, 그들 앞에 생명과 죽음, 축복과 저주라는 선택지를 제시한다. 모세는 "주너의 하나님을 사랑하고, 그분을 향한 순종 가운데 걸어가며, 그분의 명령들과 규례들과 법도들을 지키라"(신 30:16)고 이스라엘 공동체에게 명령한다. 이런 철저한 가르침은 언약의 수여자들이 하나님께 반드시 보여야 하는 완전한 충성이 무엇인지를 보여준다. 모세가 말했던 것처럼 실제로 이스라엘이 하나님의 명령들에 순종한다면, 하나님께서는 그들에게 모든 언약적 축복들을 주실 것이다(30:19-20; 참조, 28:1-4). 그러나 만약 그들이 순종하기를 거부하고 오히려 다른 신들을 섬긴다면, 주께서는 그들에게 모든 언약적 저주들을 내리실 것이다(30:18; 참조 28:15-68).

[도표 10.2: 두 갈림길 패러다임]

벤 시라가 사용하는 두 갈림길 패러다임에 관해서 특별히 세 가지를 주목할 필요가 있다.

생명이나 죽음을 선택하는 것

모세와 마찬가지로 벤 시라가 묘사하는 하나님 역시 토라를 지키면 생명을 주실 것이라는 조건 하에 인간에게 토라를 주셨다(시락서 15:17).[4] 또한 모세와 마찬가지로 벤 시라에게 있어서도 생명과 죽음은 서로 반대되는 운명을 표상하는데, 특히나 생명은 토라의 명령들을 지킴으로써 얻어질 수 있다.

인간의 자율성

벤 시라에게 있어서, 인간은 토라에 순종할 수 있는 능력을 자기 자신 안에 가지고 있다. 이 점은 시락서 15:15-17에서 반복적으로 강조된다. 명사 "의지"〔inclination〕(15:14)는 각 개인이 선악을 선택할 수 있는 지각이 있음을 암시한다. 또한 3회나 사용되고 있는 동사 "원하다"〔choose〕(15:15-17)는, 사람에게 제대로 작동하는 의지력이 있음을 암시한다. 이 용어들은 모두 각 개인이 자신의 운명을 결정할 수 있는 기회와 능력이 있음을 말하는데, 이것이 곧 벤 시라가 15:14-20에서 강조하는 바이기도 하다.

하나님의 부재

"태초에 하나님께서 (이) 사람을 만드시고"(15:14a) 그에게 "명

---

4. 벤 시라의 관점을 이해하는데 있어 중요한 또 다른 텍스트로는, 인간의 창조를 묘사하는 시락서 17:1-14가 있다. 하나님께서는 인간을 창조하시면서 지식과, "영원한 언약" 그리고 "생명의 율법"을 주시는데, 이는 그것에 순종함으로 생명을 얻게 하기 위함이다.

령"(15:15)을 맡기셨을 때 하나님께서는 또한 "그를 그 자신의[사람 자신의] 의지의 손에 맡기셨다"(15:14b). 더욱이 "하나님의 눈이 당신의 작품들을 향하시며, 그분께서 사람의 행위 모두를 지켜보시는"(15:19) 동안에도, 〔그분은〕"사람에게 죄를 짓도록 명령하지 않으시고"(15:20), 억지로 순종을 강요하지도 않으신다. 하나님께서는 각 사람에게 의지를 주심으로써 결정이 이루어지는 과정과 현장에서 스스로를 감추신다. 따라서 인간은 자신의 운명을 완전하게 결정할 수 있는 권한을 부여받은 자율적인 존재라 할 수 있다.

로마서 7:1-25:
"내가 미워하는 것을 행함이라"

위에서 언급한 것처럼, 로마서 7장은 신자가 누리는 율법으로부터의 자유함을 보여주기 위하여 혼인법을 토대로 한 비유를 꺼내든다. 로마서 7:7-25은 7:5을 확장시키면서 시락서에 나타나는 인간의 능력 및 자유의지 신학과 현저한 대조를 보인다. 물론 이 두 본문 사이에는 언어적인 측면과 주제적인 측면에서 중요한 연결점이 나타나기도 하는데, 이는 두 문서 모두 유사한 성경의 전통들을 활용하고 있음을 보여준다. 또한 기본적으로 이 유사성이 두 본문의 비교를 가치 있게 만드는 것도 사실이다. 그러나 이보다 더 중요한 것은 바울과 벤 시라의 신학을 각각 세밀하게 검토해보면

인간과 율법, 죄 사이의 관계에 있어서 상당히 다른 관점이 명백히
나타난다는 사실이다.

바울 역시 자신의 주장을 변호하기 위해서 두 갈림길 패러다임
을 가져온다. 특히 바울이 사용하는 "생명," "죽음," "선," "악"이라
는 용어들이 칠십인역 신명기 30:15에서 온 것이라는 점은 분명해
보인다. 모세나 벤 시라와 마찬가지로 바울에게 있어서도 "선"과
"악"은 율법에 명시된 대조되는 행동 양식을 가리키는 한편, "생
명"과 "죽음"은 그에 따른 대조되는 운명을 의미한다.

생명 혹은 죽음을 선택하는 것

위에서 언급했듯이, 벤 시라의 관점에서 드러나는 세 가지 특징
들은 모두 바울이 전하는 이야기 내에서도 발견된다. 첫째, 벤 시라
와 마찬가지로 바울은 토라 준수와 생명 사이의 대칭적인 관계를
설명하고 있다. 즉, 토라에 순종하는 자는 살고 불순종하는 자는 죽
게 된다. 로마서 7:10에서 바울은 율법의 목적은 생명으로 인도하
는 것이라고 말한다. 하지만 바울은 그 이야기 내내 인간이 토라를
지키는 일에 실패하는 것에만 초점을 맞추면서 죽음이 바로 그 불
순종의 결과임을 강조한다.

인간의 자율성

둘째, 바울이 서술하는 이야기 속 〔"나"로 지칭되는〕 화자의 비관
주의가 로마서 7장을 지배하는 것은 사실이지만, 그 화자가 벤 시
라와 마찬가지로 자신이 실제로 토라를 지킬 수 있다고 생각했었

다는 점을 놓쳐서는 안 된다. 이야기의 시작에 화자는 불순종과 죄에 대해서 알지 못했고(롬 7:7c), 율법이 오기 전에는 생명을 가지고 있었다고 말한다(7:9a). 더 나아가 화자의 실패를 묘사하는 장면에서(7:15-20), 원하는 선을 행하려고 노력하지만 원하지 않는 악을 행하게 된다는 패턴이 두 번이나 반복되어 나타나는데(7:15-17, 18-20), 이는 화자의 잘못된 초기 낙관주의를 드러낸다. 그는 계속해서 율법을 지키려고 노력하기만 한다면 순종할 수 있을 것이라고 생각했다.

하나님의 부재

셋째, 바울은 로마서 7장 어느 곳에서도 하나님께서 현재 실패를 겪고 있는 화자를 도우신다고 이야기하지 않는다. 이 장면에서 하나님은 부재하신다. 로마서 7장의 화자는 벤 시라에 묘사된 인간이 서있는 바로 그 지점에 서있다. 즉, 하나님으로부터 순종할 수 있는 능력을 얻었고 "생명에 이르는" 토라를 부여받았다. 그리고 지금 두 갈림길, 곧 생명에 이르는 길과 죽음에 이르는 길 위에 서있다. 이야기의 화자는 생명을 얻기 위하여 외로이 그 길을 나서고 있다.

죄의 권세

로마서가 시락서의 묘사와 유사점이 있는 것은 사실이지만, 바울은 결국 벤 시라가 지지한 두 갈림길 패러다임을 무효화시키며 중요한 차이를 드러낸다. 시락서에는 생명을 추구하는 장면에 인

간과 하나님이라는 오직 두 행위자만이 등장한다. 하지만 바울은
세 번째 행위자인 죄를 등장시킨다. 바울에게 있어서 죄는 단순히
불순종을 뜻하는 것이 아니다. 죄는 능동적인 행위자이며 우주적
인 권세를 가지고 있는 자다. 이러한 죄의 목적은 인간을 죽게 만
드는 것이다.[5] 죄는 인간을 속임으로써 역사하고(롬 7:11) 율법을
이용하여 인간이 원하는 선에 반대되는 일을 하게 만든다(7:8, 11,
15-20).

이와 같은 세 번째 행위자가 소개되면서 인간 행위자에 대한
긍정적인 묘사는 사라진다. 바울의 화자는 죽음에 내몰려(7:10) 단
지 다음과 같이 부르짖을 뿐이다. "아, 나는 정말 비참한 인간이다!
누가 나를 이 죽음[의] 몸에서 구해내겠는가?"(7:24). 이 죽어가는
인간은 7:15-20에서 선을 행하기를 원하지만 결국 언제나 악을 행
하게 되는 반복적인 순환에 속한 사람으로 묘사되었다. 이 순환은
7:21에서 일반적인 법칙으로 표현된다. "그러므로 내가 '법칙'을 발
견했는데, 곧 선을 행하려는 나에게 악이 함께 있다는 것이다"(나
의 사역).

바울은 자신의 주장을 소개하기에 앞서, 인간들이 겪는 딜레마
의 해결책이 "우리 주 예수 그리스도" 안에서 발견된다는 점을 로
마서 7:25 상반절에 삽입하였다. 이는 로마서 8:1-13에서 더욱 발전
하게 되는데, 거기서 바울은 그리스도의 순종적인 삶과 죽음을 통
해 성취된 구원 및 성령의 능력으로 통해 세워지는, 행위자 인간의

---

5.   죄에 대한 바울의 견해를 더 보고 싶다면, 본서의 제9장을 보라(Dodson).

모습을 묘사한다.

　시락서 15:11-20에 비추어 로마서 7장을 읽을 때 우리는 바울이
이 지점에서 내세우는 논지에 관한 특별한 통찰을 얻을 수 있다.
바울은 로마서 6-8장에서 율법에서 자유한 복음이 어떻게 순종을
이끌어낼 수 있는지에 대해 주로 보여주려고 했다. 이와 같은 과정
의 일환으로 로마서 7:7-25에서는 토라와 생명, 인간의 능력에 관
한 일반적인 이해 방식이 실제로는 상당히 잘못되어 있음을 드러
낸다. 시락서 안에 분명하게 명시된 이러한 이해 방식은 곧 인간이
유능한 행위자라는 것, 그리고 토라는 그에 순종하는 자들에게 생
명의 근원이 된다는 믿음을 반영하고 있다. 로마서 7장에서 바울은
토라와 인간 행위자에 대한 이와 같은 이해 방식을 신랄하게 비판
했다. 곧 인간 행위자는 무능력하다고 선언할 뿐 아니라 심지어 죄
의 권세에 종이 되었다고 주장한다. 더불어 바울에 따르면 생명을
가져왔어야 할 율법이 실제로는 죽음을 가져왔다. 이와 같이 전개
되는 논지 안에서 바울은 단지 도덕적인 지침으로서의 율법을 지
향하는 삶이 결코 순종을 보장하지 못한다고 주장한다. 그리고 이
후의 논의(8:1-13)에서 바울은 예수 그리스도 안에서 구원하시는
하나님의 복음이 순종하는 백성들을 만들어 낼 수 있음을 보여주
는데, 이것이 가능한 이유는 하나님께서 신자들에게 능력을 주시
려고 자신의 영을 보내주셨기 때문이다.

더 읽을거리

추가적인 고대 문헌

두 갈림길 패러다임과 유사한 내용이 나타나는 유대문헌과 비교하
기를 원한다면 다음을 보라. 『에녹1서』 94:1-5. 『솔로몬의 시편』
9:1-5. 『에스라4서』 7:3-24, 127-129. 갈라디아서 5:13-16 역시 유사
한 개념이 나타나는데, 이것을 앞서 말한 유대문헌들이나 로마서
7:7-25와 비교하는 일도 분명 유익할 것이다.

영역본과 비평판

NETS

Beentjes, Pancratius C. *The Book of Ben Sira in Hebrew: A Text Edi-
　　tion of All Extant Hebrew Manuscripts and a Synopsis of All Par-
　　allel Hebrew Ben Sira Texts*. Leiden: Brill, 1997.

Ziegler, Joseph. *Sapientia Iesu Filii Sirach*. 2nd ed. Septuaginta 12.2.
　　Göttingen: Vandenhoeck & Ruprecht, 1980.

이차문헌

Barclay, John M. G., and Simon J. Gathercole, eds. *Divine and Human
　　Agency in Paul and His Cultural Environment*. LNTS 335. Lon-
　　don: T&T Clark, 2006.

Collins, John J. *Jewish Wisdom in the Hellenistic Age*. Edinburgh:
　　T&T Clark, 1998.

Maston, Jason. *Divine and Human Agency in Second Temple Judaism and Paul: A Comparative Study*. WUNT 2.297. Tübingen: MohrSiebeck, 2010.

Skehan, Patrick W., and Alexander A. Di Lella. *The Wisdom of Ben Sira: A New Translation with Notes*. AB 39. Garden City, NY: Doubleday, 1987.

제11장
『에스라4서』와 로마서 8:1-13
그리스도와 성령의, 해방의 권세

카일 B. 웰스(Kyle Wells)

로마서 8:1-13은 바울서신에서 가장 절정으로 꼽히는 장들 중 하나를 시작하는 부분이다. 이 정점에 도달할 때 느껴지는 감정의 상당 부분은 우리가 앞서 힘겹게 오른 7:7-25에서 비롯한 것이다. 본서 7장에서 지적한 것과 같이 8:1-13은 7:5부터 시작하여 적어도 8:13까지 이어지는 큰 단락에 속한다. 이 큰 단락은 대략 두 부분으로 나눌 수 있는데(롬 7:7-25, 8:1-13), 이에 대한 각각의 주제문은 바로 로마서 7:5과 7:6이라 할 수 있다.[1] 여기서 바울은 인간 실존의 두 가지 형태를 평행시켜 언급하는데, 하나는 죽음에 이르는 육신적인 실존이고, 또 하나는 영생에 이르는 영(Spirit)적인 실존이다. 본 장에서는 로마서 8:1-13에 등장하는 후자의 형태, 즉 영적인 실

---

1. 본서의 10장에 나오는 도표 10.1을 보라(Maston).

존에 초점을 맞추려 한다.

로마서 7:7-25에서 바울은 죄의 권세 아래 있는 인간의 속박 상태를 묘사한 후에 다음과 같이 해방을 선언한다. "그러므로 이제 그리스도 예수 안에 있는 자들에게는 더 이상 정죄함이 없다. 왜냐하면 그리스도 예수를 통하여 생명을 주는 성령의 법이 죄와 죽음의 법에서 너를 해방하였기 때문이다"(8:1-2). 여기서부터 바울은 죄와 죽음 모두에서 해방된 그리스도인의 삶을 계속해서 묘사해나간다(8:3-11). 그런데 이때 죄에서 해방된 인간에 대한 바울의 견해에 있어서 특별한 점이 있다고 한다면 무엇이 있는가? 또한 그리스도와 성령의 존재는 바울의 특별한 견해에 어떠한 영향을 주는가? 이러한 질문들에 대한 대답을 더 날카롭게 가다듬기 위해 로마서 8:1-13을 인간이 죄의 속박으로부터 해방될 필요가 있다고 보는 다른 고대 유대문헌—『에스라4서』—과 나란히 살펴보고자 한다.

『에스라4서』:
"이 세상에 거주하는 자들의 마음은 변화될 것이며"

『에스라4서』는 주후 1세기 후반 무렵의 묵시문학 작품이다.[2] 이 문헌은 주후 70년 예루살렘 성전 파괴로 인한 상황을 설명하기 위해서 바벨론 포로라는 가상의 배경을 사용한다. 이 독특한 배경 속

---

2.   『에스라4서』는 또한 『에스드라2서』 3-14장에 나타난다.

에서 이전의 낡은 신학적 질문들은 신선하게 들린다. 이 질문들은 성경의 인물 에스라와 천사 우리엘 사이의 대화형식으로 나타나는데, 특히 에스라의 질문들은 1세기 후반에 살았던 많은 유대인들의 관심사를 대변한 것으로 보이고, 이에 대한 우리엘의 대답은 신적 관점에서 이루어진 것으로 보인다.

악한 마음의 문제

다른 여러 문제들 중에서도 에스라는 특히 하나님께서 그분의 백성 안에 있는 악한 마음을 제거해주지 않는다면 백성들에게 어떻게 하나님의 율법을 지킬 책임을 돌릴 수 있는지 알기를 원했다. 한 지점에서 에스라는 이스라엘이 다른 인류와 공유하고 있는 악한 본성을 제거하는 일에 하나님께서 실패하셨다는 사실로 인하여 율법이라는 선물의 가치가 훼손되었다며 불평한다.

[18] 야곱의 자손에게 율법을, 이스라엘의 후손에게 명령을 주시기 위하여 … [20] 당신은 굽히셨나이다. 그러나 당신은 아직 그들에게서 악한 마음을 제거하지 않으셨고 당신의 율법은 그들 안에서 열매를 맺지 못했나이다. [21] 첫 아담은 악한 마음으로 뒤덮여 범죄하고 짓눌렸으며, 이는 그에게서 태어난 모든 이들도 마찬가지였나이다. [22] 그 결과 이 결함은 영구적이 되었나이다. 율법은 사람들의 마음 안에 있었지만 악의 뿌리와 연결되었고 이로 인해 결국 선은 떠나고 악이 남게 되었나

이다. (『에스라4서』 3:18-22).[3]

에스라가 제시하는바, 인간 안에서 의를 이루고 생명을 얻는 것을 방해하는 갈등에 주목해보자. 인간의 의와 대립하는 것은 곧 "악한 마음"이다(도표 11.1을 보라). 악한 마음은 아담과 그의 후손들을 줄곧 무너뜨려왔다(참조, 『에스라4서』 4:30-32). 인간과 악한 마음 사이의 싸움에서 악한 마음은 결코 꺾이지 않는다는 것이 드러났다. 그러나 하나님께서는 이스라엘에게 신적 도움, 곧 율법을 주셔서 이들이 의를 이룰 수 있게 하셨다.

[도표 11.1 에스라4서에 나타난 악한 마음의 문제]

율법이 수여됨으로써 이제 이스라엘 백성의 마음 안에 선한 율법과 악한 뿌리, 곧 욕망과의 싸움이 벌어지게 되었다. 이에 대한 결과는 다소 놀랍게도, "선은 떠나고 악이 남게 되었다"(3:22)는 것이다. 다시 말해, 율법은 의를 이루고자 하는 인간을 돕기에 역부족이었다. 이처럼 하나님께서 자신의 백성들의 강력한 대적인 악한 마음을 제거하지 못하셨다면 어떻게 그들에게 책임을 물을 수 있

---

3. 모든 『에스라4서』 번역은 R. H. Charles, ed., *The Apocrypha and Pseudepigrapha of the Old Testament in English* (Oxford: Clarendon, 1913)에서 가져온 것이다.

는 것인지 에스라는 이해할 수 없었다.

종말과 마음의 변화

의를 이루는 데 있어서 악한 마음의 심각성을 우리엘 또한 부정하지 않았다는 것이 중요하다. 하지만 그럼에도 우리엘은 언젠가 하나님께서 분명 악한 마음을 제거하실 것이라고 약속했다.

[25] 내가 너희에게 예언한 모든 일에서 살아남은 이들은 구원될 것이며, 나의 구원과 나의 세상의 종말을 보게 될 것이다 …. [26] 이 세상에 거주하는 자들의 마음은 변화될 것이며 다른 영〔spirit〕으로 바뀔 것이다. [27] 악이 제거되고 거짓은 사라질 것이며 [28] 신실함이 넘치고 부패함〔corruption〕은 정복될 것이며, 오랫동안 열매가 없었던 진리가 분명하게 드러날 것이다. (『에스라4서』 6:25-28).

우리엘은 에스겔[4] 선지자를 상기시키는 언어를 사용하여 하나님께서 인간의 마음을 다른 영으로 변화시킴으로써 악한 마음의 문제를 해결하실 것이라고 이야기한다. 그 때에 "신실함이 넘칠 것이다."

---

4. 『에스라4서』 6:26은 에스겔 11:19, 36:26과 유사하며 가장 관련있어 보인다. 자세한 내용은 Michael E. Stone, *Fourth Ezra: A Commentary on the Book of Fourth Ezra* (Hermeneia; Minneapolis: Fortress, 1990), 124을 보라.

의지력과 율법 준수

우리엘이 변화된 자들을 향해 "받아들여지다"라고 표현한 것에 주목해야 한다. 『에스라4서』에서 "받아들여지다"라는 표현은 심판 때의 신원을 암시하고 영생에 이르는 부활과 관련이 있다(참조, 7:31-33a; 5:42-45; 14:35). 여기서 제기되는 물음은 바로 이것이다. "이 사람들은 도대체 누구인가? 모든 인간이 악한 마음에 오염되었다면, 그 누가 "받아들여질 수 있는가?" 이러한 대화가 진행되는 동안 우리엘은 다음과 같은 해답을 제시한다.

> [88] 이것은 지극히 높으신 분의 길을 **지킨** … 자들이 이 죽음의 그릇〔vessel〕에서 벗어날 때를 위한 명령이다. [89] 그 안에 머물러 있을 때 그들은 지극히 높으신 분을 **애쓰며 섬겼다.** 그리고 **법을 만드신 분의 율법을 준수**하기 위해서 끊임없이 위험 가운데 있었다. … [91] 이제 그들은 그들을 **받아들여주신** 그분의 영광을 큰 기쁨으로 보게 될 것이다. (『에스라4서』 7:88-89, 91, 고딕체 첨가).

우리엘은 하나님의 율법을 지켜 의를 이루어 낼 수 있는 강한 결단력을 가진 사람들이 있다고 가정한다. 또한 계속해서 우리엘은 이 사람들이 "생명에서 죽음으로 미혹되지 않도록 생득적인 악한 생각을 극복하기 위하여 애쓰며 고군분투했다"고 말한다. 여기에서 우리는 일찍이 에스라가 견지하고 있었던 입장이 교정되고 있음을 발견할 수 있다. 인간 안에 솟구치는 갈등 속에서 이스라엘을 돕는 것은 한 가지가 아니라 두 가지, 곧 율법과 의지력이다. 이 두 가지 능력들이 완전하게 발휘될 때 비로소 인간은 악한 마음을 극복할 수 있다(도표 11.2를 보라).

[도표 11.2: 에스라4서에 나타난 악한 마음에 대한 해결책]

따라서 우리엘은 악한 마음으로 오염된 인간이 종말에 이르러서야 치유될 것(6:26)이라는 에스라의 주장을 따르면서도, 그럼에도 인간이 율법과 함께 부단한 노력을 기울인다면 새로운 세계 안에서 생명이 요구하는 의를 이루어 낼 수 있다고 주장한다. 결국 에스라 역시도 이 입장을 따라간다. 『에스라4서』의 마지막 부분에서 에스라는 동시대 사람들에게 다음과 같은 내용을 상기시킨다. "만일 너희가 가진 지식을 다스리고 너희 마음을 단련한다면, 너희는 살아있는 동안 보호를 받고 죽은 이후에도 자비를 입게 될 것이다. 죽음 이후에는 심판이 있을 것인데 우리가 다시 한 번 더 살게 될 그 때에, 의인들의 이름들이 나타날 것이며 악인들의 행위들이 밝혀질 것이다"(14:34-35).

그리하여 『에스라4서』는 현재의 곤경을 초래한 악이 이스라엘 백성들의 생명에 대하여 최종적인 결정을 내리진 않을 것이라고 안심시키면서 후기 성전 세계를 살고 있는 유대인들에게 희망을 준다. 악한 마음이 위협적인 적인 것은 분명하다. 그럼에도 『에스라4서』에 따르면 현 시대에 율법에 헌신하는 것은 분명 가능한 일이며, 이는 또한 영생으로 이어지게 된다. 앞으로 오게 될 시대에 하나님께서는, 끊임없이 율법을 지키려고 노력하는 자들의 마음을 결국 변화시키실 것이다.

로마서 8:1-13: "율법이 연약하여 할 수 없는 그것을 … 하나님께서 하셨다"

로마서 8:1-3와 『에스라4서』를 나란히 읽는 것은 많은 측면에서 도움이 된다. 『에스라4서』를 따라 바울 역시 아담의 후손은 그가 "육신에 있는"(in the flesh)이라[5] 부르는 상태에 있기 때문에 의를 이루지 못한다고 믿는다. 로마서 7:7-25에서 힘겹게 밝혔던 것처럼 이 상태에서 인간의 순종은 죄의 권세와 충돌하게 된다(도표 11.3을 보라). 심지어 바울은 율법의 중요성에 대한 에스라의 초기 입장을 공유하기도 한다(롬 8:7). 본래 죄와 싸우는 사람들을 도와야 할 선한 율법은 "죄와 죽음의 권세의 소유가 되었다"(8:2; 참조, 7:8, 11, 13).[6] "육신으로 인하여 약해진" 율법은 인간을 돕는 데에 있어서 "무력함"을 드러낼 뿐이다(8:3). 육신의 지배를 받는 생각은 하나님의 율법에 굴복하지 못할 뿐 아니라 굴복할 수도 없다

---

5. 바울에게 "육신"(flesh)은 죄인의 본성보다도 더 넓은 개념이며, 심지어 초인적인 권세를 암시하기도 한다.

6. "죄와 죽음의 율법"이라고 내가 번역한 소유격 구조는 그 뜻이 모호해 보

(8:7). "육신의 지배를 받는 생각"은 하나님을 기쁘시게 할 수 없다
는 진술에서, "육신의 지배를 받는 생각"이란 생각하고 판단하는
정신적인 능력을 가리키는 것이 아니다. 또한 어떤 윤리적인 선택
을 내리는 결단력을 가리켜 말한 것도 아니다. 여기서 바울은 단순
한 윤리를 넘어서 존재론—"육신의 영역 안에 있는" 자들(8:8-9)—을
가리키고 있는 것이다. 심지어 바울은 "육신의 영역 안에 있는" 인간
의 본성은 "하나님을 기쁘시게 할 수 없으며" 하나님을 대적하기까
지 한다고 말한다—이러한 대적은 결국 죽음으로 이어진다(8:6-8).

[도표 11.3 로마서에 나타난 죄와 육신의 문제]

　에스라의 초기 견해를 묘사하고 있는 『에스라4서』의 저자는 바
울이 그리고 있는 것과 매우 비슷한 사람을 염두에 둔 것으로 보인
다. 바울이 비록 "육신"이나 "죄"처럼 다른 용어들을 사용하기는
했지만 기본적인 사고구조는 거의 동일한 것 같다. 하지만 우리는
바울의 입장이 『에스라4서』 전체의 입장이 아니라 에스라의 **초기**
입장과 공명하는 것임을 기억해야 한다. 우리엘이 에스라의 비판

　일 수 있다. 이는 죄와 죽음의 권세들이 율법을 "소유한" 모습은, 죄가 작용
　하는 방식 그리고 율법을 통해 죄가 만들어지는 방식에서 발견될 수 있다
　는 맥락의 표현이다.

주의를 교정했을 때, 율법이 인간의 결단과 결합되면 율법 자신의
목적을 이루어 의를 가져올 수 있다는 것이 암시되었다. 이 입장에
따르면 하나님께서 이 세계의 시대를 끝내실 때 의를 이루기 위해
고군분투했던 자들은 결국 악한 마음으로부터 해방될 것이다.

그리스도와 성령을 통한 해방

로마서 8:1-3에서 바울은 인간의 순종과 의, 그리고 생명을 대
적하는 권세들로부터의 해방을 묘사한다. 오직 바울에게만 이러한
해방이 "지금" 일어나고 있다. 이 해방은 율법의 권능에 의해서 일
어나는 것도 아니고 인간에게 내재한 능력에 의해서 일어나는 것
도 아니다(8:3, 5-8). 바울이 새롭게 발견한 이 해방은 하나님께서
보내신 그리스도와 성령으로부터 온 것이다(8:2-3). 메시아 자신의
희생적인 죽음을 통해 죄가 정죄 받았다. 따라서 죄는 더 이상 그
리스도 안에 있는 자를 정죄할 수 없다(8:1). 더욱이 이전에 죄와
사망에 의해 이용되었던 율법은 이제 생명을 주시는 성령의 소유
가 되었다(8:2-3). 따라서 로마서 8:2에서 인간을 해방시키는 것은
궁극적으로는 율법이 아니라 그리스도와 성령이다. 이제 그리스도
와 성령께서 율법을 소유하시고 그것을 구원의 목적으로 사용하신
다. 이제 성령께서는 율법이 항상 원했지만 이루지 못했던 그 의를
인간 안에서 만들어 내신다. 이 의는 "성령을 따르며" 사는 "우리
안에서 완전히 "이루어진다"(8:4). 이전에 수동적으로 성취되었던
"의로운 율법의 요구"를 이제 성령을 따라 능동적으로 살아가는
자들이 이루게 되었다는 것을 주목해야 한다. 『에스라4서』와는 달

리, 여기서 바울이 묘사하고 있는 것은 그 자체로 발휘되는 독립적
인 인간의 의지와는 거리가 멀다. 바울에게 있어서 인간의 행위는
인간의 삶 가운데 일하시는 하나님의 영과 밀접하게 관련되며 또
한 그 위에 기반을 두고 있다(도표 11.4를 보라).

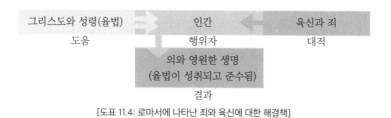

[도표 11.4: 로마서에 나타난 죄와 육신에 대한 해결책]

종말론적 성령과 마음의 변화

"지금" 해방이 일어나고 있다는 바울의 관점이 『에스라4서』의
저자의 관점과 얼마나 다른지에만 주목해서는 안 된다. 『에스라4
서』와 마찬가지로 성령에 대한 바울의 묘사는 에스겔 선지자의 언
어와 개념들로부터 온 것이다. 『에스라4서』의 저자와 같이 바울은
에스겔을 종말론적으로 읽는다. 그런데 오직 바울에게 있어서만,
새로운 세계-시대가 그리스도와 성령을 보내시는 사건들과 더불어
이미 시작되었다. 그리스도와 성령, 이 두 행위자들은 미래의 하나
님의 구원을 현재로 가져온다. 그리스도 안에 거하는 것과 우리 속
에 성령을 두는 것은 곧 성령의 "영역"으로 들어감을 뜻한다. 이 영
역은 하나님의 미래의 권세에 의해서 다스려지는 영역이다(8:9). 육
신의 영역에서 사는 것이 인간의 본성에 영향을 미치듯 그리스도와
성령의 영역에 사는 것도 인간의 본성에 영향을 미친다. 이 영역에

서 인간은 새로운 삶을 부여받고, 이 삶은 그리스도의 형상으로 빚어
진다(7:6; 8:29).[7]

우리는 『에스라4서』와 바울의 관점 사이에서 또 다른 중요한
차이를 발견하게 된다. 『에스라4서』의 경우에는 에스겔이 약속한
영(Spirit)을 몸의 부활 이후에 주어지는 변화된 **인간의 영혼**(sprit)으
로 이해하는 반면, 바울은 근본적으로 부활하신 그리스도의 영, 곧
성령(Holy Spirit)으로 이해한다(8:9-10). 결국 이 영은 육체가 다시
일어나기 전에(8:10) 먼저 인간의 영혼을 변화시키고, 또한 그리스
도 안에 있는 자들에게 하나님께서 그들의 "죽을 몸"을 부활의 때
에 살리실 것이라는 확신을 준다(8:11). 이처럼 바울에게 있어서 인
간에게 의와 영생을 주는 것은 궁극적으로 율법이 아니라 성령이
다(8:10-11).

『에스라4서』와 바울의 관점 및 관심은 많은 측면에서 유사함을
보인다. 두 저자 모두 죄와 율법, 의, 영생, 인간 행위자, 하나님의
신실하심과 관련된 질문들을 다룬다. 바울이 이러한 질문들을 예
루살렘 성전이 무너지기 전에 제기한다 하더라도 다메섹 도상 위
에서 맞이한 중대한 국면으로 인해 위의 질문들을 분명 새롭게 고
민했을 것이다(갈 1:11-17; 빌 3:4-11; 참조, 행 9:1-19). 『에스라4서』
의 저자와 바울 모두 비슷한 질문들을 던졌지만, 두 사람은 각기
다른 독특한 대답들을 내놓았다. 『에스라4서』는 율법과 인간의 노
력이 의와 영생을 얻기에 충분하다고 주장했던 반면, 바울은 그리

---

7. 고린도후서 3:18, 5:17, 갈라디아서 2:20을 보라.

스도와 성령에 대한 자신의 체험으로 인해 의와 영생을 얻는 데에 있어서 인간의 어떤 능력도 부정하게 되었다. 바울에게 있어서 율법은 생명에 이르는 수단이나 도움이라기보다는 그리스도에게 속한 자들 안에서 일하시는 성령의 활동에 따른 부차적인 결과에 가깝다. 그러므로 신자들은 율법에 대한 의무가 아니라 성령(Spirit)과 보조를 맞추며 살아갈 의무가 있는 것이다(8:13).

더 읽을거리

추가적인 고대 문헌

『에스라4서』뿐만 아니라, 다음의 문헌들을 로마서 8:1-13과 나란히 읽으면 분명 유익할 것이다. 『다마스커스문헌』 1:1-11, 3:12-16, 『공동체규율』 5:1-9, 『희년』 1:19-23, 『바룩2서』 78:6-7, 85:3-15. 또한 로마서 2:25-29, 고린도후서 3장, 갈라디아서 5-6장 역시 비교하여 볼만한 가치가 있다.

영역본과 비평판

NRSV

Bidawid, R. J. "4 Esdras." In vol. 4.3 of *The Old Testament in Syriac according to the Peshitta Version*. Edited by M. Albert and A. Penna. Leiden: Brill, 1973.

Klijn, A. Frederik J. *Der lateinische Text der Apokalypse des Esra*.

TUGAL 131. Berlin: Akademie, 1983.

Metzger, B. M. "The Fourth Book of Ezra." Pages 517-59 in vol. 1 of *The Old Testament Pseudepigrapha*. Edited by James H. Charlesworth. Garden City, NY: Doubleday, 1983.

Stone, Michael E. *The Armenian Version of IV Ezra*. UPATS 1. Missoula, MT: Scholars Press, 1978.

이차문헌

Bauckham, Richard."Apocalypses." Pages 135-87 in vol. 1 of *Justification and Variegated Nomism*. Edited by D. A. Carson, Peter O'Brien, and Mark A. Seifrid. Tübingen: MohrSiebeck, 2001.

Deidun, T. J. *New Covenant Morality in Paul*. AnBib 89. Rome: Biblical Institute Press, 1981.

Fee, Gordon D. *God's Empowering Presence: The Holy Spirit in the Letters of Paul*. Peabody, MA: Hendrickson, 1994.

Longenecker, Bruce W. *2 Esdras*. GAP. Sheffield: Sheffield Academic, 1995.

Moo, Jonathan."The Few Who Obtain Mercy: Soteriology in 4 Ezra." Pages 98-113 in *This World and the World to Come: Soteriology in Early Judaism*. Edited by Daniel M. Gurtner. LSTS 74. London: T&T Clark, 2011.

Wells, Kyle B. *Grace and Agency in Paul and Second Temple Judaism: Interpreting the Transformation of the Heart*. NovTSup 157. Leiden: Brill, 2014.

제12장
그리스어 『아담과 이브의 생애』와 로마서 8:14-39
(재)창조와 영광

벤 C. 블랙웰(Ben Blackwell)

로마서 처음 여덟 장(롬 1-8장)에 나타난 바울의 주장은 8:14-39에서 절정에 이른다. 여기에서 바울은 신자들이 현재의 삶에서는 비록 고난을 당하지만 결국에는 영광을 얻게 될 것임을 강조한다. 바울은 로마서 5:1-5에서 칭의, 성령, 하나님의 사랑, 고난, 영광이라는 주제를 다루었는데, 많은 학자들은 거기에서 시작된 주제가 8:14-39에서 마무리 되고 있다고 생각한다. 로마서 8:14-39에서 성령의 존재는 신자들이 하나님의 양자된 자녀임을 증언한다. 이 사랑스러운 아들, 딸들은 고난을 당하고 영광을 받으신 그 아들(the Son)의 형상으로 변화된다. 이 자녀들을 향한 하나님의 사랑은 그리스도와 성령의 사역 속에서 드러나고, 이로 인해 신자들은 고난 가운데서도 영원한 생명을 확신하고 소망을 품게 된다. 중요한 점은 바울이 이 소망을 그리스도와 함께 영광을 받는다(8:17-18)는 면에서 설명하면서 그것을 썩고 부패한 피조물—처음 죄가 들어온 것으로 인해 발생한 썩어짐—의 회복이라는 배경 위에 두고 있다는 것이다(8:19-23). 하지만 인간이 영광을 받는 것과 피조 세계의 회복이 무슨 상관이 있다는 것인가? 여기에서 바울은 죄가 세계 안으로 들어왔다는 창세기의 창조 이야기를 염두에 두고 있는 것인가?

창세기 3장에서 죄가 들어온 것은 아담과 이브의 생애에 있어서 그리고 이 세계 전체의 이야기에 있어서 중심축과 같다. 하지만 흥미롭게도 "에덴동산에서의 아담과 이브의 이야기는 창세기 2-3장 외에는 히브리 성경에서 별다른 관심을 얻지 못한다."[1] 그러나 제2성전기 유대인들은 점차 창세기 초반부에 등장하는 사람들과 주제에 관심을 갖게 되었다(참조, 『에녹1서』). 이 부분을 재서술하는 것에 지나지 않는 『희년』 외에는 『아담과 이브의 생애』가 처음으로 창세기의 전반부 이야기를 분명하게 설명하는 문헌 중 하나라 할 수 있다.[2] 여기서 중요한 것은 인간의 운명과 피조된 세계 사이의 관계 및 영광 개념이 이 이야기 안에서 중요한 역할을 한다는 점이다. 따라서 죄의 도래, 고난, 영광을 다루는 이 초기 유대문헌을 탐구하는 것은 바울이 어떠한 이유로 신자들의 영화(glorification)

---

1.   Eibert J. C. Tigchelaar, "Eden and Paradise: The Garden Motif in Some Early Jewish Texts (1 Enoch and Other Texts Found at Qumran)," in *Paradise Interpreted: Representations of Biblical Paradise in Judaism and Christianity* (ed. G. Luttikhuizen; Leiden: Brill, 1999), 37-62, at 37.

2.   많은 학자들이 이 유대문헌을 주후 1세기 후반의 것으로 보지만, 일부 학자들의 경우 이 텍스트가 2세기 혹은 3세기 기독교 문헌에서 비롯된 것이라 주장하기도 한다.

를 피조물의 회복—창세기 초반부의 장들을 반영한 것으로서—과
함께 다루었는지를 밝히는 데 분명 도움이 될 것이다.

그리스어 『아담과 이브의 생애』:
"당신은 나를 하나님의 영광에서 떼어놓았소"

그리스어 『아담과 이브의 생애』(*GLAE*:『모세의 묵시』로도 알
려져 있다)는 『아담과 이브의 생애』의 수많은 번역본들 중 하나이
다. 『아담과 이브의 생애』 번역본들은 각기 이야기의 다른 부분을
추가하거나 생략하기도 하고 재배열하기도 하는데 그럼에도 서로
핵심을 공유하고 있다. 하지만 히브리어 원본으로 추정되는 것은
현존하지 않는다. 이 그리스어판이 가장 초기에 이루어진 번역으
로 보이며, 이는 아마도 바울과 동시대에 기록되었을 것이다. 그리
스어 『아담과 이브의 생애』는 아담이 죽을 무렵에 아담과 이브가
그들의 후손에게 타락과 부활의 소망을 이야기하는 유언과 같은
문헌이며 이야기의 중심은 창세기 2-3장에서 확장 되었다. 아담은
이 『아담과 이브의 생애』 7-8장에서 창세기 이야기를 단지 간단하
게 재언급하는데, 이브는 15-29장에 이르러 이에 관하여 훨씬 더
풍성한 이야기를 전한다. 이제 우리는 아담과 이브의 타락의 영향
과 그 회복의 본질에 초점을 두고 살펴보고자 한다.

불의와 죽음, 그리고 영광의 상실

이브는 뱀에게 유혹을 받고 난 이후에 죽음이 어떻게 들어오게 되었는지 그리고 자신이 체험한 하나님 영광의 상실과 죽음이 어떻게 연결되는지를 자세히 이야기한다. "그 순간 나[이브]의 두 눈이 열렸고 내가 입었던 의(righteousness)가 벗겨졌다는 것을 알게 되었다. 나는 울면서 그[뱀]에게 말했다. '너는 나에게 왜 이런 짓을 했느냐? 너는 내가 입고 있던 영광을 나에게서 떼어놓았다'"(『아담과 이브의 생애』 20:1-2, 고딕체 첨가). 여기에서 그녀가 영광을 잃어버린 것이 의를 잃은 것과 평행된다는 것에 주목해야 한다.

이브는 계속해서 다음과 같이 말한다. "바로 그 때에 나는 큰 소리로 '아담, 아담, 어디에 있나요? 일어나서 나에게 오세요. 그러면 내가 엄청난 신비를 보여줄게요'라고 말했다. 너희 아버지가 다가오자 나는 우리를 위대한 영광에서 떨어뜨린 그 악한 말들을 그에게 해주었다 … 그러자 그는 나에게 말했다. '오 악한 여자여! 당신은 도대체 우리에게 무슨 짓을 한 것이요? 당신은 나를 하나님의 **영광에서 떼어놓았소**'"(21:1-2, 6, 고딕체 첨가).

하나님의 영광에서 "떼어놓다" 혹은 그 영광을 잃어버린다는 것은 어떤 의미인가? 이 개념은 14:2(고딕체 첨가)에 있는 평행 구절에서 더욱 분명하게 드러난다. "오 이브여, 당신은 우리에게 도대체 무슨 짓을 한 것이요? 당신은 **죽음의 거대한 진노를** 우리에게 가져왔소. 이제 그것이 우리 자손 모두를 다스리게 될 것이요"(14:2).

여기에서 아담은 21:6에서 물었던 질문("당신은 도대체 우리에게 무슨 짓을 한 것이요?")과 똑같은 질문을 이브에게 던진다. 이

때 눈에 띄는 것은 다른 용어("죽음")를 사용하여 이브가 저지른 범죄의 결과를 표현한다는 것이다. 영광의 상실과 죽음을 평행시켜 이야기 한다는 것은 곧 영광의 상실에는 죽음이 따른다는 것, 또한 반대로 영광의 경험은 생명의 경험, 심지어 불멸과 동일시된다는 것을 암시한다. 따라서 아담과 이브가 영광을 잃었을 때 그들은 의도 잃게 되었으며 필멸의 존재가 되었다.[3] 이러한 의와 영광 그리고 생명의 관계는 지금부터 우리가 살펴볼 로마서의 논의를 더욱 더 상세히 밝혀줄 것이다.

의와 부활, 그리고 영광

죽음이 영광의 상실로 설명된다는 점은 상당히 중요하다. 하나님께서 부활을 통하여 죽음과 고난의 문제를 해결하시는 데에 이 작품의 초점이 있기 때문이다. 실제로 『아담과 이브의 생애』는 아담의 후손들에게 마지막 때의 의와 영원한 생명에 대한 소망을 주기 위한 것이었다. 미가엘 천사는 다음과 같이 이브에게 말했다.

이제 너에게 [위안]은 없을 것이다. 하지만 마지막 때에는 아담에게서 나온 모든 육체가 그 위대한 날 때까지 모두 일어설 것이며 모두 거룩한 백성이 될 것이다. 그리고 나서 낙원의 기쁨이 그들에게 주어질 것이고, 하나님께서는 그들 중에 계실 것이다. 악한 마음이 제거될 것이기에 그들은 더 이상 그분 앞에서 죄를 짓지 않을 것이며 선을 헤아리

3.　이러한 죄와 죽음(혹은 필멸) 사이의 연결이 놀라운 일은 아니다. 죄의 결과로서의 죽음은 창세기 2-3장의 기본적인 교훈이기도 하다.

는 마음을 받고 오직 하나님만을 섬기게 될 것이다. (『아담과 이브의
생애』 13:3-5).

아담과 이브의 범죄 때문에 일어난 영광의 상실과 죽음의 문제
는 몸의 부활 및 하나님의 존재와 생명나무에 다가가는 것이 회복
됨으로써 마침내 해결된다(28:2-4; 41:1-3; 43:2).

재창조

미래에 부활의 생명이 주어지는 것 외에, 피조 세계의 회복과
창조 질서의 회복 역시 하나님의 구원 사역에 포함된다. 아담이 죽
음이 임박하여 고통 받을 때, 이브와 셋은 그의 고통을 덜어주기
위해서 에덴으로부터 어떤 기름을 가져오려 한다. 그 와중에 셋은
한 짐승으로부터 공격을 받게 되고 이에 셋과 이브는 그 짐승과 말
다툼을 벌인다(10-11장). 그 짐승은 "하나님의 형상"(10:3)인 셋에
게 복종해야 했지만 이브의 죄(11:1)로 인해 더 이상 복종하지 않았
다. 하나님께서는 이것을 저주의 일면으로 설명하신다. "네가 나의
명령을 지키지 않았기 때문에 네가 지배하던 짐승들이 너에게 대
항할 것이다"(24:4). "하나님의 형상"으로서 인간은 피조물들을 다
스리고 복종시켜야 했지만 죄는 이러한 창조 질서를 거꾸로 뒤집
었다. 하지만 결국에 하나님께서는 아담에게 그가 머물던 권위의
자리로 되돌아 갈 것이라고 말씀하시며 위로하신다(39:2-3).

『아담과 이브의 생애』가 아담과 이브로 인한 세상의 부패〔썩어
짐〕와 죽음, 영광의 상실에 대해 이야기하는 것은 사실이지만, 또한

아담과 이브 및 그들의 후손들이 다시 생명을 얻게 될 것과 이들이 다시 피조물을 다스리는 위치에 서게 될 것이라는 소망의 이야기를 전하기도 전한다. 이와 마찬가지로 로마서 8장에서 우리는 어떻게 신자들이 영광으로 되돌아가는지 그리고 어떻게 피조물이 회복되는지에 대해 보게 된다(도표 12.1).

죄로 인한 썩어짐	하나님에 의한 (재)창조
영광의 상실	영광/회복된 영광
죽음	생명/부활
하나님과 분리	하나님의 임재
뒤집힌 창조 질서	진정한 창조질서

[도표 12.1: 그리스어 『아담과 이브의 생애』와 로마서에 나타난 썩어짐과 (재)창조의 양상]

로마서 8:14-39:
"피조물은 하나님의 자녀들이 나타나기를 … 기다리고 있다"

바울이 그리스어 『아담과 이브의 생애』를 읽었을 것 같지는 않지만, 그럼에도 이 문헌이 보여주는 전승들의 일부는 알고 있었을 것이다. 따라서 『아담과 이브의 생애』와 같은 제2성전기 문헌들 가운데 공통적으로 나타나는 특징인 창세기 1-3장에 대한 관심을 로마서 역시 반영한다는 점을 고려한다면 분명 바울의 주장을 더욱 깊이 이해할 수 있을 것이다. 창조라는 주제는 분명하게 보인다. 하지만 아담 이야기에 대한 반향들은 어떠한가?

로마서 8:14-39에서 바울은 신자들에게 현재가 고난의 시기라는 것을 상기시킴과 동시에 미래의 소망을 이야기한다. 바울은 생명을 주시는 성령의 존재를 설명한 후에(8:1-13) 성령을 통해 하나님께 양자된 아들, 딸들이 그들의 공동 상속자인 그리스도와 마찬가지로 계속해서 고난을 받게 될 것임을 분명하게 밝히고 있다. 그리스도는 고난 받은 아들이시지만(8:17, 32), 그 고난은 결코 헛된 것이 아니며 또한 하나님 아버지의 사랑의 부재로 인한 결과도 아니다(8:33-39). 따라서『아담과 이브의 생애』와 같이 로마서 8장은 고난과 죽음의 한복판에서 생명의 소망을 제시한다고 할 수 있다. 이러한 측면에서 8:14-39 단락은 시작된 (이미/아직) 종말론을 가리킨다고 할 수 있다. 실제로 생명과 회복은 현재 시기에도 존재한다(특히 8:1-17을 보라). 하지만 최종적인 회복(8:17-39), 즉 소망으로 표현되는 회복(8:20, 24-25)이 이뤄지기까지는 죽음과 고난이 여전히 남아있을 것이다. 바울은 그리스도께서 다시 오실 때에 하나님께서 신자들을 영화롭게 하시고(8:17-18, 21, 30) 또한 그들이 사는 피조 세계를 회복시키실 것(8:19-22)을 확신했다. 이는 곧 현재 시기의 성령의 일하심이 성취된 모습이라 할 수 있다.

불의와 죽음, 그리고 영광의 상실

이러한 바울의 논지의 절정에 해당하는 것이 로마서 8:14-39이기에 앞선 장들에서 몇 가지 핵심적인 사안들을 되새길 필요가 있다. 이전에 바울은 인간의 문제가 불의에서 비롯된 죽음과 관련되도록, 그리고 인간의 구원은 생명의 회복과 관련되도록 체계와 틀을 세운 바 있다(5:12-21; 6:23). 또한 죽음의 경험을 하나님의 영광의 상실로(1:18-32; 3:23), 그리고 생명은 그 영광으로 되돌아가는 것(2:6-11; 참조, 9:19-24)으로 체계와 틀을 세운 바 있다. 바울은 죄의 문제를 직접적으로 아담의 책임으로 돌렸다(5:12-21). 로마서 5:12와 3:23 사이의 직접적인 평행은 상당히 인상적이다. "(아담과 같이) 모든 사람이 죄를 지었기 때문에 죽음이 모든 사람에게 왔다." "모든 사람이 죄를 지었고 하나님의 영광에 미치지 못한다"(3:23). 이는 바울이 『아담과 이브의 생애』와 동일한 관점을 가지고 있었다는 것을 강하게 암시한다. 본래 아담은 영광을 경험했으나 그 영광을 잃어버렸고 그러한 영광의 상실은 필연적으로 죽음의 도래를 의미했다(참조, 1:18-32).[4]

의와 부활, 그리고 영광

로마서 8장에서 바울은 생명에 대한 소망으로서 인간 회복의 절정, 곧 몸의 부활을 묘사하고 있다. "우리는 우리를 자녀로 삼아 주실 것과 우리 몸의 속량(redemption)을 간절히 기다린다"(8:23; 참조, 8:10-11). 더불어 수많은 창조 모티프와 아담 모티프가 이 부활을 설명하기 위해 사용된다. 그것은 다름 아닌 그리스도를 통한 하나님의 영광의 회복을 의미하며, 이제 우리는 "[그리스도의] 영광에 참여"(8:17)하고 "[하나님의] 아들의 형상과 같은 모습이 되어간

---

4.   참조, Ben C. Blackwell, "Immortal Glory and the Problem of Death in Romans 3:23," *JSNT* 32 (2010): 285-308.

다." 그렇게 "하나님께서는 의롭다 하신 자들을 또한 영화롭게 하
셨다"(8:28-30).[5] 『아담과 이브의 생애』에서와 마찬가지로 여기에
서도 우리는 영광, 생명, 의, "하나님의 형상"이라는 단어가 모두
긴밀하게 연결되는 것을 볼 수 있는데, 이는 바울 역시 이 단어들
모두를 서로 관련된 모티프로 인식했음을 말해준다.

아담의 죄로 인해 인간은 "하나님의 영광"을 잃어버리게 되었
고 이로써 인간의 본성은 타락하고 하나님의 형상을 반영하는 우
리는 부패하게 되었다. 구원은 타락한 인간 본성을 축소시키지 않
는다. 몸을 남겨두고 영혼만 천국으로 올라가는 것이 아니기 때문
이다. 오히려 구원은 인간의 본성이 하나님이 본래 의도하신 대로
회복되는 것을 의미한다. 하나님께서는 신자들이 그리스도와 함께
신의 영광에 다시 참여하게 하심으로 그들을 그리스도처럼 죽은
몸으로부터 일으키신다.

재창조

동시에 이 회복은 단순히 신자들만을 위한 것이 아니다. 『아담
과 이브의 생애』처럼 바울도 죄가 인간뿐 아니라 피조물도 부패시
켰음을 지적한다. 피조물도 부패〔썩어짐〕와 좌절〔허무〕에 **굴복했다**
(8:19-22). 이것은 분명히 창세기 3:14-19에 나타난 아담의 죄 때문
에 일어난 저주를 가리키는 것으로 곧 본래의 창조질서가 뒤집혔

---

5. "썩어짐"과 "영광"이 로마서 8:21에서 어떻게 대조되는지를 주의하여 보
    라. 이는 우리가 살펴보는 로마서 단락에서 죽음과 영광의 대조를 설명해
    준다.

음을 의미한다. 아담의 죄가 인류 및 피조물에게 문제를 일으켰듯
이 그리스도의 구원 역시 단지 인간에게 뿐만 아니라 모든 피조물
에게도 회복을 가져다 줄 것이다. 이와 관련하여 C. 클리프톤 블랙
〔Clifton Black〕은 다음과 같이 말했다. "구원은 우리의 몸(*soma*)에만
한정되는 것이 아니라 창조자의 작품 **전체**에 효력을 미친다. 죽은
자들로부터 부활하심으로 확증된 그리스도의 주 되심은 바로 창조
된 모든 것들의 우주적인 갱생에 미치는 하나님의 주권으로 기능
한다."[6]

인간 피조물과 인간이 아닌 피조물은 함께 고통 받고 함께 신
음하는 가운데 공동의 회복을 기대하며 긴밀한 연대를 형성한다.
말하자면, "피조물은 하나님의 자녀들이 나타나기를 갈망하며 기
다리고 있다"(롬 8:19). 심지어 지금도 그리스도를 통하여 창조 질
서가 회복되고 있으며, 하나님의 백성들은 피조물 위에 서게 되었
다. 따라서 "모든 피조물 가운데 어떤 것도 우리를 하나님의 사랑
으로부터 끊을 수 없다"(8:39).

이와 같이 바울은 창세기의 이야기를 반영함에 있어서 단지 창
세기 자체를 반영할 뿐만 아니라 영광의 위치에 있던 아담이 타락
하여 죽음을 경험하게 되었다고 말하는 제2성전기 전승들의 창세
기 해석도 반영한다. 이제 그리스도인으서 바울은 신자들이 그리
스도의 영광에 참여하게 될 것이며 하나님의 형상으로 회복되어

---

6. C. Clifton Black, "Pauline Perspectives on Death in Romans 5-8," *JBL* 103
    (1984): 413-33, at 428.

하나님의 창조 질서에 따라 올바른 위치에 서게 될 것이라 선언한
다. 결론적으로 로마서 8:14-39 단락은 바울이 현재 시기의 고난과
부패(썩어짐)의 문제를 심각하게 다루고 있다는 것을 보여주면서도,
또 한편으로는 그가 『아담과 이브의 생애』와 그리 다르지 않은 이
야기, 곧 몸의 부활과 미래에 있을 세계의 회복 역시 진지하게 다
루고 있다는 것을 보여주기도 한다(도표 12.1을 보라).

더 읽을거리

추가적인 고대 문헌

영광의 소망을 살피는 또 다른 텍스트를 보려면 다음의 문헌들을
보라. 『요나단 타르굼 위서』: 창세기 2:25; 3:7, 『에스라4서』 7:116-
31 , 『바룩2서』 15:1-19:8; 54:13-21, 『공동체 규율』(1QS) 4:22-23,
『다마스커스 문헌』(CD) 3:19-20, 1QHa 4:14-15. 또한 이와 관련된
바울 문헌들로는 다음을 보라. 고린도전서 15:35-57, 고린도후서
3:6-5:10, 빌립보서 3:7-11.

영역본과 비평판

Johnson, M. D. "Life of Adam and Eve: A New Translation and
    Introduction." Pages 249-94 in vol. 2 of *The Old Testament
    Pseudepigrapha*. Edited by James H. Charlesworth. Garden City,
    NY: Doubleday, 1985.

Levison, John R. Texts in Transition: The Greek Life of Adam and Eve. SBLEJL 16. Atlanta: Society of Biblical Literature, 2000.

Miller, David M., and Ian W. Scott, eds. "Life of Adam and Eve." Edition 1.1. In *The Online Critical Pseudepigrapha*. Edited by Ian W. Scott, Ken M. Penner, and David M. Miller. Atlanta: Society of Biblical Literature, 2006. Online: http://ocp.stfx.ca/.

Tromp, Johannes. *The Life of Adam and Eve in Greek: A Critical Edition*. PVTG 6. Leiden: Brill, 2005.

이차문헌

Blackwell, Ben C. "Immortal Glory and the Problem of Death in Romans 3:23." *JSNT* 32 (2010): 285-308.

──────. *Christosis: Pauline Soteriology in Light of Deification in Irenaeus and Cyril of Alexandria*. WUNT 2.314. Tübingen: MohrSiebeck, 2011.

Hahne, Harry Alan. *The Corruption and Redemption of Creation: Nature in Romans 8.9-22 and Jewish Apocalyptic Literature*. LNTS 336. London: T&T Clark, 2006.

Levison, John R. "Adam and Eve in Romans 1.18-25 and the Greek *Life of Adam and Eve*." *NTS* 50 (2004): 519-34.

Sprinkle, Preston. "The Afterlife in Romans: Understanding Paul's Glory Motif in Light of the *Apocalypse of Moses and 2 Baruch*." Pages 201-33 in *Lebendige Hoffnung—ewiger Tod?!* Edited by

Michael Labahn and Manfred Lang. Leipzig: Evangelische Verlagsanstalt, 2007.

제13장
알렉산드리아 필론과 로마서 9:1-29
은혜와 자비, 그리고 이유

오리 맥파랜드(Orrey McFarland)

로마서 9장은 슬픔을 표현하며 시작된다. 바울은 복음을 믿지 않는 자신의 동료 유대인들을 위해서라면 자신이 "저주를 받아 그리스도에게서 끊어질 수도 있다"고 선언한다(롬 9:3). 이처럼 동료 유대인들의 불신앙은 바울을 괴롭게 했다. 유대인들은 본래 하나님의 축복을 받아야 하는 자들이었기 때문이다. 바울이 설명하듯이, 그들은 "이스라엘 백성이다. 따라서 자녀로 삼아주심은 그들의 것이었으며 신의 영광도, 언약과 약속들도, 율법을 받는 것도, 성전에서의 예배도 모두 그들의 것이었다. 또한 그들은 이스라엘 족장들의 후손이며 메시아의 인간적인 계보도 그들로부터 나온다" (9:4-5). 그러나 이러한 신적 특권들에도 불구하고 많은 유대인들이 복음을 거부했다. 이와 같은 상황은 약속에 대한 하나님의 신실하심에 관하여 무엇을 말해주는가?

로마서 9장에서 바울은 지금 유대인들의 불신앙이 하나님의 약속의 실패를 의미하는 것이 아님을 보여주려 한다(9:6). 이 점을 확실히 하기 위하여 바울은 역설적인 주장을 펼친다. "이스라엘에서 난 자들이 다 이스라엘은 아니다"(9:6). 이러한 구별은 바울로 하여금 약속을 받은 유대인들과 ("이스라엘에서 난" 자들임에도 불구하고) 약속을 받지 못한 유대인들의 차이에 대한 설명을 요구한다. 바울은 계속해서 이스라엘에게 하신 하나님의 약속의 불변함을 보여주고자 구약성경의 초기 역사 부분을 다룬다. 더 나아가 바울은 어떤 이들은 축복하고 또 어떤 이들은 축복하지 않는 하나님의 결정들이 완전히 정의롭다는 것을 보여주고자 했다. 하나님의 선택의 이유와 관련하여서는 다음과 같은 결론이 뒤따른다. "하나님께서 불의하시냐? 결코 그럴 수 없다!"(9:14). 하나님의 선택과 정의에 관한 바울의 이해에 있어서 근본적인 토대가 되는 것은 무엇인가? 하나님의 의와 선택 사이의 관계에 대한 바울의 독특한 견해는 제2성전기에 가장 다작했던 유대 작가들 중 하나인 알렉산드리아의 필론과의 비교를 통해 더 분명하게 밝혀낼 수 있다. 앞으로 살펴보겠지만, 로마서 9장에서 바울은 하나님의 신실하신 성품에 관한 대화와 이와 관련된 두 가지 질문('하나님의 은혜는 누구를 향하는가?' '왜 어떤 이들에게는 은혜를 주시고, 어떤 이들에게는 주시지 않는가')을 중심으로 하는 대화에 적극적으로 참여한다.

알렉산드리아 필론:
"두 본성은 만들어졌다 … 하나님에 의해서"

필론은 부유한 가정에서 태어났고, 유대인의 성경과 그리스 철학에 대해서 수준 높은 교육을 받았다. 또한 그는 유대 공동체의 신실한 구성원으로서 다른 사람들이 성경을 이해하고 지키며 사는 것을 돕기 위하여 글을 썼다. 필론의 작품들 중 대다수는 토라를 알레고리적으로 해석하는 데에 집중하고 있다. 필론은 성경의 표면적인 의미를 꿰뚫고 단어들과 문구들, 인물들의 **상징**을 찾는 방식으로 진리를 추구했다. 필론이 보기에 토라는 철학과 직접적으로 연결되는 것 같지 않았고, 또한 성경의 많은 이야기들이 하나님을 적절한 방식으로 묘사하는 것 같지도 않았다. 하지만 철학적으로 능숙했던 필론은 알레고리를 통하여 성경의 의미가 지닌 깊이를 발견해 나갔다, 이로써 하나님의 행위들은 적절한 것이 되었고, 우주는 질서정연하게 되었으며, 역사적인 인물들은 곧 인간의 본성과 덕에 관한 철학적인 진리들을 가리키는 것이 되었다.

본성에 근거한 축복들

필론은 자신의 작품들 중 하나—창세기에 대한 알레고리적 해석(『율법에 대한 알레고리적 해석』) 중 세 번째 책—에서 창세기 3:8-19를 해석하면서 바울이 로마서 9장에서 던졌던 신학적인 질문, 즉 '어떠한 이유로 누군가는 복을 받고 누군가는 받지 못하는가'와 같은 질문들을 던진다. 하지만 필론은 바울과는 상당히 다른 결론에 도달했다. 필론은 성경 본문이 뚜렷한 이유 없이 사람들에게 복이나 혹은 저주를 주시는 하나님을 묘사하는 것에 대하여 상당히 불편함을 느끼곤 했다. 이를테면, "눈에 띄는 어떠한 이유도 없이 엘[유다의 아들]을 죽이시는" 하나님께 이의를 제기하기도 했고(『율법에 대한 알레고리적 해석』 3.69; 참조, 창 38:7), 창세기 3장 속에 하나님께서 이브에게는 허락하셨던 자기변호의 기회를 뱀에게는 허락하지 않으시는 모습을 기이하게 느끼기도 했다(3.65-68). 하지만 필론에게 하나님의 행위들은 결코 비합리적이거나 불가해한 것일 수 없었다. 따라서 필론은 이처럼 근거 없는 심판들에 관하여 다음과 같은 독창적인 해결책을 제시했다. 즉 "하나님은 영혼 안에 본성들을 만드셨는데, 어떤 본성들은 그 **자체로** 결점이 있어 비난 받을 만하며" 또 어떤 본성들은 "훌륭하여 칭찬받을 만하다"(3.75, 고딕체 첨가)는 것이었다. 그러므로 하나님께로부터 받는 축복과 저주는 사람의 명백한 **행위** 때문이라기보다는 사람의 본성상 타고난 선함과 악함 때문이라는 것이다. "하나님께서 어떤 이유들을 [주지] 않으시고 [뱀]과 [엘]을 미워하셨다. 또한 그분은 분명한 이유를 밝히지 않으시고 훌륭한 본성들을 높이셨다"(3.77).

이름을 통해 계시된 본성들

그렇다면 사람의 본성은 어떻게 계시되는가? 필론에게 있어서 하나님께서는 이해할 수 없는 이유로 사람들에게 복을 주시거나 저주를 내리실 수 없기 때문에 그는 본문에서 사람의 이름을 통해서만 알아차릴 수 있는 근거, 곧 신의 축복과 저주에 대한 근거를 찾았다. 필론에게 있어서 모든 언급되지 않은 행위 뒤에는 이름이 있고, 그 이름 뒤에는 본성—비판받을 만한 본성이든, 칭찬받을 만한 본성이든 간에—이 있는데, 이는 곧 복이나 저주를 결정하시는 하나님께 정당성을 부여한다(도표 13.1을 보라).

행위가 언급되지 않고 등장하는 성경의 인물	이름	본성	하나님의 행위의 정당성

[도표 13.1: 창세기에 나타난 하나님의 행위들에 관한 필론의 알레고리적 해석]

노아

예를 들어, 노아에 대한 논의에서 필론은 어떻게 "노아가 주 하나님 앞에서 은혜를 입었는지" 살핀다(3.77, 창 6;8). 하지만 노아가 보여준 어떠한 행위도 하나님께서 노아를 축복하신 것을 정당화할 만한 이유가 되지 못한다. 이에 필론은 노아가 받은 은혜는 그의 이름을 통해서 계시된 것과 같이 칭찬을 받을 만한 본성을 가진 덕분이라고 정당화한다. 필론은 다음과 같이 설명한다. 만약 "우리가 아는 한 노아는 어떤 선한 일도 하지 않았음에도 불구하고, 주 하나님 앞에서 은혜를 입었다고 [모세에 의해] 기록된 이유를 묻는다면, 노아라는 이름은 '안식'과 '의'를 의미하기에 태어나면서부터 칭찬받을 만한 본성을 가졌다는 것이 입증되었다고 대답해야 한다"(3.77).

아브람

필론은 하나님께서 아브람을 축복하신 것에 대해서도 비슷한 이유를 찾아낸다. 창세기 12장에서 아브람은 하나님의 부르심을 받을 만한 어떠한 자격도 없음에도 불구하고 필론은 이 족장의 이름에서 하나님의 행위를 이해할 열쇠를 찾아낸다. 필론은 "'아브람'이라는 이름이 '높이 솟은 아버지'라는 의미이기에 하나님께서는 그를 열심을 낼만한 형상으로 만드셨다"(3.83)고 추론했다. 필론은 또한 다음과 같이 추론했다. 영혼에게는 길을 안내하는 아버지가 위협하는 주인보다 더 낫다. 그리고 신의 일들을 생각하며 솟아 오르는 것이 죽어버릴 것들에 대하여 생각하는 것보다 더 낫다. 이와 같이 아브람의 이름이 가진 두 의미 모두는 "칭찬받을 만하며"(3.84) 모두 그의 본성을 반영한다.

이삭과 이스마엘

이처럼 필론은 인물의 이름에 의존하여 하나님께서 어떠한 이유로 그들을 축복하셨는지 설명한다. 그렇다면 필론은 이삭, 이스마엘, 야곱, 에서와 같은 자들이 덕스럽거나, 덕스럽지 못한 일을 하기도 전에, 다시 말해 태어나기도 전에 이미 운명이 선언되고 하나님의 복이나 저주를 받게 되는 것에 대해서는 어떻게 설명할까? 이에 대해 필론은 자신의 논리를 더욱 더 밀어붙인다. "그러나 심지어 태어나기도 전에 하나님께서는 어떤 사람들을 만드시고, 호의를 베푸시며, 그들이 훌륭한 부분을 갖도록 결정하신다"(3.85). 필론이 생각하는 하나님은 임의대로 복이나 저주를 줄 수 없는 하나님이시다. 그렇기에 필론은 심지어 태어나기도 전인 사람에게서 하나님의 행위에 대한 근거를 찾아내야 했다. 이를테면 이삭은 태어나기도 전에 하나님의 호의를 입었는데, 하나님께서는 그에 대하여 아브라함에게 다음과 같이 약속하신 바 있다. "네 아내 사라가 네게 아들을 낳을 것이니 너는 그의 이름을 이삭이라 하라. 내가 그와 내 언약을 세우리니 이는 영원한 언약이 될 것이다"(3.85, 창 17:19). 필론은 이에 따른 필연적인 질문을 던진다. "그렇다면 과연 무엇이 태어나기도 전인 이 사람을 칭찬 받도록 만들었는가?"(3.86). 필론은 "그들이 태어났을 때뿐 아니라 태어날 것이라 예언될 때조차도"(3.86, 고딕체 첨가) 구별을 시도한다. 이삭은 후자의 사례라 할 수 있다. "현재 뿐 아니라 미래를 소망할 때에도 기쁨〔이삭의 이름의 뜻〕은 영혼을 환희로 넘치게 하기 때문이다. 하나님께서는 이삭이 태어나기도 전에 그의 이름에 걸맞게 그를 큰 선물로 여기셨다. 이삭의 이름이 '영혼의 웃음', '기쁨', '즐거움'을 의미하기 때문이다"(3.87, 고딕체 첨가). 따라서 이삭의 이름은 심지어 그가 태어나기 전부터 이미 하나님의 축복을 받을 자격이 있음을 나타낸다.

야곱과 에서

필론은 에서가 아닌 야곱을 선택하신 하나님을 또 다른 측면에서도 설명한다. 이는 곧 하나님의 미리 아심에 근거한 선택이다. 필론은 다음과 같이 설명한다. "살아있는 것들의 창조주이신 하나님께서 자신의 손으로 만든 작품들을 잘 아시며, **심지어 그들을 완전히 조각하시기 전에도** 그들의 능력들 … 그리고 그들의 행위들과 격정들〔passions〕 모두를 잘 아신다"(3.88, 고딕체 첨가). 필론에 따르면 처음에 악은 "이성〔reason〕을 노예삼아" 비합리적인 삶과 토대로 이 끄는 데 반해, "덕은 그 작은 미풍 하나라도 지위와 권위를 가리킨 다"(3.89). 그러므로 에서가 장자였음에도 불구하고 이삭이 정당한 상속자가 된다. "더 나이든 자가 더 어린 자를 섬길 것이다"(3.88, 창 25:23)라는 하나님의 결정은 이 쌍둥이가 앞으로 어떻게 각자의 삶을 살 것인지에 대한 하나님의 미리 아심에 근거한 것이다.

필론에 따르면 "하나님에 의해 완전하게 창조되고, 만들어지 고, 조각된 두 본성"이 있다. 한 본성은 비난을 받을 만하고, 다른 한 본성을 칭찬을 받을 만하다(3.104). 이러한 구별은 성경 본문이 말하지 않고 남겨둔 것을 분명하게 밝혀주며, 또한 필론에게 있어 하나님의 행위의 정당성을 밝혀준다. 필론은 결정론—하나님께서 만드신 본성과 한 사람의 궁극적인 운명을 연결시키는 것—에는 관 심이 없었지만 이 본성들이 복이나 저주를 주시는 하나님의 행위 와 어떠한 관련이 있는지를 설명하는 데에는 관심이 있었다. 따라 서 한 분이신 참 하나님은 논리적인 분으로서 현명하게 행동하신 다—필론에게 있어서 하나님의 행위들은 모두 이치에 들어맞는다.

인물의 이름	이름의 의미	하나님의 행위
뱀	기쁨	정죄하심
이브	감각 인식 (sense perception)	변호를 허용하심
노아	안식, 혹은 의	은혜(favor)를 주심
아브람	높이 솟은 아버지	부르시고 축복함
이삭	즐거움	언약을 세우심
야곱과 에서	-	예지에 근거하여 선택하심

[도표 13.2: 필론이 알레고리화한 창세기에 나타난 이름들]

로마서 9:1-29:
"내가 자비를 베풀 사람에게 자비를 베풀고"

로마서 9장에서 바울은 "하나님의 말씀"(약속)이 "실패"하지 않았다(롬 9:6)고 단언한다. 바울은 선택받은 사람들은 언제나 이 약속을 통해 구성되어 왔다는 것을 증명하기 위하여 성경 역사를 토대로 하나님의 선택 행위를 추적해 나간다. 바울 역시 필론이 언급한 족장들 중 일부를 분석한다. 하지만 바울은 필론이 창세기 이야기를 통해 고집했던 주장들, 합리적인 설명들을 해체시킨다. 실제로 바울은 필론과는 달리 특정한 인물들을 칭송받을 만하게 만드는 어떠한 특성도 인정하지 않았다. 대신 바울은 하나님의 약속을 받는 것은 전적으로 하나님의 자비로운 선택에 근거하는 것이라 결론 내린다.

이삭과 이스마엘

하나님의 신실하심에 대한 바울의 변호는 "이스라엘에서 난 자들이 다 이스라엘이 아니다"(9:6)라는 명백한 모순으로 시작된다. 이것은 약속을 받는 것이 전적으로 민족에 달린 것이 아님을 말해 준다. 바울에 따르면 아브라함의 가족은 하나님의 선택으로 구성된다. 바울은 이것이 처음부터 하나님께서는 일하신 방식임을 보여준다. "이삭에게서 난 자라야 네 자손으로 인정될 것이다(9:7, 창 21:12). 바울의 요점은 심지어 첫 세대에서도 하나님께서 아브라함의 장자인 이스마엘의 혈통보다는 오히려 이삭의 혈통을 통해서 당신의 언약과 약속들을 성취하기로 결정하셨다는 것이다. 바울은 다음과 같이 설명한다. "**육신의 혈통**에 의한 자녀가 하나님의 자녀가 아니라, **약속**의 자녀가 아브라함의 자손으로 여겨진다. '정해진 때에 내가 다시 돌아오리니 사라에게 아들이 있을 것이다.' 이것이 곧 약속의 말씀이다"(9:8-9, 창 18:14). 바울에 따르면 이삭이 약속의 자녀인 것은 그의 "육신의 혈통"(민족성/생득권) 때문도 아니고, 심지어 (필론이 주장했듯이) 칭송받을 만한 그의 본성 때문도 아니다. 이는 오직 하나님께서 아브라함에게 하신 약속, 곧 상속자를 낳는 것은 하갈이 아닌 사라라는 약속 때문이다(롬 9:9; 참조, 4:18-21, 갈 4:22-23).[1]

야곱과 에서

바울은 하나님께서 야곱을 선택하신 것에 대해서도 비슷한 이유를 든다. 하나님께서는 쌍둥이 형 에서를 두고도 야곱을 선택하셨는데, 이는 그들이 **태어나기도 전**에 결정된 것이다. 따라서 하나님의 선택은 그들이 "어떤 선이나 악을 행하기도" 전에 일어난 것이다(9:11). 이처럼 선택은 "행위에 근거한 것이 아니라, 부르시는 분에게" 달려있다(9:12). 그러므로 야곱의 선택은 (필론이 말하는 것처럼) 그의 미래의 행위에 근거한 것이 아니며, 오직 "더 나이든 자가 더 어린 자를 섬길 것이다"(9:12, 창 25:23), 그리고 "내가 야곱

---

1. 또한 바울은 경건하지 않은 자가 의롭다 함을 얻는 것을 언급하면서, 아브라함이 자격이 없음을 강조한다(롬 4:5).

은 사랑하나 에서는 미워하였다"(9:13, 말 1:2)라고 선언하시고 "부르시는" 분, 곧 하나님의 결정에 달린 것이다. 이에 따라 행위나 생득권에 근거한 어떠한 가능성도 싹이 잘려버린다.

이방인들

예상에 반하게 야곱을 선택하신 것은 또한 이방인들을 부르시는 하나님을 설명하는 데 도움이 된다. 바울은 이스라엘 밖에 있는 자들(9:24)에게도 약속을 주시는 하나님의 자기 결정을 보여주고자 호세아의 말씀을 인용하여 이방인들에게 적용하는 작업을 시도한다. "내가 내 백성이 아닌 자를 '내 백성'이라 부를 것이며, 내가 사랑하지 아니한 자를 '내가 사랑한 자'라 부를 것이다"(9:25, 호 2:23). 이방인들은 처음부터 배제되고("내 백성이 아닌 자들") 본래부터 자격이 없었지만("내가 사랑하지 아니한 자"), 이제는 하나님께로부터 **부르심을 받고 사랑**을 받는다. 이제 하나님께서는 "너는 내 백성이라"(호 2:23)고 선언하시며, "그들은 '살아계신 하나님의 자녀들'이라 불릴 것이다"(9:26, 호 1:10)라고 약속하신다. 따라서 하나님의 선택에 담긴 자비로 인하여 이제 유대인들과 이방인들 모두가 하나님의 백성이 된다. 바울에 따르면 이스라엘의 초기 역사(9:6-18)에서도 나타난 바 있는 이 자비, 하나님의 일하심 속에 드러난 이 불가해한 자비는 현재에도 여전히 효력을 미치고 있다(9:24-33; 11:1-6).

자비에 근거한 선택

필론이 창세기 안에서 찾았던 논리, 다시 말해 인물의 이름, 본성, 혹은 미래에 할 행동에 근거하여 하나님의 행위에 대한 논리를 찾았던 지점에서 바울은 어떠한 논리도 발견하지 못했다. 바울에게는 덕스러운 행위도, 육신의 혈통도, 사회적인 지위도, 하나님의 은혜와 자비를 결정하는 요인이 되지 못한다. 필론에게 있어서 하나님은 임의대로 자비를 베풀 수 없는 분이지만, 바울에게 있어서는 그분의 자비가 임의대로인 것처럼 보인다. 하나님의 자비는 인간에게서는 어떠한 참고 기준도 찾을 수 없는 가운데 나타나기 때문이다. 물론 바울은 자신의 논지가 하나님을 변덕스러운 분으로 보이게 만들 수도 있음을 알고 있었다. 그렇기 때문에 그는 "그러면 우리가 무슨 말을 하겠는가? 하나님께서 불의하시냐?"(9:14)라고 물었던 것이다. 물론 바울은 "그럴 수 없다!"(9:14)라고 단호하게 대답한다. 바울은 자신의 주장의 근거를 황금 송아지 사건 이후에 하나님께서 모세에게 선언하신 말씀에서 찾는다. "내가 자비를 베풀 사람에게 자비를 베풀고 내가 동정을 베풀 사람에게 동정을 베풀 것이다"(9:15, 출 33:19). 하나님의 자비는 오직 하나님의 뜻에 따라 나타나며(9:16-18), 어느 누구도 창조주의 결정에 토를 달 권리는 없다(9:19-23). 게다가 하나님께서는 변덕스럽지도 않으시며 불의하지도 않으시다. 하나님의 자비에 대한 바울의 이해는 악인들을 위하여 죽으시고 부활하신 그리스도에 대한 이해에 기초를 두고 있다(3:21-26; 5:6-8; 10:1-17). 하나님께서는 죄인들(선물을 받을 자격이 없는 자들)에게 예수 그리스도를 보내주심으로써 아브라함에게 그리고 이스라엘에게 하신 당신의 약속을 성취하셨다. 이 사건은 약속에 신실하신 하나님이 이끄는 역사〔history〕에 대한 이해를 변화시켰다. 그리고 이 사건은 또한 하나님의 자비가 누구를 향하고 있는지, 어떠한 이유로 향하는지에 대한 바울과 필론 사이의 견해 차이를 만들어 내었다.

바울과 필론이 유사한 등장인물들을 사용하면서 제기하는 의문들은 이내 하나님의 너그러우심에 대한 서로 다른 이해와 마주치게 된다. 이때의 물음은 하나님께서 **어떠한 이유로** 은혜로우신가이지, 은혜로우신가 아닌가의 여부가 아니다. 바울의 설명이 필론에게는 불안정한 것으로 느껴질 수도 있다. 왜냐하면 필론에게 있어서 우주는 합리적이고 이치에 맞는 방식으로 일하시는 하나님에게 의존하고 있기 때문이다. 하지만 바울에게 있어서 하나님의 자비로운 선택은 오직 자비를 베푸는 하나님의 뜻과 의지에 달려 있기 때문에 논리적으로는 설명이 불가능하다. 하나님의 은혜에 대한 이와 같은 이해는 하나님의 다민족적인 교회 설립의 토대가 될 뿐 아니라 이스라엘 안에 나타난 하나님의 자비로운 선택이라는 실타래를 풀어내는 열쇠가 되기도 한다.

더 읽을거리

추가적인 고대 문헌

다음을 보라.『솔로몬의 지혜』11장, 필론 위서인『성경 고대사』,

『감사찬송』(1QH), 「에녹의 편지」(『에녹1서』 92:1-5; 93:11-105:2).
바울 문헌으로는 로마서 3-5장, 고린도후서 5-6장, 갈라디아서 2장
을 보라.

영역본과 비평판

Philo. Translated by F. H. Colson et al. LCL. 12 vols. Cambridge,
MA: Harvard University Press, 1929-1962.

이차문헌

Barclay, John M. G., and Simon J. Gathercole, eds. *Divine and Human Agency in Paul and His Cultural Environment*. LNTS 335. London: T&T Clark, 2006.

Barclay, John M. G. "Grace Within and Beyond Reason: Philo and Paul in Dialogue." Pages 9-21 in *Paul, Grace and Freedom: Essays in Honour of John K. Riches*. Edited by P. Middleton et al. London: T&T Clark, 2009.

Gaventa, Beverly R. "On the Calling-Into-Being of Israel: Romans 9:6-29." Pages 255-69 in *Between Gospel and Election: Explorations in the Interpretation of Romans 9-11*. WUNT 257. Edited by F. Wilk and J. R. Wagner. Tübingen: MohrSiebeck, 2010.

Harrison, James R. *Paul's Language of Grace in Its Graeco-Roman Context*. WUNT 2.172. Tübingen: MohrSiebeck, 2003.

Kamesar, Adam, ed. *The Cambridge Companion to Philo*. Cambridge:

Cambridge University Press, 2009.

Sandmel, Samuel. *Philo of Alexandria: An Introduction*. Oxford: Oxford University Press, 1979.

제14장
알렉산드리아 필론과 로마서 9:30-10:21 명령 그리고 선한 삶을 위한 탐구

데이비드 린시컴(David Lincicum)

로마서 9-11장에서 바울은 복음을 믿지 않는 유대인들의 문제와 이에 따른 이방인 그리스도인들의 자만을 언급한다. 특히 로마서 9장에서 바울은 그러한 상황에 대하여 처음으로 비통함을 표현하고, 동족들이 하나님께로부터 받은 특권들을 강조한다(롬 9:1-5). 이후에 바울은 하나의 일관된 논지를 발전시켜 나간다. 곧, 이스라엘의 역사 안에는 항상 선택의 과정이 있었다는 점, 그리고 어떤 이들이 믿지 않았다는 사실은 "하나님의 말씀의 실패"를 가리키는 것이 아니라 오히려 하나님의 선택에 담긴 목적들과 완전한 조화를 이룬다는 점이다(9:6-29). 게다가 하나님의 선택의 목적들은 놀라운 방식으로 이방인들에게까지 확장되었다. 그렇지만 어떻게 하나님의 선택받은 백성이었던 이스라엘은 그 일부만 믿음을 갖게 되고, 반대로 언약에 대한 어떠한 권리도 없었던 이방인들은 하나님의 백성에 포함될 수 있는가? 로마서 9:30-10:21에서 바울은 초기의 논지를 발전시켜 이 상황을 더욱 자세히 설명한다.

바울의 논지는 단순히 하나님께서 이스라엘을 완악하게 하셨기 때문만이 아니라 이스라엘이 잘못된 방식으로 의를 추구했기 때문에 자신들이 기다려왔던 메시아를 이해하는 데 실패했다는 점도 포함하고 있다. 율법은 바울의 동료 유대인들이 메시아 예수를 믿도록 인도해야 했다. 하지만 바울은 유대인들이 잘못된 방식으로 율법에 접근했기에 결국 그러한 목적에 도달하는데 실패했다고 단언한다. 마찬가지로 이방인들이 언약 공동체의 의에 들어가게 된 것은 대부분의 유대인들이 메시아 안에 있는 율법의 목적을 인식하는데 실패했다는 것과 밀접한 (그리고 뜻밖에도) 관계가 있다 (9:30-10:4). 바울이 계속해서 언급하듯이, 이스라엘이 찾는 데에 실패하고 이방인들은 의도치 않게 찾게 된 이 "의"는 이제 메시아를 믿는 믿음에 근거하여 차별 없이 누구에게나 주어질 수 있는 것이 되었다(10:5-13). 더불어 바울이 로마서 9:6-29에서 장황하게 묘사하고 있는 하나님의 선택은 이스라엘의 불신앙에 대한 핑계로 사용될 수 없다. 왜냐하면 사자들이 이미 이스라엘이 충분히 이해할 수 있는 복음의 메시지를 전한 바 있기 때문이다. 이로써 이스라엘은 어떠한 핑계도 댈 수 없게 된다(10:14-21).

이 단락에서 곧바로 파악하기 힘든 가장 당황스러운 요소는 아마도 바울이 10:5-8에서 두 종류의 의 곧 "율법에 근거한 의"와 "믿음에 근거한 의"를 명백히 대조시킨다는 점일 것이다. 바울은 "율법에 근거한 의"를 지지하기 위해서 레위기 18:5을 인용하는데,

이와는 달리 "믿음에 근거한 의"는 인격화되어 신명기 30:11-14을 연상시키는 말씀을 전달한다. 하지만 이 신명기 인용은 본래의 칠십인역 번역과는 차이가 있으며, 이것이 궁극적으로는 매우 흥미로운 방식으로 사용되고 있다. 알렉산드리아 필론과의 비교가 이러한 점을 더 분명하게 밝혀줄 것이다.

알렉산드리아 필론: "칭송받을 만하며 완전한 삶"

우리는 1세기 알렉산드리아 출신 필론을 이미 만난 바 있다. 모세오경에 대하여 방대한 글을 쓴 주석가이자 유대 철학자였던 그는, 자신이 매혹된 플라톤 철학의 전통과 자신의 해석학적 관심을 결합시키고자 했다. 필론의 방대한 작품들은 성경적인 신앙과 철학적인 사고를 조화시키고자 그가 지적으로 끊임없이 노력했다는 것을 보여준다는 점에서도 주목할 만하다. 그 조화를 이루어내기 위해서 필론은 알레고리적 읽기 전략을 활용하는데 망설임이 없었고, 여러 세대의 학자들은 이 선택을 두고 필론을 칭송하거나 비난해왔다. 그러나 최근 학계는 필론의 유대인으로서의 정체성에 더 큰 강조점을 두고 있으며, 필론의 주장을 이스라엘 토라 해석가로서 더욱 진지하게 받아들이고 있다.

흥미롭게도 필론이 신명기 30:11-14를 사용하는 방식은 로마서 10:6-8에서 나타난 동일한 신명기 본문에 대해 더 잘 파악할 수 있게 해준다. 필론은 자신의 작품들 속에서 신명기 30:11-14를 여러 번 패러프레이즈 하여 사용했다. 예를 들면, 일부 철학적인 덕목들에 대해 성경적인 증거를 찾기 위해 묵상한 『미덕들에 대하여』라는 논고에서 필론은 신명기 30:14를 사용하여 세 가지 회개 방식—생각, 의지(뜻), 행위—을 언급하는데, 이는 칠십인역에 나타나는 마음과 입, 손과 대응된다. 여기서 잠시 멈춰서, 신명기 30:14에 대한 필론의 해석을 더 상세하게 살펴보도록 하겠다.

> 확실히 [모세]는 또한 회개를 위한 매우 훌륭한 가르침을 준 바 있다. 그것을 통해 우리는 조화를 이루지 못하는 삶의 방식에서, 더 개선되고 나은 삶의 방식으로 옮겨가는 법을 배운다. 모세는 이렇게 말한다. 이것(명령)은 엄청나게 대단한 것이 아니며 또한 너무 멀리 있는 것도 아니다. 저 높은 곳에 있는 것도 아니며 땅 끝에 있는 것도 아니다. 또한 거대한 바다 밖에 있는 것도 아니니 우리가 그것을 얻을 수 없는 것이 아니다. 그것은 매우 가까이에 있으며, 우리 자신의 입, 마음, 손, 이렇게 세 부분에 걸쳐 있다. 각각은 말씀, 의지, 행위를 표상한다. "입"은 말씀을, "마음"은 의지를, "손"은 행위를 표상하며, 이 모든 것이 행복과 연관된다. 생각이 말씀과 연합하고, 의지가 행위와 연합할 때마다, 그 삶은 완전해지며 칭송받을 만하게 된다. 그러나 이것들이 서로 조화를 이루지 못하면, 그 삶은 불완전해지고 비난받을 만하게 된다. 누구든 이 조화로움을 잊지 않는다면, 하나님을 사랑하고, 하나님께 사랑받으며, 하나님을 기쁘시게 할 것이다. (『미덕들에 대하여』 183-184).

전인적인 율법 수용

여기서 필론은 신명기를 반영하며 자신의 설명을 이어가고 있다. 그리스어 번역판 신명기는 이 명령이 과한 것이 아니며 멀리 떨어져 있지도 않다고 말하면서, "이 말씀이 네게 매우 가까워서, 네 입에 있고 네 마음과 네 손에 있은즉, 네가 그것을 행할 수 있다"(신 30:14 LXX)고 언급한다. 여기서 필론은 자연스럽게 다음과 같은 질문을 던진다. 왜 여기에 삼중으로 된 회개가 있는가? 몸의 각 부분—입, 마음, 손—을 하나씩 더해가는 것이 단지 수사학적인 장식이라고 보아야 하는 것인가? 아니면 이 요소들이 각기 다른 중요한 무언가를 표상하는 것인가? 이러한 질문들에 관하여 필론은 또한 매력적인 답변을 제시한다. 이 성경 본문은 말씀과 의지, 행위 안에서 이루어지는 **전인적인 율법 수용**을 말하고 있다는 것이다. 필론은 또한 이것이 바로 "생각이 말씀과 연합하고 의지가 행위와 연합한" 상황을 가리킨다고 주장한다. [필론에 따르면] 율법을 지키는 것은 단순히 표면적으로[external] 준수하는 차원이 아니라, 내적인 갈등에서 해방되어 각 개인이 완전한 상태에 이르는 차원의 문제이다. 따라서 참된 율법 준수는 말이 생각을 분명하게 반영하고 또한 행동이 바라고 뜻하는 바와 일치를 이루는 것이라 할 수 있다. 이 **총체적인 준수**가 바로 선한 삶으로 이어지는 길이다.

율법준수의 유익들

따라서 신명기 30:11-14의 전체적인 주제는 (1) 율법을 지키는 것이 어렵지 않다는 점—필론이 그것은 "엄청나게 대단한 것이 아니며, 또한 너무 멀리 있는 것도 아니다"라고 말한 것과 같이—뿐 아니라 (2) 하나님의 명령을 준수할 때에 따르는 유익들을 강조하는 데에 있다. 필론에게 있어서 율법을 행하는 것은 분명 유익이 있다. 하나님께 순종하는 것은 사람을 내적인 갈등에서 벗어나 행복과 평화로 가득 찬, 건강하고 균형 잡힌 삶으로 인도하기 때문이다. 더 넓은 맥락에서(『미덕들에 대하여』 175-187), 필론은 신명기 27-28장의 저주와 축복의 목록으로부터 건강한 몸, 여행의 안전과 같은 유익들을 가져와 언급하기도 한다. 이러한 점들을 표현하기 위해 필론이 사용한 용어의 일부가 철학적인 방향으로 변형된 것처럼 보인다 하더라도, 그렇다고 그의 기본 요점이 불분명 해지는 것은 아니다.

누군가는 필론이 이 신명기 구절들에 대해 상당히 직접적으로 패러프레이즈를 하는 것 같다고 말할 수도 있겠다. 필론은 알레고리에 대한 관심으로 유명하지만, 여기서는 그러한 관심이 명확히 드러나지 않는다. 적어도 알레고리적인 요소들이 신명기 30:11-14의 기본적인 메시지를 왜곡하는 것처럼 보이지는 않는다. 필론은 사람들이 하나님의 명령에 준수하도록 설득하기 위해서 신명기 구절들을 주의 깊게 살핀다. 또한 그러한 준수가 실제로 가능하다는 것과 그것이 상당히 유익하다는 것을 강조하고자 신명기를 사용한다. 필론은 하나님과 인간이 서로 맞대응하는 방식, 다시 말해 마치 상업적으로 서로 필요한 물건을 교환하는 듯한 율법주의와는 거리가 멀다. 오히려 "명령"이란 용어의 사용을 가급적 피하면서까지 신명기를 패러프레이즈 하여 인간 편에서 최고의 이익, 즉 "행복"

과 내적 평화에 이르는 방법으로서의 율법 준수를 제시한다. 이러한 측면에서 필론은 율법 준수를 촉구하는 기능을 하는 신명기 30:11-14의 본래 문맥을 따른다고 할 수 있다. 심지어 그가 율법 준수의 유익들을 하나하나 열거하기 위해 철학적인 어휘를 사용함에도 불구하고, 그의 기본적인 해석은 본래 신명기의 문맥과도 어느 정도 일치하는 것으로 보인다.

로마서 9:30-10:21:
"말씀이 네게 가까워"

이에 반해 로마서 10:6-8에서 볼 수 있는 신명기 30:12-14 해석은 더욱 더 간접적이다. 바울은 신명기를 인용하면서 세 가지 중요한 해석(학)적 판단들을 내리는데, 이 판단들은 그가 신명기 본문을 설명하는 가운데 잘 드러난다.

자기 의존 단념시키기

첫째로 바울은 신명기 8:17 혹은 9:4(비슷한 배경에서 동일한 표현이 나타난다)로부터 "네 마음에 … 말하지 말라"는 표현을 가져온다. 신명기 8장과 9장 모두에서 이스라엘은 약속의 땅으로 들어간 이후에 자만하지 말라는 경고를 받는다. 또한 마음에 "내 능력과 내 손의 힘으로 나를 위한 이 재물을 얻었다"(신 8:17) 혹은 "내 공의로움 때문에 … 주께서 나를 여기로 인도하셨다"(신 9:4)

라고 말하지 말라는 경고를 받는다. 이처럼 바울은 자기 의존에 대한 반대에 강조점을 두는데, 이러한 렌즈로 바울의 신명기 30:12-14 해석을 살펴볼 수 있다.

"행함" 제거하기

둘째로, 바울은 신명기 본래 문맥에 있는 명령에서 "행함"이라는 개념을 제거한다. 우리는 이 신명기 본문에 대한 바울의 해석을 통해, 그가 강조를 위해 생략한 것이 무엇인지 알 수 있다.

칠십인역 신명기 30:12-14(나의 사역)	로마서 10:6-8
[그 명령]이 하늘에 있는 것이 아니니, 누군가 이르기를,	그러나 믿음에 의한 의는 말한다. "네 마음에 말하지 말라,
"누가 우리를 위하여 하늘에 올라가 그것을 가져올 것인가? 우리가 그것을 듣는다면 행하게 될 것이다." 바다 건너에 있는 것도 아니니, 누군가 이르기를	'누가 하늘에 올라갈 것인가?'" (그것은 그리스도를 끌어내리는 것이다.) "혹은,
"누가 우리를 위하여 바다를 건너가서 그것을 가져올 것인가? 그가 우리로 그것을 듣게 하시면, 우리는 행하게 될 것이다."	'누가 깊은 곳에 내려갈 것인가?'" (그것은 그리스도를 죽은 자들로부터 끌어 올리는 것이다). 그러면 무엇을 말하는가?
"이 말씀이 네게 매우 가까워서, 네 입에 있고, 네 마음과 네 손에 있은즉, 네가 그것을 행할 수 있다."	"말씀이 네게 가까워 네 입에 있으며 네 마음에 있다," 이것은 우리가 전파하는 믿음의 말씀이다.

이것은 결국 바울의 세 번째 〔해석적〕 판단을 예비하고 길을 닦는 역할을 한다.

명령을 그리스도로 대체하는 것

바울은 신명기를 인용하면서, ("명령"과 대조되는) 행위의 목적으로서 그리스도를 제시하는 자신의 해석을 삽입했다. 여기에서 우리는 그리스도가 신명기의 명령을 대체하게 되는 과정, 말하자면 그리스도가 자신에 관한 메시지인 믿음의 말씀이 되는 과정을 관찰할 수 있다. 이 특정한 바울의 해석은 유대인 독자들을 놀라게 했을지도 모른다. 하지만 어떤 구약 본문을 해석하는 수단으로서 그본문을 재진술하면서 인용하는 방식 자체는 제2성전기 유대교에서 특별한 일은 아니었다.

구약을 인용하면서 바울이 사용했던 방식은 동시대 사건들을 예언의 성취로 여겼던 주석들, 곧 쿰란의 페샤림〔pesharim〕 및 필론의 일부 작품들에 담긴 방식과 비교해 볼 수 있다. 필론은 신명기 30:14에서 세 용어(입, 마음, 손)에 대한 더 깊은 의미를 추구한 반면에, 바울은 명령 자체에 담긴 더 깊은 의미를 추구했고, 결국 그리스도 안에서 그 의미를 발견했다. 또한 필론의 알레고리적 해석은 성경이 신(적)으로 충만하다는 의식과 함께 작동했지만, 필론은 바울처럼 자신이 종말에 살고 있다는 의식을 가지고 있었던 것 같진 않다. 바울과 필론, 두 사람 모두 텍스트 밖의 현실을 수단으로 신명기 텍스트 내의 요소들을 설명하고자 했지만, 이들의 설명은 당연히 달랐다. 성경을 이해하려고 접근한 목적 자체가 실제적으로 차이가 있었기 때문이다.

이처럼 목적과 의도상의 명백한 차이는 신명기 30:11-14 해석에서 드러나는 확연한 차이를 설명하는 데 도움이 된다. 필론은 토라의 명령을 준수할 만한 가치가 있다는 것과 그것이 실제로 가능하다는 것을 설명하려 했다. 하지만 바울은 토라의 명령을 "행함"에 대한 어떠한 암시도 다 제거하고, 대신에 예수를 메시아로 고백하고 신뢰하는 것에 강조점을 두었다. 이에 따라 로마서 10:5-8에서 바울은 율법에 근거한 의와 믿음에 근거한 의, 두 종류의 의를 논의하면서 각각의 의에 대한 율법 상의 증거를 대동시킨다. 레위기 18:5가 율법에 근거한 의에 대한 증거 역할을 하면서, "[그 명령들]을 준수하는 사람"(롬 10:5, "[그것들을] 행하는 사람")에 관해 말하는 와중에도, 바울은 대조의 방식을 통해 광범위하게 신명기를 다시 써내려가면서 행함이라는 개념을 확실하게 제거한다.

이때 바울이 레위기를 천국에 이르는 방법을 "얻어내는 것" 곧 공로신학(merit theology)에 대한 증거로 여긴 것은 아닐 것이다. 오히려 바울은 언약에 담긴 조건적인 논리를 보여주는 사례로 여겼던 것 같다. 즉, 인간의 행동이 언약의 조건들에 부합할 때에 언약에 약속된 결과인 생명을 얻게 될 것이다. 생명으로 인도하는 인간의 (율법) 준수라는 시나리오에 대해 바울은 자신만의 신명기 해석으로 맞선다. 메시아는 토라의 궁극적이 목적이시며 바로 그 메시아가 유대인 뿐만 아니라 이방인을 위한 의의 조건들도 성취하셨다는 것이다.

필론의 경우 율법 준수가 실제적으로 도달 가능하다는 것을 표현하기 위해서 그리고 율법 준수가 제공하는 유익들을 강조하기 위해서 신명기 30:11-14를 사용했지만, 바울은 (신명기의) 명령을 메시아로 대체시켰다. 필론과 바울 모두 신명기를 (자신들이 속한) 배경

으로 해석했다는 평가를 받고 있지만, 이들의 기본적인 해석은 그
방식에 있어서 중요한 차이를 드러낸다. 필론은 상대적으로 〔바울보
다〕 직접적인 방식으로 본래 신명기에 담긴 요소들의 분위기와 내
용에 가깝게 권면하지만, 이방인의 사도 바울은 자신만의 관점을
가지고 신명기를 다소 놀랍게 해석했다. 그리스도 사건에 대한 자
신의 인식에서 출발하여 역방향으로 신명기를 살피면서 바울은 〔신
명기의〕 "명령"이 참으로 지시하고 있는 궁극적인 대상이 바로 예수
그리스도라는 급진적인 해석을 내놓았다. 필론과 같이 바울 역시
도 어떻게 신명기 30:11-14이 선한 삶으로 이어질 수 있는지를 제
시하는 것처럼 보이지만, 그 선한 삶에 대한 구체적인 내용은 분명
확연하게 차이가 난다.

　이후 로마서 9:30-10:21은 하나님께서 주셨던 율법의 본질을
믿지 못하거나 메시지가 선포되는 방식에 대해서 핑계를 댈 만한
토대를 잘라버리는 역할을 한다. 바울은 이미 로마서 9:6-29에서
하나님의 선택에 관한 내용을 확립한 바 있기 때문에, 이제는 확고
하게 인간의 책임에 대해 강조점을 둔다. 이러한 문맥에서 신명기
를 사용하면서 바울은 "그리스도께서 율법의 완성"(롬 10:4)이라
는 자신의 주장에 무게를 실어주고, 하나님께서는 자신의 백성에
게 언제나 충분한 은혜를 주셨다는 것을 강조하고 있다.

더 읽을거리

추가적인 고대 문헌

필론이 신명기 30:11-14과 소통하는 문헌으로는 다음과 같은 것들이 있다. 『개명에 대하여』 236-238, 『보상들과 처벌들에 대하여』 79-84, 『선한 모든 사람은 자유롭다는 것』 66-70, 『꿈들에 대하여』 2.179-180, 『가인의 자손에 대하여』 84-86. 참조, 바룩서 3:29-30, 바울도 이와 유사하게 고린도전서 8:4-6에서 신명기 6:4을 개작한 것으로 보인다.

영역본과 비평판

Philo. Translated by F. H. Colson et al. 12 vols. LCL. Cambridge, MA: Harvard University Press, 1929-1962.

이차문헌

Bekken, Per Jarle. *The Word Is Near You: A Study of Deuteronomy 30:12-14 in Paul's Letter to the Romans in a Jewish Context*. BZNW 144. Berlin: de Gruyter, 2007.

Hays, Richard B. *Echoes of Scripture in the Letters of Paul*. New Haven: Yale University Press, 1989.

Henze, Mattias, ed. *A Companion to Biblical Interpretation in Early Judaism*. Grand Rapids: Eerdmans, 2012.

Lincicum, David. *Paul and the Early Jewish Encounter with Deuter-*

onomy. Grand Rapids: Baker Academic, 2013.

Sprinkle, Preston M. *Law and Life: The Interpretation of Leviticus 18:5 in Early Judaism and in Paul.* WUNT 2.241. Tübingen: MohrSiebeck, 2008.

Watson, Francis. *Paul and the Hermeneutics of Faith.* London: T&T Clark, 2004.

제15장
토비트와 로마서 11:1-36
이스라엘의 구원과 하나님의 말씀의 성취

존 K. 굿리치(John Goodrich)

로마서 9-11장은 "모든 이스라엘인들이 복음을 받아들인 것은 아님"(롬 10:16)에도 불구하고 "하나님의 말씀이 실패"(9:6)한 것이 아니라고 설명한다. 바울이 생각하기에 이스라엘이 믿지 않은 것은 두 가지 요인 때문이다. 첫째로 하나님께서 이스라엘에게 하신 약속은 언제나 선택적으로 제한되어 왔고 그것은 지금도 마찬가지라는 것이다(9:6-29). 택하신 자들에게만 자비와 긍휼을 베푸는 것이 곧 하나님의 특별한 권리이기에, 심지어 모든 이스라엘인들을 구원하지 않는다 하더라도 하나님은 의로우시다(9:14-15). 둘째로 유대인들의 불신앙의 책임은 유대인 자신들에게 있다(9:30-10:21). 그들은 복음을 듣고 이해했으면서도(10:18-19) 하나님의 의를 거부하고 자신들의 의를 세우고자 했다(9:30-10:4).

하지만 바울은 이스라엘의 이야기가 이처럼 쓸쓸한 결말로 끝

나도록 내버려두지 않았다. 바울은 "하나님께서 미리 아신 자기 백
성을 버리지 않으셨다"(11:2)라고 주장하면서 계속해서 이스라엘
의 운명과 관련된 하나님의 신실하심 문제를 다룬다. 바울은 자신
을 포함하여 교회 안에 실제로 유대인 신자들이 있다는 것을 보여
준다(11:1). 하나님께서 엘리야 시대에 말씀에 순종하는 이스라엘
인 칠천 명을 남겨두신 것과 같이(11:2-4, 왕상 19:18), "마찬가지로
지금도 은혜로〔by grace〕택하신 남은 자가 있다"(11:5)는 것이다. 심
지어 마음이 완고한 자들조차도 은혜의 울타리 밖으로는 벗어나지
않았다. 그들이 "회복이 불가능할 정도로 걸려 넘어지지"(11:11)는
않았기 때문이다. 실제로 이 구절은 이후 나타나는 바울의 중요한
주장과 연결되는데, 그 주장은 곧 적절한 때에 "온 이스라엘이 구
원을 받을 것이다"(11:26)라는 것이다. 그러나 바울이 여기서 말한
"온 이스라엘"은 과연 어떤 의미인가? 언제, 어떻게 그들이 "구원
을 받는다"는 것인가? 더욱이 하나님께서는 왜 그렇게나 많은 이
스라엘인들의 마음을 완고하게 하셨으며, 또한 나중에서야 비로소
그들에게까지 구원을 확장하시는가? 이러한 질문들이 수세기 동
안 해석자들을 괴롭혀 왔으나 분명한 것은 바울의 이야기에 담긴
의미와 논리는, 이를테면 토비트에 담긴 유언과 같이, 이스라엘의
회복에 대한 견해를 표출하는 제2성전기 유대 배경에서 읽을 때,
비로소 더 명확하게 보인다는 점이다.

토비트:
"그들 모두가 포로에서 돌아와"

토비트는 외경에 속하는 가상의 이야기(주전 100년 전)로서 유대인 남자(토비트)와 그의 가족, 곧 아내 사라와 아들 토비아스에 대하여 이야기한다. 토비트는 앗시리아 포로 시기(주전 722년 이후) 동안에 살았던 신실한 납달리 지파 사람의 이야기를 전하는데, 특히 비극을 경험한 사람이 결국 어떻게 하나님의 축복을 받게 되는지를 욥기와 같은 방식으로 보여주고 있다. 이처럼 흥미로운 줄거리를 활용하는 것을 넘어서서 토비트는 유대인의 종말론을 풍성하게 드러내는데, 특히 유대인들이 포로 상태를 어떻게 받아들였고 결국에 하나님의 손으로 일어날 최종적인 회복을 어떻게 이해했는지를 자세히 보여준다.

이야기 전체에 걸쳐 추론될 수 있지만—토비트의 생애(비극에서 승리까지)는 아마도 북이스라엘 왕국 전체의 운명을 표상하는 것으로 보인다—특별히 마지막 두 장(13-14장)이 이스라엘의 종말론적 이야기의 줄거리를 가장 분명하게 보여준다. 그 중에서도 우리의 연구와 관련된 것은 토비트 14:3-7에 나오는 토비트의 유언 부분이다.

[3] 그[토비트]는 죽음을 앞두고 아들 토비아스를 불러 이렇게 당부했다, "아들아, 네 자녀들을 데리고 [4] 메대로 서둘러 도망가라. 나는 나훔이 니느웨에 관해 선포한 하나님의 말씀을 믿으며, 이 모든 말씀이

앗시리아와 니느웨에 일어나고 나타날 것을 믿는다. 하나님께서 보내
신 이스라엘의 선지자들이 말한 것은 무엇이든지 그대로 다 일어날 것
이다. 그들이 전한 말씀은 결코 어떤 것도 빠짐없이, 모두 제때에 일어
날 것이다. 그리고 앗시리아나 바벨론보다 메대에 더욱 구원이 있을 것
이다. 하나님께서 하신 모든 말씀은 성취될 것이고 일어날 것이며, 선
지자들로부터 나온 말씀 또한 어김없이 일어날 것을 나는 알고 또한 믿
는다. 그리고 이스라엘 땅에 거주하는 우리의 모든 형제들은 그 좋은
땅에서 흩어져 포로가 될 것이다. 이스라엘 온 땅이 황무지가 될 것이
며, 사마리아와 예루살렘이 모두 황무지가 될 것이다. 그리고 하나님의
집 또한 불타게 되어 한동안 슬픔에 잠길 것이다. [5] 그러나 하나님께
서는 다시 그들에게 자비를 베푸실 것이다. 하나님께서는 그들을 이스
라엘 땅으로 돌려보내실 것이며, 그들은 다시 하나님의 집을 지을 것이
다—그러나 그 집은 정해진 때가 찰 때까지 첫 번째 집과는 같지 않을
것이다. 이 일들이 일어난 후에, 그들 모두가 포로에서 돌아와 예루살
렘을 찬란하게 재건할 것이다. 그리고 그 안에 하나님의 집도 이스라엘
의 선지자들이 말한대로 세워질 것이다. [6] 그리고 온 세상에 모든 민
족, 모든 사람들이 돌이켜 진심으로 하나님을 경외할 것이다. 모든 사
람들이 자신들을 속여 잘못된 길로 이끈 우상들을 버리고, 의로우시며
영원하신 하나님을 찬양할 것이다. [7] 그날에 구원을 받고 하나님을
진심으로 생각하는 이스라엘의 모든 자손들이 한데 모여 예루살렘으
로 갈 것이며, 그들에게 넘겨진 아브라함의 땅에서 영원히 안심하고 살
것이다. 그리고 하나님을 진심으로 사랑하는 자들은 기뻐하고, 죄와 불

의를 저지르는 자들은 온 세상에서 사라질 것이다."[1]

로마서와 비교하기에 앞서, 먼저 방금 살핀 단락에서 네 가지 측면을 주목해야 한다.

하나님의 말씀의 성취

첫째, 토비트가 "하나님의 말씀"에 대한 신뢰를 선언하며 유언을 시작한다는 것이 중요하다. 토비트는 토비아스가 그의 가족을 데리고 메대로 가야한다고 말한 후에, 자신의 당부에 대한 신학적인 토대를 제공한다. 곧 하나님의 심판이 니느웨(앗시리아)로 오고 있다는 것이다. 이 이야기의 배경은 이스라엘의 북왕국("사마리아")이 이미 앗시리아에 포로가 되었고, 남왕국("예루살렘"/유다) 역시 바벨론에게 곧 포로가 되는 상황이다. 하지만 토비트는 하나님께서 이스라엘을 둘러싼 그 나라들을 물리치시고 이스라엘의 이전 영광을 회복시키심으로, 당신의 언약 백성에게 하신 약속들을 지키실 것을 확신했다. 토비트는 특히 모세의 노래(신 32장)에 기록된 포로 귀환의 약속들을 붙잡았다.[2] 그렇기에 14:4a에서 토비트는 절대적인 용어들("모든"〔all〕, "무엇이든지"〔whatever〕, "결코 어떤

---

1. 나의 번역은 시내산 사본〔Codex Sinaiticus〕그리스어 텍스트를 토대로 한 것이다.

2. Alexander A. Di Lella, "The Deuteronomic Background of the Farewell Discourse in Tob 14:3-11," *CBQ* 41 (1979): 380-89; Steven Weitzman, "Allusion, Artifice, and Exile in the Hymn of Tobit," *JBL* 115 (1996): 49-61.

것도"〔none〕)을 반복해서 사용함으로 하나님에 대한 자신의 신뢰가 지닌 무조건적인 성질을 강조하고, 계속해서 하나님의 말씀에 대한 자신의 확신과 확언("나는 믿는다 … 나는 알고 또한 믿는다")을 드러낸다. 조셉 피츠마이어〔Joseph Fitzmyer〕가 14:4에서 "토비트의 유언이 장황하게 반복되는"[3] 방식을 관찰한 것은 아마도 정확하다고 할 수 있을 것이다. 유언을 통해 하나님의 말씀에 대해 계속해서 신뢰를 확언하는 것은 토비트서의 확실하고 주요한 메시지를 강조하는 기능을 한다. 즉, 하나님께서는 이스라엘에게 하신 당신의 약속을 성취하실 것이다.

세 단계 성취

둘째, 토비트는 자신이 하나님의 약속들이 성취될 것이란 것을 믿는 방식을 보여주기 위해서, 세 단계로 일어나는 이스라엘의 구원 역사〔구속사〕를 제시하는데, 이는 곧 포로 단계와 부분적인 회복 단계 그리고 완전한 회복 단계이다. 먼저 죄악(토비트 13:5) 때문에, 모든 이스라엘은 포로가 될 것이며 심지어 예루살렘 성전("하나님의 집")조차 "불타게 되어 한동안 슬픔에 잠길 것이다"(14:4b; 참조, 사 64:10-11). 하지만 토비트는 주께서 이스라엘에게 하신 약속들을 버리지 않으실 것과, 두 단계를 거치긴 하겠지만, 결국엔 이 민족을 회복시키실 것을 확신한다.

회복의 첫 단계는 토비트가 신의 "자비로운" 행위라고 여기는

---

3.   Joseph A. Fitzmyer, Tobit (CEJL; Berlin: de Gruyter, 2003), 327.

일로서, 이는 곧 "하나님께서 그들을 이스라엘 땅으로 돌려보내실
것이며, 그들은 다시 하나님의 집을 지을 것이다"(14:5)라는 부분
을 가리킨다. 그러나 이 초기 귀환—(저자의 관점에 따르면) 고레스
의 칙령(주전 539년)에서 이미 시작되었으며 에스라와 느헤미야
(주전 516년)의 감독 아래 예루살렘도 재건된다—에는 모든 이스라
엘 민족이 포함되는 것은 아니며, 선지자들이 예언한 성전의 최종
적인 재건으로도 귀결되지 않을 것이다. 실제로 토비트의 저자는
포로기 이후의 일부 문헌들이 애통해 했던 부분—예루살렘의 두 번
째 성전이 결코 "첫 번째 성전과는 같지"(14:5; 참조, 스 3:12, 학
2:3) 않을 것—을 틀림없이 알고 있었다.

　토비트는 이스라엘의 초기 포로 귀환의 부분적인 성격과 성전
의 영광스럽지 못한 상태가 "정해진 때가 찰 때까지"(14:5)만 지속
될 것을 알고 있었다. 이스라엘 이야기의 줄거리 세 번째 단계에서,
다시 말해 "이 일들이 일어난 후에", "**모두가 포로에서 돌아와 예루
살렘과 그 안에 하나님의 집을 찬란하게 재건할 것**"(14:5, 고딕체
첨가; 참조, 13:5)이었기 때문이다. 심지어 토비트는 하나님께서 이
스라엘을 회복시키시는 것을 구원의 언어(14:7, 고딕체 첨가, "**구원
을 받은 이스라엘의 모든 자손들**")로 지칭하면서, 그 땅을 영원히
재차지(14:7; 참조, 13:10)하는 것으로 구원을 이해했다. 이와 같은
이스라엘 이야기의 절정을 고려해 볼 때, 토비트의 선언 곧 "선지
자들로부터 나온 말씀은 어김없이 일어날 것이다"(14:4)라는 선언
은 유언이 시작될 때부터 이 과정들의 완성이 토비트의 심중에 있
었다는 것을 보여준다. 또한 토비트의 선언은 이것을 기록한 저자

의 목적이 이미 진행 중인 회복의 과정을 하나님께서 완성시키실
것이라는 사실을 (두 번째 단계에 속한) 당대 사람들이 믿고 소망하도
록 만드는 데 있었다는 것도 보여준다.

이스라엘의 포로됨(14:4)	이스라엘의 부분적 회복(14:5)	이스라엘의 완전한 회복(14:5, 7)	이방인들의 회심(14:6)

[도표 15.1: 토비트의 종말론적인 이야기 줄거리]

이방인을 포함시킴

셋째, 토비트의 유언은 하나님의 자비의 범위가 이스라엘에게
로만 제한되진 않을 것이라는 토비트의 믿음을 보여준다. 하나님
의 나라에 참여하는 것은 이방인들에게까지 확대될 것이었기 때문
이다. 토비트는 "온 세상에 모든 민족, 모든 사람들이 돌이켜 진심
으로 하나님을 경외할 것이다"(14:6; 참조, 13:11)라고 말하면서 이
스라엘의 완전한 회복 이후의 일을 전한다. 여기서 사건들의 순서
가 상당히 중요하다. 먼저 이스라엘이 회복될 것이고, 민족들이
"그들의 우상들을 버릴 것이다." 그러고 나서야 민족들은 야훼를
향해 예배할 것이다.

모두가 아닌, 많은 사람을 위한 구원

넷째, 회개가 하나님의 나라에 참여하는 중요한 조건이었기 때
문에 토비트는 모든 사람(심지어 모든 이스라엘인)이 구원받는 것
은 아님을 알고 있었다. 하나님께서는 그분의 백성이 "자신에게 돌

아와 [그들의] 마음을 다하고 [그들의] 뜻을 다하여 자신 앞에서 진
리를 행하기를"(13:6) 요구하시는데, 이로써 "하나님을 진심으로
생각하는" 자들만은 "한데 모여 예루살렘으로 갈 것이며, 아브라함
의 땅에서 영원히 안심하고 살 것이다"(14:7). 이와 유사하게 이방
인들에게는 "그들의 우상들을 버릴 것"과 "돌이켜 진심으로 하나
님을 경외할 것"(14:6; 참조 13:11)이 요구된다. 따라서 "하나님을
진심으로 사랑하는 자들은" 모두 "기뻐하고", "죄와 불의를 저지르
는 자들은 온 세상에서 사라지게 될 것이다"(14:7).

로마서 11:1-36:
"온 이스라엘이 구원을 받을 것이다"

하나님의 말씀의 세 단계 성취

　　토비트의 유언은 여러 면에서 이스라엘의 미래와 상태를 장황
하게 다루는 로마서 11장과 유사하다. 첫째, 토비트의 유언에서와
같이 로마서에 나타난 이스라엘의 운명도 하나님의 말씀의 성취에
대한 확신의 선언으로 시작된다. "하나님의 말씀이 실패하지 않았
다"(롬 9:6). 이 확언은 로마서 9-11장 전체에 걸친 주제문이라 할
수 있는데, 미리 두 장(10-11장)이나 앞서 나타난 것이다. 이 주제문
은 토비트 14:3-7과 상당히 유사한 방식으로 나타나는데, 바울은
이스라엘 백성을 향한 세 단계 줄거리—(1) 포로 단계, (2) 부분적인

회복 단계, (3) 완전한 회복 단계—와 모세의 노래를[4] 의존하면서
일련의 주장들과 함께 이 주제문을 조목조목 설명해 나간다.

그러나 바울은 이스라엘의 포로 됨을 본질적으로 **지리적인 의
미**(땅에서 추방)가 아닌 **영적인 의미**(하나님으로부터 분리됨)로 여
긴다. 그렇기에 바울은 이스라엘의 믿지 않는 상태를 다양한 방식
으로 묘사하면서도(11:7 "완고함"〔우둔함〕, 11:11-12 "범죄함"〔넘어짐〕,
11:17-22 "잘라짐"〔꺾임〕, 11:30-32 "불순종"), 성전이나 땅에 대한
명확한 언급은 하지 않는다(참조, 4:13). 그럼에도 불구하고 로마서
9-11장에 걸쳐 나타나는 바울의 구약 사용은 그가 이스라엘의 상태
를 일종의 **은유적인 포로 상태**로 이해하고 있음을 보여준다.[5]

그러나 모든 이스라엘인들이 메시아를 거부한 것은 아니며, 모
든 이스라엘인들이 하나님과 분리된 상태가 된 것은 아니다. 바울
은 이스라엘에 대한 하나님의 신실하심의 증거를, "지금도 은혜로
〔by grace〕 택하신 남은 자가 있다"(11:5)라는 사실에서 발견한다. 심
지어 바울은 자신을 이스라엘이 회복되는 첫 단계(11:1, 7)에 참여
하는, 곧 "택하심을 받은 자들" 중 한 사람으로 보고 있다. 하지만
이 회복이 계속해서 부분적으로만 머무를 것인가? 바울은 "그럴
수 없다!"(11:11)라고 선언한다. "**첫 수확**〔맏물〕이 거룩하면, **덩어리 전
체가 거룩하기**"(11:16, 고딕체 첨가) 때문이다. 다시 말해, 토비트와

---

4.   바울은 로마서 10:19에서 신명기 32:21을 인용하며, 로마서 11:11, 14에서는
      그 구절을 암시하고 있다. 참조, Richard H. Bell.

5.   J. Ross Wagner, *Heralds of the Good News: Isaiah and Paul "in Concert" in
      the Letter to the Romans* (NovTSup 101; Leiden: Brill, 2002), 353.

같이 바울은 자신의 독자들이 하나님께서 이스라엘을 완전하게 회복하실 때, 곧 "**온 이스라엘이 구원받을**"(11:26, 고딕체 첨가) 때가 올 것이라는 점을 확신하도록 만든다. 하나님께서 이스라엘 안에 **남은 자**를 구원하신 것이 확실한 만큼, 마찬가지로 하나님께서는 **나머지** 이스라엘 또한 구하실 것(9:5-6, 11:27-28)이며, 이로써 당신의 언약과 약속들을 성취하실 것이다. "하나님의 선물과 부르심은 철회되지 않기〔후회하심이 없기〕"(11:29) 때문이다.

모두가 아닌, 많은 사람을 위한 구원

여기에서 바울은 "온 이스라엘"을 어떤 정해진 시간에 수많은 이스라엘인들을 가리키는 의미로, 즉 집단적인 의미로 이해하고 있는데, 이것이 반드시 유대 사람들 모두를 의미하는 것은 아니다(참조, 삼상 7:5; 25:1; 삼하 16:22; 단 9:11). 그 구원은 메시아가 다시 오실 때 혹은 그 직전에 있을 미래의 대규모 회심—모든 그리스도인들의 신앙이 토대를 두는 회심과 같은—을 예상한다. 이스라엘은 "믿지 않는 것을 버릴 때"(11:23; 참조, 10:9-13)에야 비로소 구원을 받을 것이다.

이방인을 포함시킴

그렇다면 이스라엘의 구원이 두 단계로 완성되는 이유는 무엇인가? 이에 대해 바울은 하나님의 자비가 이방인들에게까지 미칠 수 있도록 하나님께서 일부 이스라엘인들의 마음이 완고한 시기를 정해두셨다는 주장을 펼친다. 토비트는 이스라엘의 완전한 회복이

있은 후에야 이방민족들의 회심이 있을 것이라고 예상했던 반면,
바울은 이스라엘이 현재 복음을 거부하는 것은 이방인 선교를 위
한 계기(자극)—이는 결국 이스라엘인들이 메시아를 믿도록 자극할
것이다—가 된다고 말한다. "이스라엘의 범죄함(넘어짐) 때문에 구
원이 이방인들에게 이르렀는데, 이는 이스라엘을 시기하게 하려는
것이다"(11:11). 그러므로 바울의 사역으로 커지게 된 이스라엘의
시기는 더 많은 이스라엘인들을 복음에 참여하게 만듦으로써 결국
그들 역시 구원하기 위함이다(11:14). 따라서 바울은 이스라엘의 구
원과 이방인의 구원 사이에 상호의존을 마음에 품고 있다. "이스라
엘의 일부는 이방인의 수가 다 찰 **때까지** 완고해짐을 경험하고 있
으며 **이와 같은 방식으로** 온 이스라엘이 구원을 받을 것이다"(11:25-
26, 고딕체 첨가). 결론적으로 이 복잡한 구원 역사(구속사) 계획은
모든 사람들의 완고함을 강조하면서, 궁극적으로는 "하나님의 지
혜의 풍성함"과 광대한 "하나님의 자비"(11:30-33)를 드러내는 역
할을 한다.

이스라엘의 포로됨(11:11-12)	이스라엘의 부분적 회복(11:5)	이방인들의 회심(11:25)	이스라엘의 완전한 회복(11:26)

[도표 15.2: 바울의 종말론적인 이야기 줄거리]

더 읽을거리

추가적인 고대 문헌

이스라엘의 회복에 관해서는 다음을 보라. 바룩 1:15-3:8, 『열두 지파장의 유언』(『유다의 유언』 22:1-3; 『베냐민의 유언』 9:1-2; 10:1-10, 『스불론의 유언』 9:5-9). 이스라엘과 관련된 바울 문헌으로는 다음을 보라. 로마서 9:6-29, 갈라디아서 6:16, 데살로니가전서 2:14-16.

영역본과 비평판

NETS

NRSV

Hanhart, Robert. *Tobit*. Septuaginta 8.5. Göttingen: Vandenhoeck & Ruprecht, 1983.

Weeks, Stuart, Simon Gathercole, and Loren Stuckenbruck, eds. *The Book of Tobit: Texts from the Principal Ancient and Medieval Traditions with Synopsis, Concordances, and Annotated Texts in Aramaic, Hebrew, Greek, Latin, and Syriac*. FSBP 3. Berlin: de Gruyter, 2004.

이차문헌

Bell, Richard H. *The Irrevocable Call of God: An Inquiry into Paul's Theology of Israel*. WUNT 184. Tübingen: Mohr Siebeck, 2005.

Fitzmyer, Joseph A. *Tobit*. CEJL. Berlin: de Gruyter, 2003.

Hicks-Keeton, Jill. "Already/Not Yet: Eschatological Tension in the Book of Tobit." *JBL* 132 (2013): 97-117.

Moore, Carey A. *Tobit: A New Translation with Introduction and Commentary*. AYBC 40A. Garden City, NY: Doubleday, 1996.

Scott, James M."'And then all Israel will be saved'(Rom 11:26)." Pages 489-527 in *Restoration: Old Testament, Jewish, and Christian Perspectives*. Edited by James M . Scott. JSJSup 72. Leiden: Brill, 2001.

————. "Paul's Use of Deuteronomic Tradition." *JBL* 112 (1993): 645-65.

제16장
『마카비4서』와 로마서 12:1-21
이성과 의로운 삶

벤 C. 던슨(Ben Dunson)

바울이 로마서 1-11장에 걸쳐서 다양한 명령들을 하고 있기는 하지만, 윤리적인 적용 면이 더욱 두드러지게 나타나는 곳은 12장이라 할 수 있다. 로마서의 마지막 장들까지 이어지는 윤리적인 권면들은 "하나님의 자비하심"(롬 12:1)으로 이루어지며, "[신자의] 마음을 새롭게 하는 것"(12:2)에 그 토대를 두고 있다. 그리스도인들이 받은 은혜—성령을 통해, 하나님과 자신들 및 세계에 대한 사고방식의 변화와 결합되어—는 그리스도의 몸 안에서 사는 새로운 삶의 방식을 제시한다(12:3-8). 로마서 12:9-21은 주로 그리스도인들 간의 관계나 그리스도인들이 신앙공동체 밖에 있는 사람들과 맺는 관계에 초점을 맞추면서, 어떻게 신앙생활을 해야 하는 것인지에 대한 구체적인 모습을 보여준다.

본 장에서의 핵심적인 질문은 다음과 같다. 바울에게 있어서 마음의 변화는 어떻게 행동과 감정의 변화로 이어지는가? 이 주제에 대한 바울의 견해를 [로마서와] 거의 동시대 유대문헌인 『마카비4서』와 비교해 보고자 한다. 『마카비4서』는 두 가지 이유에서 로마서 12장과 흥미로운 대화 상대가 된다. (1) 두 문헌 모두 이성 혹은 "올바른 사고"의 중요성에 초점을 맞춘다. (2) 로마서 12장에서는 올바르게 사고하는 것과 관련하여 『마카비4서』에서보다 [변화를 가능하게 만드는] 하나님의 능력 부여가 더욱 뚜렷한 역할을 한다.

『마카비4서』:
"이성은 감정들의 주인이다"

『마카비4서』는 주후 1세기 익명의 유대 저자에 의해 기록된 것으로, 하나님의 율법에 대한 충성을 버리도록 강요하는 외부자들의 시도에 맞서 율법을 준수하는 유대인들이 더욱 더 굳건히 버틸 수 있는 인지적, 철학적 자원들을 공급하기 위해 쓰였다. 이 작품은 마카비2서 6-7장에 나오는 이야기 앞부분에 그 토대를 두고서, 주로 셀류키드 왕조에 대항하는 마카비 항쟁의 유명한 장면을 재구성하는 방식으로 이야기를 전달한다. 또한 이 작품이 밝히는 저술목적은 "경건한 이성"이 "감정들의 주인"인지 아닌지와 같이 매우 "철학적인 문제"를 설명하는 데에 있다(『마카비4서』 1:1). 저자는 이러한 목적을 위해 앞서 말한 개념들이 유대인의 언약적 틀 안에 있음에도 불구하고, 스토아철학으로부터 많은 모티프와 용어들을 수용했다. 저자는 스토아철학을 따라 "지식을 원하는 모든 사람에게 있어서 필수적인 일"이 바로 감정들을 지배하는 것이라 판단했고, 또한 이것을 인간이 도달할 수 있는 "가장 높은 형태의 미덕"으로 보았다(1:2).

『마카비4서』는 셀류키드 왕 안티오코스 4세(주전 175-164년)가 팔레스타인을 통치하는 동안의 상황을 요약하면서 시작된다. 이후 이야기는 마카비 항쟁 중 한 특정한 순간에 초점을 맞추는데, 그것은 바로 율법을 준수한 유대인(엘레아자르)의 순교 장면, 그리고 율법을 준수한 익명의 유대인 여자와 그녀의 일곱 아들들의 순교 장면이다. 이야기가 진행되면서, 안티오코스는 "유대교를 없애기 위해서"(5:3) 팔레스타인 유대인들에게 "부정한 음식"을 먹도록 조직적으로 강요하고(4:26), 이를 거부한 자들을 모두 죽이려고 한다. 이러한 처형을 피하기 위해서 혹은 개인적인 이득을 위해서, 성전의 관리 책임자 시몬(4:1-5; 참조, 마카비2서 3장)과 대제사장 야손(마카비2서 4:7-22)을 포함한 많은 사람들이 셀류키드 왕조의 위협 앞에 타협하는 모습을 보인다.

자기 통제를 통한 충성

『마카비4서』는 하나님의 율법에 충성하려 고군분투하는 유대인들을 돕기 위하여 과연 어떤 시도를 했을까? 『마카비4서』는 그들을 돕기 위하여 기본적으로 "이성적 판단"(1:2)—이 문구는 문헌 전체(예, 1:18, 30)에 걸쳐서 반복적으로 나타난다—에 따라 자기 삶을 엄격하게 통제할 필요가 있음을 반복적으로 강조한다. 『마카비4서』 안에서 **이성적인 판단**이라는 것이 철학적으로 엄밀하게 정의되지는 않지만, 〔기본적으로 그것은〕 분노, 두려움, 괴로움과 같은 **인간 감정들의 통제**를 향해가는 마음속 과정이라 할 수 있다(1:3-4). 『마카비4서』에 따르면 이 모든 감정들은 재빨리 억제되어야 하며, 만약 그러지 못할 경우 도덕적으로 타협하는 삶을 살게 된다. 이러한 삶은 곧, 격분함으로 낙심을 표현하는 것과 같은, 다양한 형태의 감정 분출에서 오는 일시적인 만족감을 얻기 위해 미덕을 포기하는 삶이다. 『마카비4서』의 저자는 누군가 하나님께 대하여 변함없이 신실하기를 바란다면 무엇보다 정신〔mental〕을 통제함으로써 감정들을 억제해야 한다고 말한다.

심지어 사랑, 연민, 슬픔과 같이 대부분의 사람들이 긍적적이라고 생각하는 감정들조차도 이성적인 판단들에 의해서 통제되고 억제되어야 한다. 왜냐하면 이런 감정들조차도 사람의 이성을 쉽게 마비시켜서 도덕적인 실패로 이끌 수 있기 때문이다. 이제 한 단락을 발췌하여 살펴보고자 하는데, 이 단락은 한 어머니(이야기의 주인공 중 한 명)가 자신의 일곱 아들이 눈앞에서 고문을 당하다 결국 죽게 되는 것을 지켜보는 장면을 묘사하고 있다.

[1] 오 아들들에 관한 이성이여, 감정의 폭군이여, 그리고 아들들보다 어머니에게 더 바람직한 신앙이여! [2] 그녀 앞에 두 가지 선택이 놓였을 때—신앙 혹은 폭군이 약속한 일곱 아들의 일시적인 보호—[3] 그녀는 신앙, 곧 하나님에 따른 영원한 생명에 이르기까지, 사람을 지켜내는 신앙을 더 사랑했다 … [11] 수많은 요인들—이를테면 아들들을 향

한 사랑—이 그녀가 연민을 느끼도록 만들었지만, 그 어떤 요인도, 갖가지 고문도 그녀를 이성으로부터 돌아서게 하진 못했다. [12] 도리어 어머니는 아들 한 명 한 명을 향해서, 또한 그들 모두를 향해서 함께 신앙을 지키며 죽으라고 강권했다. (『마카비4서』 15:1-3, 11-12).

이 단락이 보여주듯이, 사랑과 연민은 본질적으로는 선한 것이지만 그럼에도 잠재적인 위험성을 가지고 있다. 이러한 감정들 역시—이성에 의해 통제되지 않는다면—고통과 핍박을 피하기 위해서라면 하나님에 대한 신뢰를 포기하게 만들 수도 있기 때문이다. (스토아철학의 가르침에 따르면) 이상적인 인간은 정신을 강하게 통제함으로써 외부적인 상황이 주는 강압으로부터 완전히 벗어난 사람이다. 이러한 이유로 『마카비4서』의 저자는 윤리적인 삶을 위한 필수적인 토대로서 자기 통제를 제시한다. 이 자기 통제는 신앙과 미덕으로 이어지는 데 반해, (심지어 긍정적이라고 하더라도) 다른 도덕적, 감정적 상태들은 어느 정도 제한을 두고 지켜봐야 한다.

율법과 이성의 작용

그렇다면 인간의 감정들은 위험하다고 할 수 있다. 자기 통제는 하나님께서 이 잠재적인 위험을 피하라고 주신 수단이다. 하지만 이 자기 통제만큼이나 중요한 것이 바로 자기 통제가 이루어지는 **방식**이다. 『마카비4서』는 (창조 덕분에) 모든 사람들이 "최고의 미덕"인 "이성적인 판단"(1:2)을 가지고 태어난다는 것을 전제한다.

어리석게도 어떤 이들은 이성적인 판단을 내리는 능력을 사용하지 않기로 선택하기도 하지만, 이는 율법을 향해 돌아서기만 하면 언제든 회복될 수 있으며, 이 회복은 다시 이성이 적절한 역할을 하도록 이끈다. 이러한 측면을 묘사하는 사례로는 『마카비4서』 2:8-9이 있다.

> [8] 따라서 어떤 사람이 돈을 사랑함에도 불구하고 율법을 따라 사는 삶을 시작한다면, 그 사람은 평소와 다르게 행동하지 않을 수 없다. 곧 도움을 구하는 자들에게 이자 없이 돈을 빌려주지 않을 수 없고, 칠 년 동안의 빚을 탕감해주지 않을 수 없게 된다. [9] 탐욕스러운 사람이라 하더라도 이성으로 인해 율법에 사로잡히면, 〔수확의〕 낟알을 주워 모으지 않으며 포도 밭에서 마지막 포도들을 따지 않게 될 것이다. 다른 것들과 마찬가지로 감정들을 지배하는 것이 이성이란 점은 분명한 일이다.[1]

어떠한 악덕들과 싸우게 되든지 이성은 그것들의 "대적자"로서 대항할 것이며 미덕의 우세함을 확증할 것이다(3:5).

『마카비4서』 2:21-23에서는 창조 때 받은 이성을 발휘할 수 있는 능력이 가장 분명하게 나타난다. "하나님께서 사람을 만드실 때, 그분은 사람 안에 감정들과 습관들을 심어 놓으셨다. 그때 감각

---

1.   이 단락에서 언급된 구약 율법은 출애굽기 22:25; 신명기 15:1-3; 레위기 19:9-10에서 발견된다.

들 중에서도 특히 정신이 군림하도록 하셔서, 모든 것들을 초자연
적으로 다스리게 하셨다. 하나님께서는 정신에 율법을 주셨는데,
사람은 이 율법을 통하여—이 율법에 순종하며 산다면—자기 통제
가 되고 정의로우며 선하고 용기 있는 왕국을 다스리게 될 것이다"
(2:21-23). 여기서 특히 두 가지가 눈에 띈다. 첫째, 인간의 감정을
억제하는 것은 가능하다. 하나님께서 인간을 창조하실 때, 감정들
을 "초자연적으로 다스리는" 정신을 주셨기 때문이다. 하나님께서
는 "인간을 만드실 때" 이러한 일을 행하셨다. 다시 말해, 모든 사
람의 마음에는 자기 통제를 할 수 있는 타고난 능력이 있다. 창조
는 명백히 하나님의 행위이기에, 자기 통제에는 분명 신의 의도가
담겨 있다. 하지만 하나님 앞에서 올바로 생각하고 살아가는데 있
어서 그 어떤 영적 깨우침의 행위도 필요하지 않다. 둘째, 하나님의
율법은 마음이 사람의 행위를 적절하게 통제하는데 있어서 반드시
필요한 안내자와 같다. 미덕의 삶을 위해 필요한 모든 지혜는 율법
의 명령들 안에 어떤 형태로든 담겨있다.

요약하자면 자기 통제는 분명히 가능한 일이다. 인간은 하나님
께로부터 창조된 까닭에 선천적으로 정신의 "능력"을 가지고 있기
때문이다. 이 능력이 제자리에 위치하게 되면 율법이 어려움 없이
준수될 수 있으며, 어떠한 상황에서도 이성적으로 살 수 있게 된다.
이러한 이유에서 『마카비4서』의 저자는 "이성은 … 감정들의 주인
이다"(2:24)라고 말하고 있는 것이다.

로마서 12:1-21:
"마음을 새롭게 함으로 변화를 받아"

　『마카비4서』에서와 마찬가지로, 로마서 12장에서도 올바른 사고(thinking)가 중요한 역할을 한다. 여기서 바울은 "하나님의 자비하심으로"(롬 12:1) 신자들의 삶 가운데 일어나는 급진적인 변화—성령의 일하심(롬 6-8장)을 통해 일어나는 광범위한 영적 변화—에 관하여 말한다. 이러한 변화는 새로운 삶의 방식과 타인을 대하는 새로운 방식을 동반하는데, 이는 곧 "마음(mind)을 새롭게 함"(12:2) 즉 새로운 **사고방식**에 그 토대를 두고 있다. 이 마음의 변화와 관련된 말씀이 로마서 12:1-4를 지배하고 있다. 하나님 백성들이 모인 공동체의 예배는 이 새로워진 마음으로부터 흘러나오는 예배이며, 하나님의 뜻에 대한 분별로 이어지는(12:2) 이성적인 예배이다 (12:1). 뒤이어 그리스도인들은 자신을 과대평가하는 생각을 품어서는 안 되며, 도리어 자기를 통제해야 한다는 바울의 명령이 나오고(12:3), 이어서 그리스도의 몸 안에서의 연합 원리가 나온다. 오직 마음을 통제할 수 있는 사람만이 그리스도의 몸 안에 있는 다양한 은사들이 하나님께로부터 온 선물임을 깨닫고, 그 은사들이 탐욕스러운 욕구의 토대 혹은 교만한 자랑의 근거가 될 수 없음을 깨닫는다(12:4-8). 〔그리스도라는〕 한 몸에 속한 각 개인들은 하나님께서 주신 특정한 은사들로 자신의 영광과 명예를 위한 경쟁을 펼칠 것이 아니라 하나님과 서로를 섬겨야 한다. 혹 그들이 서로 이기려고 경쟁해야 할 한 가지가 있다면, 그것은 바로 동료 신자들에게 존경을 표현하는 것뿐이다(12:10).

허용되는 감정들

　　로마서 12장과 『마카비4서』 사이에 나타나는 차이점은, 바울의 경우 적절하게 질서 잡힌 감정들의 **유익**에 초점을 맞추는 반면 『마카비4서』는 감정들이 가진 잠재적인 **위험성**에 초점을 맞춘다는 것이다. 예컨대 바울은 사랑은 거짓이 없고 "진실"(12:9)해야 한다고 강조하며, 또한 그리스도인이 "열심이 부족해서는 안 되며", 열렬한 "영적 열정"(12:11)을 가져야 한다고 강조한다. 『마카비4서』가 감정을 억제시키는 것을 감안하면, 바울이 신자들에게 "즐거워하는 자들과 함께 즐거워하고", "우는 자들과 함께 울라"(12:15)고 명령한 것은, 더욱 더 놀라운 일이라 할 수 있다. 〔바울에 따르면〕 신자는 동료 신자들과 깊은 수준에서 공감을 이루어야 하며, 또한 그들의 기쁨과 슬픔에 참여해야 한다. 이는 모든 신자들이 그리스도의 한 몸에 참여하여 맺고 있는 친밀한 관계 때문이다(12:4-8; 참조, 갈 6:2). 물론 『마카비4서』가 동료 인간들을 업신여기라고 하거나 그들을 사랑하는 척만 하라고 말하는 것은 아니다. 그럼에도 『마카비4서』 안에서는 인간의 감정들이 유익한 것으로 여겨지기 보다는 분명 잠재적으로 위험한 것으로 여겨지고 있다. 그 이유는 심지어 좋은 감정들조차도 인간의 이성적인 능력을 부패시키고 하나님께로부터 돌아서게 만들 수 있기 때문이다. 바울 역시도 어떤 감정 상태들은 위험하다는 것에 동의했던 것 같긴 하지만(12:19, 분노), 사랑, 기쁨〔희락〕, 연민(참조, 갈 5:22-23)과 같은 긍정적인 감정 상

태를 경험하는 것만큼 〔위험한 감정 상태들에〕 관심을 두었던 것 같진
않다.

사람의 외부로부터 오는 새로움

두 문헌 모두 올바른 삶으로 이어지는 올바른 사고에 초점을
두긴 하지만, 각 문헌에서 나타나는 윤리적인 행위의 토대를 살펴
보면 근본적인 차이가 있음을 알 수 있다. 바울에게 있어서 인간의
외부에서 일어나는 급진적인 변화는 반드시 올바르게 사고하기 이
전에 일어나야 하는 일이다. 로마서 전체에 걸쳐서 바울은 어느 누
구도 성령의 일하심으로 인해 일어나는 전적인 변화 없이는 하나
님을 향해 나아갈 수 없다는 점을 강조한다. 예를 들어, 바울은 그
리스도 안에 있는 신자들을, 완전히 영적으로 죽은 상태에서 그리
스도 안에서 영적으로 부활한 상태로—오로지 하나님의 일하심으
로—옮겨진 자들이라고 설명한다(6장; 참조, 엡 2:1-10; 4:20-24,
골 3:1-4). 바울은 또한 그리스도와 연합한 생명을 죄의 속박으로
부터 해방된 모습으로 설명하는데, 이는 오직 성령으로 인하여 일
어나는 일이다(8:2). 다시 말해 오직 "성령을 따라 사는 자들이 성
령이 원하시는 것을 마음에 둔다"(8:5). 사람의 마음을 변화시켜 하
나님의 법을 따르는 것을 가능하게 하고 그로써 하나님을 기쁘시
게 할 수 있게 된 것은 바로 성령의 일하심 덕분이다(8:7-8). 급진
적인 변화, 영적인 변화가 필요하다는 바울의 강조점은 매우 확고
하게도 마음에 초점을 맞추고 있다. 성령에 의해 마음이 새롭게 되
지 않고는—곧 사람의 **외부로부터 오는 새로움** 없이는—누구도 하나

님을 기쁘시게 하는 방식을 분별해내지 못한다(12:2). 또한 그리스
도의 몸 안에서의 삶을 위해서 반드시 있어야 하는 올바른 사고 또
는 "분별 있는 판단"은, "**하나님께서 각 사람에게 나누어주신 민
음**"(12:3, 고딕체 첨가)에 확고한 토대를 두고 있다. 달리 말해, 올
바른 사고는 곧 **은사**라 할 수 있다(참조, 12:6).

올바른 사고와 올바른 삶은 『마카비4서』와 로마서 12장 모두에
서 긴밀하게 연결된다고 할 수 있다. 이러한 연결은 구약성경에서
도 흔히 볼 수 있는데(신 11:18, 시 26:2-3, 렘 31:33), 이 구약성경
이라는 유산을 물려받은 사람들이 다름 아닌 바울과 『마카비4서』
의 저자이다. 두 문헌 사이에 나타나는 중요한 차이점에 관해 말하
자면, 먼저 바울의 경우엔 올바른 삶으로 이어지는 올바른 사고의
근거를 성령으로 인해 발생하는 포괄적인 변화에 두고 있다는 것
이다. 즉, 변화는 신자의 **외부로부터** 온다. 반면에 『마카비4서』는 올
바른 사고와 올바른 삶을 위해 필요한 자질들이 하나님께로부터
창조되어 인간 마음에 선천적으로 내재한 것으로 본다. 이 차이들
을 살피는 것은 분명 유익하다. 역사적으로 비슷한 시점에 살았고
똑같이 그리스어를 사용했던 두 유대인이, 심지어 그들이 공유하
고 있는 모티프에서 어떤 함의들을 이끌어낼 때조차, 어떻게 다른
길을 가고 있는지 보여주기 때문이다.

더 읽을거리

추가적인 고대 문헌

유대교 안에 스토아철학이 반영된 모습을 살펴보려면 다음을 보라. 요세푸스 『유대고대사』 2.225, 229, 『생애』 12. 필론 『아브라함의 생애에 대하여』 201-204, 『알레고리적 해석』 1.63-64, 『도망과 발견에 대하여』 166-167, 『아브라함의 이주에 대하여』 67, 『창세기에 대한 질문들과 답변들』 2.57. "그리스도의 몸"에 대한 바울 문헌으로는 다음을 보라. 고린도전서 12:4-31, 에베소서 1:22-23; 2:11-22. 마음이 급진적이고 영적으로 변화해야 하는 필요성에 대해서는 고린도전서 2:6-16을 보라.

영역본과 비평판

NRSV

Rahlfs, Alfred, and Robert Hanhart, eds. *Septuaginta*. Stuttgart: Deutsche Bibelgesellschaft, 2007.

이차문헌

deSilva, David A. *4 Maccabees*. GAP. Sheffield: Sheffield Academic, 1998.

──────. *4 Maccabees: Introduction and Commentary on the Greek Text in Codex Sinaiticus*. Leiden: Brill. 2006.

Esler, Philip F. "Paul and Stoicism: Romans 12 as a Test Case." *NTS*

50 (2004): 106-24.

Munzinger, André. *Discerning the Spirits: Theological and Ethical Hermeneutics in Paul*. SNTSMS 140 . Cambridge: Cambridge University Press, 2007.

Scott, Ian W. *Paul's Way of Knowing: Story, Experience, and the Spirit*. Grand Rapids: Baker Academic, 2009.

Watson, Francis. "Constructing an Antithesis: Pauline and Other Jewish Perspectives on Divine and Human Agency." Pages 99-116 in *Divine and Human Agency in Paul and His Cultural Environment*. Edited by J. M. G. Barclay and S. J. Gathercole. LNTS 335. London: T&T Clark, 2006.

제17장
요세푸스와 로마서 13:1-14
섭리와 제국의 권세

딘 핀터(Dean Pinter)

그리스도인들이 어떻게 비-그리스도인 사회와 관계를 맺어야 하고(롬 13:1-7), 어떻게 그 안에서 처신해야 하는지(13:8-14)에 관한 바울의 언급은 그리스도인들이 서로를 어떻게 대해야 하는가(12-15장)라는 더 큰 논의 안에 자리 잡고 있다. 로마서 13장은 예수의 제자들이 어떻게 국가와 관계를 맺고 살아야 하는지에 관한 바울의 분명한 생각들을 담고 있기에, 오늘날 많은 그리스도인들은 이 부분을 바울의 "국가 신학"이라고 부른다. 여기에 나타나는 바울의 가르침 중 일부—"각 사람은 통치 권세들〔위에 있는 권세들〕에게 복종하라"(13:1)와 같은—는 틀림없이 많은 초기 그리스도인들을 놀라게 했을 것이다. 왜냐하면 바울은 자신이 처한 상황 가운데서도 로마에 있는 신자들에게—그가 다른 편지에서 "영광의 주를 십자가에 못 박았다"(고전 2:8)라며 지목하기도 했던—통치자들〔다스리는 자들), 정치 권력자들에게 복종하라고 명령했기 때문이다. 어떻게 바울은 예수 그리스도에 대한 충성에 손상을 입히지 않고도 로마라는 국가에 이러한 권위를 부여할 수 있었는가? 다른 고대 유대인들 역시 바울과 비슷한 긴장 상태에 놓였기에, 유대 역사가 요세푸스는 『유대 전쟁사』를 통해 자신과 다른 유대인들이 갖고 있었던 로마 국가에 대한 견해를 우리에게 알려주었다. 이러한 배경에서 로마서를 읽는다면, 몇 가지 점에서 바울의 정치에 대한 견해가 로마의 통치 아래 살았던 일부 유대인들 사이에서 꽤 전형적인 것이었음을 보게 될 것이다.

요세푸스:
"하나님 외에는 다스리는 분이 없다"

대략 주후 30년, 나사렛 예수는 당시 유대 땅을 다스리던 로마 총독, 본디오 빌라도의 명령에 따라 로마 군인들에게 잔인하게 폭력을 당하고 결국 처형을 당했다. 이 수난일이 초기 그리스도인들에게 주는 그 중요한 의미에도 불구하고, 1세기 대부분의 유대인들의 삶은 비교적 별다른 영향을 받지 않았다. 오히려 유대인들이 큰 혼란에 빠진 것은 몇 십 년 뒤 로마 장군 티투스의 명령으로 예루살렘 성전이 파괴되고 또한 반란에 참여했다가 탈주한 많은 유대인들이 성벽을 포위했던 로마 군대에 의해 처형을 당했을 때였다.[1] 이 끔찍한 사건은 1차 유대-로마 전쟁(주후 66-70년) 후반부에 일어났으며, 이와 같은 유대 역사상의 중요한 전환점에 대해서 요세푸스는 『유대 전쟁사』(주후 75-79년)를 통해 철저하게 기록으로 남겼다. 이 유대 저자는 자신의 동족들을 무자비하게 짓밟은 제국을 과연 어떻게 인식했을까?

일반적으로 요세푸스는 유대 전쟁이 시작되고 난 직후에, 로마에 투항한 유대 장군으로 기억된다. 실제로 전쟁 말미에 요세푸스는 로마에 있는 베스파시아누스 황제의 개인 저택 안에서, 자신이 목격했던 이 충돌에 관하여 기록했다. 그렇다면 요세푸스는 로마 제국에 정치적으로 충성했던 유대인으로 보는 것이 옳다.

하나님께서 제국들을 세우신다

요세푸스는 로마를 향해 충성을 보이면서도 하나님께서 제국들을 세우신다는 것과 또한 당신의 대리자로 통치 권세들을 사용하신다는 것을 확신했다. 이것이 베스파시아누스 황제처럼 특정한 지배자를 가리키는 것이든 일반적인 의미의 황제를 가리키는 것이든 간에, 분명한 점은 이 표현이 『유대전쟁사』에서 자주 나타난다는 것이다.

---

1. 요세푸스는 너무 많은 유대인들이 십자가에 처형되어서, "십자가뿐 아니라, 십자가를 박을 땅조차 모자랐다"고 기록하고 있다(『유대전쟁사』 5.451).

신의 섭리가 없었다면 자신이 권세를 잡지 못했을 것이며 섭리에 따라
자신이 세계의 통치권을 갖게 되었다는 것을 베스파시아누스는 깨닫
게 되었다. 베스파시아누스는 자신이 황제의 지위에 오르게 될 것을 미
리 보여준 다른 징조들을 회상하다가 문득 요세푸스의 말을 떠올리게
되었다. 요세푸스는 심지어 네로가 살아있을 때에도 자신을 가리켜 과
감하게 황제라 불렀었다. (『유대전쟁사』 4.622-623, 고딕체 첨가).

행운이 [로마]로 넘어간 것이 모든 면에서 명백하다. 나라들을 돌아다
니시던 하나님께서 이제 통치권을 이탈리아에 두고 계신다. (『유대전
쟁사』 5.367).

이 본문들에서 요세푸스는 분명 로마의 지배를 정당화하고 있
다. 그럼에도 요세푸스는 로마가 왜/어떻게 권력을 얻게 되었는지
에 대한 제국의 선전(propaganda)에 맞서기도 했다.

제국의 이데올로기는 문학, 개선 행렬, 승리를 기념하는 주화
발행, 기념물(예, 티투스의 개선문), 건축(예, 콜로세움)을 포함하여
수많은 방식으로 주창되었다. 이러한 수단들을 통해 로마는 자신
들의 신들이 가장 강하고, 자신들의 군대가 가장 용맹하며, 자신들
의 지도자들이 가장 현명하기 때문에 자신들이 세계를 지배하게
되었다고 주장했다. 요세푸스는 이러한 주장에 맞서 로마가 유대
민족을 무너뜨린 것은 하나님, 곧 이스라엘의 하나님께서 그 일을
로마에게 허락하셨기 때문이라고 주장했다. 그는 전쟁의 실마리가
된 상황들과 주요한 사건들을, 하나님의 권세와 섭리에 따른 것으

로 해석했다.

신의 섭리에 관한 요세푸스의 견해는 분명하다. 마사다로 후퇴했을 때 유대인들의 지도자 엘레아자르가 말한 것으로 기록하고 있는 요세푸스의 글을 보자. "이 전쟁에서 우리가 완전히 멸망하게 된 원인을 너희 자신의 탓으로 돌리지도 말고, 로마의 공적으로 돌리지도 말아라. 이 일들이 이루어진 것은 그들의 힘이 강해서가 아니라 훨씬 더 막강한 원인이 개입하여 그들에게 승리를 준 것뿐이다"(『유대전쟁사』 7.360).

바벨론의 역할에 대하여 예언했던 예레미야와 같이—요세푸스의 역할도 선지자에 비견된다(3.391-393; 5.392-393)—요세푸스 역시 로마가 하나님의 도구로 즉 어리석게도 일부 폭도들이 허용되지 않는 반란을 일으키도록 내버려 둔 유대인들을 **처벌하고** 성전을 **정화하는** 일에 사용되었다고 주장한다. 이러한 일은 로마가 아닌 하나님의 의도와 일치한다. 요세푸스는 예루살렘의 파괴에 대한 예언을 설명하면서, 이 원칙을 재차 강조한다. "누군가 동족들을 살해하기 시작할 때, [예루살렘이 함락될 것이라 했다]. 그런데 너의 동족의 시신들로 도시와 성전 전체가 가득차지 않았는가? 그러므로 하나님, 곧 하나님 본인이 로마 제국과 함께 [성전]을 정화하시려 불을 던지시고 극심하게 더럽혀진 이 도시를 황폐케 하신다"(6.109-110).[2]

---

2. 『유대전쟁사』 1.10; 5.19, 367-368, 378, 408-412, 442-445; 4.233; 6.109-110, 251.

요세푸스는 중요한 두 가지를 지적하고 있다. (1) 하나님의 섭
리는 모든 상황을 통제한다. 이때 로마는 하나님의 징벌의 대리자
로서 하나님과 협력하여 일하고 있다. (2) 심판의 목적은 하나님의
백성과 성전을 정화하기 위함이지 그들을 뿌리 뽑기 위함이 아니
다.

황제를 존중하기

로마에 대한 요세푸스의 관점을 알 수 있는 또 다른 요인은 세
금이다. 전쟁이 일어난 이후부터 세금은 계속해서 유대인들에게
민감한 문제였으며 로마 제국 안에 모든 유대인들은 로마의 신전
건설—유대인들이 사랑했던 성전이 파괴되면서 그들이 빼앗겼던
약탈물들은 콜로세움을 건축하는데 사용되었다—을 위해 특별한
세금을 내야했다. 이 세금이 본래 예루살렘 성전을 유지하기 위해
유대인 성인 남성이 매년 반 세겔씩 내던 것을 대체하게 되었고 이
는 유대인들에게 큰 굴욕감을 안겨 주었다. 요세푸스 역시 그의 작
품에서 반복적으로 세금 문제를 언급한다. 예를 들어, 유대 지방 총
독을 맡았던 로마의 플로루스(주후 64-66년)가 피운 난동 때문에,
폭동이 일어났고 그 끝자락에 헤롯 아그립바가 예루살렘 군중들에
게 연설을 한 일이 있었다. 거기서 아그립바는 군중들에게 카이사
르에게 세금을 내지 않는 것은 곧 로마에 대항하여 전쟁을 하겠다
는 것과 같다고 경고한다. 그의 충고는 상당히 직접적이다. "너희
들의 세금을 바쳐라"(『유대전쟁사』 2.403-404). 안타깝게도 유대
인들은 이 충고를 따르지 않았고, 이 아그립바는 얼마 후 예루살렘

에서 쫓겨났다고 한다.

유대인들의 반란이 일어나게끔 마지막으로 불을 지핀 것은 바로 매일 두 번씩 "카이사르와 로마 사람들"(2.197)을 위하여 관습적으로 드렸던 제사(2.409)를 중단한 일이다. 이것은 세금 내기를 중단한 것과도 긴밀하게 연결된다. 요세푸스는 이러한 방식으로 로마를 존중하지 않은 것이 주후 66년 "로마에 맞서 전쟁이 일어나는 토대가 되었다"(2.409)고 결론짓는다. 이처럼 요세푸스의 이야기를 통해 우리는 세금을 내는 문제 그리고 황제와 로마 사람들을 존중하는 문제 사이에 긴밀한 연관이 있음을 알 수 있다.

로마서 13:1-14:
"하나님께서 정하신 권세 외 다른 권세는 없다"

국가에 대해 바울이 가졌던 신학적인 견해는 요세푸스의 견해와 상당히 유사하다. 하지만 요세푸스가 이에 대하여 일곱 권의 『유대전쟁사』를 기록한 반면, 바울은 그리스도인들이 어떻게 로마와 관계를 맺어야 하는지에 대해 단 일곱 절만을 기록했을 뿐이다. 하지만 로마서 13:1-7에 나타나는 바울의 진술이 13:1-14이라는 더 큰 논의 안에 들어있을 뿐 아니라 나머지 12-15장과 주제 및 용어상 연결되어 있음을 깨닫는 것은 중요하다.[3] 이 네 개의 장은 분열

---

3. 예, 존경(honor)(롬 12:10; 13:7), 심판(13:2; 14:10-13), 선(13:2; 15:2; 14)에

된 로마교회를 연합하여 서로 사랑하는 그리스도인 공동체로 이끌기 위해 기록되었다.

하지만 그리스도인들의 하나 됨과 한 마음에 대한 호소 사이에서(롬 12:3-5; 15:5-6) 바울은 신자들이 교회 안의 관계에서 보이는 태도와 행동이 교회 밖의 〔사람들과의〕 관계에서도 나타나야 한다고 강조한다. 따라서 그리스도인들은 "선으로 악을 이기려고"(12:21) 노력하면서, 하나님께서 세우신바 곧 "선한/옳은" 행동(13:1-4)을 장려하는 자들에게 복종해야 한다. 또한 그리스도인들은 "아무에게든지 아무 빚도 지지 않으려고"(13:8) 노력하면서 "[그들이] 빚진 것은 모든 사람에게 주어야" 하고, 국가에도 세금을 내야 한다(13:7). 따라서 바울이 요약한 "네 이웃을 네 자신과 같이 사랑하라"(13:9; 참조. 레 19:18)—신자들이 유일하게 없앨 수 없는 빚(13:8)—는 명령은 신자들이 다른 그리스도인들과 어떻게 교류해야 하고(12:9-10; 14:15; 15:2), 또 그들이 국가와 어떻게 관계를 맺어야 하는지에 대한 본보기 역할을 한다(13:1-7). 믿지 않는 자들의 모임과는 다르게 행동하라는 명령을 듣는 와중에도(13:13, "흥청대거나 술 취하지 말고, 성적인 악을 저지르거나〔음란하거나〕 방탕하지 말며〔호색하지 말며〕, 다투거나 시기하지 말고"), 신자들은—국외자임에도 불구하고—그리스도께서 다시 오실 것이 가까이 왔음을 늘 기억하면서(13:11-14) 국가와의 공존을 꾀해야 했다. 그렇다면 그리스도인들은 정확히 어떻게 국가와 교류해야 할까?

대해 반복해서 언급하는 것을 보라.

바울의 논지 구조화하기

로마서 13:1-7에서 나타나는 국가와의 관계에 대한 바울의 견해는 상당히 직설적이다. 바울은 보편적인 호소로 시작하여(13:1a) 세 쌍의 주장/경고로 뒷받침하고(13:1b-4b), 재차 보편적인 호소를 펼치다가(13:5-6), 구체적인 적용으로 마무리 한다(13:7). 이것은 다음의 개요에서도 확인할 수 있다.

구절	수사학적 기능	본문
13:1a	보편적/처음 호소	각 사람은 통치 권세들에게 복종하라.
13:1b	주장1	모든 권세는 하나님께로부터 온 것이기 때문이다.
13:2	경고1	그러므로 권세를 거스르는 자는 하나님을 거스르는 것이며 심판을 초래할 것이다.
13:3a	주장2	다스리는 자들은 악한 일을 하는 자들에게는 두려움이 되고, 선한 일을 하는 자들에게는 두려움이 되지 않는다.
13:3b	경고2	그러나 악한 일을 하는 자들은 두려워해야 할 것이며, 선한 일을 행하는 자들은 칭찬을 받을 것이다.
13:4a	주장3	권세를 가진 하나님의 일꾼이 선을 장려한다.
13:4b	경고3	그러나 악한 자는 통치자의 칼을 두려워하게 될 것이다.
13:5	재진술된 호소를 통한 전환	그러므로 하나님의 진노와 개인의 양심으로 인하여 복종해야 할 필요가 있다.
13:6	실제적인 적용	이것은 너희가 하나님의 일꾼들에게 세금을 내야하는 이유가 되기 때문이다.
13:7	구체적/마지막 호소	너희가 빚진 것은 무엇이든지―세금이든지, 두려움이든지, 혹은 존경이든지―주어라.

[로마서 13:1-7에서의 바울의 논지][4]

---

4.   참조, Mikael Tellbe, *Paul between Synagogue and State: Christians, Jews, and Civic Authorities in 1 Thessalonians, Romans, and Philippians* (ConBNT 43;

여기에 많은 특징들이 눈에 띄는데 먼저 권세들에게 복종하라
는 보편적인 명령(13:1)과 세금을 바치라는 구체적인 명령(13:7),
이 두 가지 명령이 단락 전체(13:1-7)를 감싸고 있음을 알 수 있다.
그리고 이러한 틀 안에서 단락 전체가 두 부분으로 나뉜다. 그 중
첫 번째 부분(13:1-4)은 세 가지 세력들 간의 상호작용으로 구성되
어 있다. (1) 통치 권세들(위에 있는 권세들)과 (2) 권세들에 복종하는
"모든 자들", (3) 그 권세들에 반대하는 자들이다. 모든 자들이 통
치자들에게 복종해야 한다는 호소에는 두 가지 근거가 있다. 하나
는 신학적인 근거이다. 하나님께서 권세들을 정하셨으므로 그들을
반대하는 것은 곧 하나님을 반대하는 것과 같다는 말이다(13:1b-2).
다른 하나는 실제적인 근거이다. 네가 악을 행한다면 권세들은
"너"(단수)를 벌할 것이다(13:3-4).

"선한/옳은"과 "악한/그른"은 이 편지의 전체적인 권면에 있어
서 핵심적인 단어이며, 이 단락(13:1-7)도 그러한 내용 안에 자리 잡
게 만든다. 로마서 13:5은 이 단락에서 제기되는 보편적인 주장과
13:6-7에서 제기되는 특정한 쟁점 사이에 전환을 이루어내는 일종
의 경첩 역할을 한다. 또한 13:5은 "그러므로"라는 추론의 접속사
로 시작하면서 그 주장을 고조시키고, 신자들이 세금을 내야 하는
(13:6) 근거로서 "권세들에게 복종해야 한다"(13:6)는 호소를 재진
술 한다. (로마서 13:6은) "이것은 또한"(This is also)이라는 시작 문구를
통해 13:1-4에 나타났던 호소와 주장들, 경고들을 실제적으로 적용

Stockholm: Almqvist & Wiksell, 2001), 174-75.

시켜서 "[그러므로] 너희가 세금을 바친다"라는 결론으로 그 절정에 도달한다. 이어서 로마서 13:6은 '주장 1'과 '주장 3'(위 도표 참조)을 되풀이한다—권세자들은 하나님의 일꾼들이며 선을 장려하고 악을 제한하는 일에 힘쓰고 있다. 잠시 국가와의 관계에 맞춰졌던 초점은 13:7에서 마무리 되는데, 여기에는 두번 째 명령("모든 자에게 주어라")과 구체적인 호소("너희가 그들에게 빚진 것은")가 포함된다—이것은 경의와 존중을 표하는 문제와 마찬가지로 세금 문제에도 적용되고 있다.

구분되지 않는 권세들

앞서 살펴본 내용에 비추어 많은 중요한 점들을 관찰해 낼 수 있다. 첫 번째로 관찰되는 것은 기본적이면서도 중요한 점인데, 바로 이 단락 어디에서도 로마 황제와 같은 어떤 특정한 지위가 언급되지 않는다는 것이다. 이들은 딱히 구분되지 않고 "권세들"(13:1)의 일부분으로 그려지고 있다. 여기에는 황제와 함께 제국의 권세들이 포함된다. 바울은 딱히 이들을 구분하지 않으며, 그 존재가 하나님으로부터 유래한다고 보면서도, 한정적이고 획일적인 정치 권세들로 묘사하고 있을 뿐이다.

하나님께서 권세들에게 권한을 주신다

이제 두 번째 관찰로 이어진다. 그것은 바로 정치적인 권세들에게 권한을 주고 그 권한을 유지시키시는 분이 바로 하나님이라는 점이다. 황제와 황제의 정치적 수하들의 이름은 나타나지 않지만 하나님은 무려 여섯 번이나 언급되고 있다. 정치적 권세자들이 두려움이나 존경의 대상이 될 수 있지만 이는, 바울에 의하면, 그들이 하나님의 일꾼이라는 사실에 따른 것이다(13:4). 이것은 요세푸스를 비롯한 유대문헌 안에서 나타나는 관점들과도 일치한다. 실제로 "하나님께서 정하신 권세 외에 다른 권세는 없다"(13:1)라는 바울의 주장은 요세푸스의 선언, "하나님 외에는 다스리는 분이 없다"(『유대 전쟁사』 2.140)와 평행을 이룬다. 물론 하나님의 뜻 안에서 로마가 맡은 역할에 대해 장황하게 설명하는 요세푸스의 주석과는 대조적으로 바울은 어떻게/왜 하나님께서 정치적인 권세들을 세우셨는지에 대해서는 최소주의의 입장에서 설명한다. 그럼에도 불구하고 요세푸스와 비교해 봤을 때, 통치하는 권세들에 관한 바울의 간략한 언급들은 당대에 꽤 흔한 견해라고 볼 수 있다. 바울과 요세푸스 모두에게 있어서 그리고 많은 동족 유대인들에게 있어서 하나님은 근본적인 동인(primary agent)이었다. 나라들은 하나님에 의하여 하나님의 목적을 위하여 세워졌다.

철저하지 않은 가르침

셋째로 바울의 가르침의 초점은 어떤 행동을 독려하는 데에 있지, 국가 신학을 제공하는데 있지 않다는 점이다. 바울은 통치자들이 불의할 때의 상황에 관해서, 즉 불의한 권세 아래에서 사람들이 어떻게 해야 하는지에 관해서 깊이 고민하지 않는다. 대신에 바울은 하나님께서 지정하신 권세 아래서 작동하며 한계가 분명하지만 분명 유용하기도 한 국가의 역할에 관한 유대적 이해를 나타낼 뿐이다.

황제에게 경의를 표하는 것

하나님이 섭리로써 정치 권세자들을 감독한다는 바울의 견해
가 요세푸스를 비롯한 다른 유대 전통과 연속성을 가진다면, 바울
이 통치 권세들에게 경의를 표하고 세금 내라고 장려하는 것 역시
그러한 유대 전통의 양상을 반영한다고 보는 것이 자연스럽다. 특
히나 세금을 내는 것은 로마 사회의 주변부에 살았던 그리스도인
이 국가와 접촉하는 몇 안 되는 직접적인 수단들 중 하나였다. 따
라서 요세푸스와 마찬가지로 바울의 권고에도 이례적이라 할 만한
것은 없다. "모든 자에게 줄 것을 주되 조세를 받을 자에게 조세를
바치고 관세를 받을 자에게 관세를 바치고 두려워할 자를 두려워
하며 존경할 자를 존경하라"(롬 13:7). 바울이 요세푸스처럼 "로마
의 번영을 위해 희생제물을 바치라"라고 신자들에게 호소하지도
않고(『유대 전쟁사』 2.197; 참조.『아피온 반박문』 2.75-78), 도시의
통치자들이나 황제를 위해 기도하는 것도 언급하지 않는다는 점은
주목할 필요가 있다(참조, 딤전 2:1-2). 하지만 국외의 권력자들과
관련해서는 요세푸스와 바울 모두 분명 과세 개념을 경의와 존중
과 결합시키고 있다.

초기 그리스도인들과 주후 70년 이후 유대인들은 모두 로마의
"칼"이 그 목적에 반하여 그들이 속한 신학적 세계의 중심에서 휘
둘러졌다는 것을 깨달았다. 로마의 군인들은 그리스도인들의 메시
아를 고문하고 십자가에 못 박았고, 로마의 군대는 예루살렘을 황

폐하게 만들고 유대인의 성전을 파괴했다. 경건한 예수의 추종자들과 토라를 준수하는 유대인들은 로마 국가에 대해서 그리고 자신들과 로마 국가와의 관계에 대해서 어떠한 생각을 가지고 있었을까? 요세푸스에게 있어서 이방인 통치자들이란, 일부 폭도들이 전쟁—신성한 도시, 거룩한 성전을 파괴할 전쟁—을 일으키도록 내버려 둔 유대 민족을 정화하고 처벌하는데 있어서 중요한 역할을 맡은 자들이었다. 같은 유대인이자 거의 동시대를 살았던 요세푸스와 같이, 바울 역시 통치하는 권세들이 하나님의 섭리로 임명되었으며, 심지어 이방인들도 "하나님의 일꾼[들]"이라는 생각을 가지고 있었다. 따라서 바울은 로마의 그리스도인들에게 이 권세들을 존중하고 경의를 표할 것을 가르쳤으며, 그들이 국가와 맺고 있는 몇 안 되는 직접적인 교류 중 하나인 세금의 지불을 주장했다.

국가에 관한 저 짧은 구절들은 로마서 12-15장에 나타난 그리스도인의 윤리에 대한 바울의 더욱 큰 비전에 그 토대를 두고 있다. 그 단락은 "선"을 행함에 대한 바울의 강조를 되풀이할 뿐만 아니라(12:21; 13:3-4) 한 사람의 **국가에 대한** 책무를, 삶 가운데 존재하는 신자의 더 중요한 의무, 곧 "서로 간에 계속되는 사랑의 빚"(13:8, 고딕체 첨가)과 연결하고 심지어 이 의무에 종속시킨다. 바울에게 있어서 정치보다도 삶에 관한 중요한 것들이 더욱 많았기 때문이다. 사실상 그리스도인의 공동체는 국가를 주요한 배경으로 삼아서는 제대로 인식되지 않는다. 오히려 가까이 다가온 구원을 고려하여(13:11-14), 교회 안에서의 삶을 주요한 배경으로 삼을 때(13:8-10, 이는 12:1-13을 정리하고 있다), 그 배경 안에서 비로소 국가도 제자리를 찾게 된다.

더 읽을거리

추가적인 고대 문헌

유대인들의 일치된 생각 곧, 하나님께서 정치적인 통치자들에게 권세를 주신다는 생각을 확인하려면 다음의 문헌들을 보라. 『시락』 10:4; 『아리스테아스의 편지』 224; 솔로몬의 지혜 6:3; 필론, 『가이우스에게 보낸 사절에 대하여』 280. 권세들과 시민의 신분에 관한 바울 문헌으로는 다음을 보라. 고린도전서 15:20-28; 빌립보서 3:17-21; 디모데전서 2:1-2.

영역본과 비평판

Josephus. Translated by H. St. J. Thackerary et al. 10 vols. LCL. Cambridge, MA: Harvard University Press, 1926-65.

이차문헌

Barclay, John M. G. "Why the Roman Empire Was Insignificant to Paul." Pages 363-87 in *Pauline Churches and Diaspora Jews*. WUNT 275. Tübingen: Mohr Siebeck, 2011.

Engberg-Pedersen, Troels. "Paul's Stoicizing Politics in Romans 12-13: The Role of 13.1-10 in the Argument." *JSNT* 29 (2006): 163-

72.

Harrison, James R. *Paul and the Imperial Authorities at Thessalonica and Rome: A Study in the Conflict of Ideology.* WUNT 273. Tübingen: Mohr Siebeck, 2011.

Mason, Steve. *Josephus and the New Testament.* Peabody, MA: Hendrickson, 2003.

McKnight, Scot, and Joseph B. Modica, eds. *Jesus Is Lord, Caesar Is Not: Evaluating Empire in New Testament Studies.* Downers Grove, IL: IVP Academic, 2013.

제18장
마카비1서와 로마서 14:1-15:13
환대하는 하나님 나라 공동체 구현하기

니제이 굽타(Nijay K. Gupta)

오랫동안 로마서는 가장 신학적이고 체계적인 바울의 편지들 가운데 하나로 인정을 받아왔다. 하지만 로마서 안에 있는 모든 내용들이 모든 독자들에게 시간을 초월하여 진리가 되는 것은 아니다. 로마서 14:1-15:13은 순종의 삶에 대한 가르침이라는 더욱 큰 단락(롬 12:1-15:13) 안에서 나타나지만, 구체적으로는 **로마의** 그리스도인들 사이에 나타난 갈등을 다루고 있다. 그들이 당면했던 쟁점은 종교적인 정결과 관련된 것으로 보인다. 오늘날 서구 그리스도인들에게 있어서 교회의 분열, 곧 파벌로 인한 분리 자체는 낯설지 않을 것이다. 하지만 로마에 나타났던 갈등의 핵심은 음식 선호 문제(14:2)와 특정한 성일 준수 문제(14:5), 그리고 포도주 사용 문제(14:21)와 관련이 있었다. 과연 바울은 이 갈등을 어떻게 해결하려 했을까?

먼저 바울은 〔앞서 말한 갈등과〕 관련된 사람들을 각기 믿음이 "연약한" 사람들과 "강한" 사람들, 이렇게 두 그룹으로 나눈다. 바울은 자신을 믿음이 "강한" 사람들 속에 포함시키기는 하지만(15:1), 어떤 그룹이 전적으로 옳다거나 혹은 그르다는 식으로 표현하지는 않았다. 그보다도 바울의 초점은 "약한 자들"을 멸시하고 판단해왔던 "강한 자들"의 태도에 맞춰져 있다(14:1; 15:1). 바울은 양쪽 그룹 모두를 감안하여 각각의 그룹이 스스로의 판단 상 거리낌 없는 마음에 이르는 정결을 택하도록 권하고, 또한 그리스도의 모범을 염두에 두어 서로 화합하고 존중할 것을 강조한다(15:1-9).

로마서를 잘 아는 많은 독자들은 아마도 구약성경에 기록된 율법이 부정한 음식(예, 돼지고기, 레 11장을 보라)의 소비를 금지하고 성일(예, 안식일, 레 23장을 보라)의 준수를 요구한다는 것도 알고 있을 것이다. 그러한 독자들은 또한 예수께서 "모든 음식물은 깨끗하다"(막 7:19; 참조. 행 10:1-16)라고 선언하신 것과 안식일은 사람을 제한하기 위한 것이 아니라 사람을 위한 것이라는 말씀(막 2:27)도 기억할 것이다. 하지만 복잡해 보이는 로마교회의 상황을 파악하기 위해서는 위에서 언급된 전제들 너머에 있는 배경적인 정보가 더 있어야 한다. 예를 들어, 왜 하필 채소가 지목되었는가? 왜 이것이 비판일변도의 반응과 갈등을 일으켰는가?

우리가 로마의 그리스도인들 사이에 있었던 구체적인 상황에 대해서 더 자세히 재구성하는 것은 분명 어려운 일이다. 하지만 (다른 제2성전기 유대 문헌들뿐 아니라) 마카비1서에서 얻을 수 있는 지식에 의존하는 것은 사회-역사적 배경에서 로마서 14:1-15:3

을 해석하는 데에 분명 도움이 될 것이다. 많은 학자들의 판단에 따르면 마카비1서에 기술된 사건들은 유대인이 지닌 독특한 종교적 정체성의 시작을 의미하며, 〔그 중에서도〕 음식과 관련된 관습들은 그러한 정체성의 경계를 세우는 데 있어서 결정적으로 중요한 역할을 했다.

마카비1서: "그들은 음식으로 더럽혀지느니 차라리 죽기로 작정하였다"

고린도전서 8:8에서 바울은 "음식은 우리를 하나님 앞에 세우지 못한다"라고 말했다. 오늘날 대부분의 개신교 그리스도인들의 경우, 음식 선택과 종교적 헌신〔신앙〕이 별로 상관이 없다는 말에 쉽게 동의하겠지만, 1세기 유대인들에게 이 문제는 상당히 다른 차원의 문제였다. 당시 대부분의 유대인들에게 있어서 음식은 단순히 영양이나 즐거움을 위해 입으로 집어넣는 물질이 아니었다. 음식의 선택(과 제한)은 곧 종교적인 정결의 문제였는데, 이는 또한 사회적·종교적 정체성을 구분해주는 역할을 감당하기도 했다.

이제 마카비의 이야기를 살펴봄으로써, 유대인들이 음식 정결에 관한 하나님의 명령들을 얼마나 책임 있게 다루었는지 그 심각성의 깊이를 온전히 헤아려 보고자 한다. 구약외경에 속한 마카비1서는 그리스도 탄생 이전 세기에 관하여 기록한 것이다. 특별히 초반부를 보면 안티오코스 4세(에피파네스)라 불리는 그리스의 폭군이 통치하는 장면이 나오는데, 그는 유대인과 유대인의 종교를 경멸했다. 우리는 그가 예루살렘 성전을 약탈하고(1마카 1:21-23), 유대인들을 살육했으며(1:24), 예루살렘에 불을 지르고(1:31), 많은 하나님의 백성들을 감옥에 가두었다(1:32)는 이야기를 듣게 된다. 우리는 안티오코스가 〔실제로〕 그렇게 했는지 여부만큼이나, 어떤 이유로 유대교를 경멸했는지에 관해서도 정확히 알지 못한다. 하지만 우리는 그가 통치 기간 내내 (그리스) 문화와 종교로 일종의 획일화를 이루려 했다는 이야기(1:42)를 들을 수 있다. 많은 유대인들은 두려움으로 인해 안티오코스의 명령에 복종했고 "그의 종교를 받아들였다. 그들은 우상들에게 희생 제물을 바쳤고 안식일을 더럽혔다"(1:43). 안티오코스는 "유대인들이 토라를 잊고 모든 규정을 바꾸게 될 것"(1:49)을 바라며 그들의 희생 제사를 폐지시켰고 심지어 할례도 금지시켰다(1:48). 물론 이에 저항했던 사람들도 있었다. 마카비1서의 저자는 〔그 저항과〕 회복을 요약하며 다음과 같이 말한다. "그러나 이스라엘에는 부정한 것을 먹지 않기로 굳게 결심한 이들도 많았다. 그들은 음식으로 더럽혀지거나 거룩한 언약을 모독하느니 차라리 죽기로 작정하였다. 그리고 그들은 〔정말로〕 그렇게 죽었다"(1:62-63). 이러한 사건들만 보아도 음식이라는 것이 경건한 유대인들에게 있어서는 사회적인 경계선이 되었다는 점은 분명해 보인다. 마카비1서에 나타나는 "열심"이라는 단어는 언약적 순종에 대한 유대인의 열정을 나타내는데, 이와 관련하여 특히 음식의 정결이란 문제가 눈에 띄게 드러나고 있다(2:24, 26-27, 50, 54, 58).

마카비1서 2장에서는 제사장 가문의 맛타티아스(Mattathias)라 불리는 유대인에 관한 이야기가 펼쳐진다. 그는 예루살렘 근처 모데인(Modein)에 살았다. 안티오코스가 모데인에 자신의 관리들을 보내어 공공연하게 이교도의 제사를 강요했을 때에, 지도자로 뽑힌 맛타티아스 역시 배교를 강요받았다(2:17). 맛타티아스는 그 강요에 복종하기를 거절했을 뿐만 아니라, 그리스 관리들의 명령에 굴복한 동족 유대인을 죽이기까지 했다(2:23-24). 이 사건이 안티오코스에 대한 항쟁을 일으켰는데, 그 대부분은 맛타티아스의 아들들에 의해 시작되었다고 할 수 있다. 그들을 이끈 것은 유다 마카비였다. 『마카비4서』 또한 안티오코스 아래서 유대인이 겪었던 박해를 기록하고 있다. 하지만 이 문헌의 초점은 미덕에 관한 유대인의 철학에 있다. 마카비4서 5장에서 안티오코스는 유대인의 지도자, 서기관, 제사장이었던 엘레아자르를 마주하게 된다. 여기에서 우리는 마카비1서에서 봤던 것과 같은 죽음의 위협을 보게 된다. 그 와중에 엘레아자르는 철학적인 논쟁에 참여할 기회를 잡게 된다. 안티오코스는 엘레아자르에게 부정한 돼지고기를 먹음으로써 노년에 겪는 고통으로부터 벗어날 것을 권한다. 더불어 안티오코스는 유대 철학의 빈약함을 지적하면서, 엘레아자르가 더욱 논리적인 (그리스의) 방식으로 넘어오기를 바란다(5:6-13).

엘레아자르는 유대인이 진실하신 한 분 하나님을 신뢰하고 있고, 또한 음식 규정들은 하나님의 더 높은 뜻 안에서 그 나름의 근거를 가지고 있다고 설명하면서, 안티오코스의 첫 논점을 과감하게 받아넘긴다. 이 특정한 본문에서 제시되고 있는 근거는 과연 무엇이 인간의 본성에 적합한지, 또 무엇이 (육적으로뿐만 아니라 영적인) 행복을 위해서 좋은지 하나님께서 알고 있다는 것과 관련이 있다. "그분께서는 우리 영혼에 유익한 것들은 먹으라고 명령하셨으나, 영혼에 문제가 될 만한 것들은 금지하셨다"(5:26). 엘레아자르는 다음과 같이 말하면서 첫 대화를 마친다. "입! 당신은 율법에 순종해 온 내 오랜 삶도, 내 노년도 더럽히지 못할 것이다. 심지어 죽음까지 고하는 당신의 최후통첩 앞에서도 움츠리지 않은 나의 정결함을, 나의 조상들이 기꺼이 받아줄 것이다. 당신이 경건하지 않은 자들 위에 군림할 수 있을지는 모르겠으나, 당신의 주장이나 행동으로 종교에 관한 나의 생각들 위에 주인 행세는 하지 못할 것이다"(5:36-38).

이와 관련하여 더 많은 내용을 언급할 수도 있겠지만, 여기에서 우리는 앞선 자료들로부터 수집한 내용, 특히 음식 정결에 관한 내용만을 요약해 보고자 한다.

열심

안티오코스 4세와 유대인들의 충돌로 인하여 헬레니즘 동화에 굴복한 유대인들과 조상들의 전통과 언약의 명령들을 지켰던 유대인들 사이에 분명한 경계선이 그어졌다. 따라서 토라의 음식 규정들(과 심지어 더 엄격한 관습들)을 지키는 것은 하나님에 대한 진정한 신앙을 나타내는 핵심 지표가 되었다. 이는 종교적인 생활 속 다른 측면들의 가치가 덜 해졌다는 의미가 아니라, 특별히 이 문제가 유대인의 언약 준수의 표지, 곧 하나님의 율법에 대한 열심의 표지처럼 보이게 되었다는 것이다.

정체성

크게 보면 마카비 사건으로 인하여, 유대 음식 율법들을 엄수하는 것이 종교적 충성의 표시가 되었을 뿐 아니라 공동체 내 구성원의 표시가 되었다고도 할 수 있다. 다시 말해, 할례나 안식일 준수와 함께 "거룩한 음식법"을 계속해서 지키는 것은 유대인들에게 있어서 사회적인 정체성을 강화하는 핵심적인 방법이 되었다.

자기 통제

마침내 유대 음식 율법들은 그것을 지지하는 많은 사람들을 통해 탐욕과 쾌락주의를 막는 수단으로까지 여겨졌다. 그들의 금욕적인 음식 소비 관습들은 자기 통제를 향한 노력으로 변호되었다.

로마서 14:1-15:13:
"무엇이든지 자체로 부정한 것은 없다"

다시 로마서로 돌아가서 바울이 편지를 썼던 가정교회들 사이의 관계를 자세히 살펴보면, 왜 음식에 대한 문제가 그토록 중요한 문제였는지를 더욱 더 이해할 수 있다. 대부분 학자들은 로마에 있는 본래의 신자 공동체가 예수를 믿는 유대인 신자들에 의해 세워졌다고 생각한다. 이후에 시간이 지나면서 이방인들도 믿음을 가지게 되었고 이는 분명 관습이나 전통, 관점에 있어서 변화를 만들어냈을 것이다. 로마서 14:1-15:13의 "연약한 사람들"은 안식일이나 음식과 관련된 전통적인 관습들을 계속해서 지키고자 했던 유대 그리스도인을 가리킬 가능성이 높다. 그렇다면 〔믿음이〕 "강한 사람들"은 바울이 그랬던 것처럼 기본적으로 그리스도의 사건을 새로운 시대의 시작—더 이상 음식이 정결 여부에 따라 구분하지 않는—으로 보는 이방인-그리스도인이라 할 수 있다.

위에서 살펴 본 마카비 사건에 대한 논의를 근거로 하여, 우리는 유대인 혈통의 그리스도인들이 음식 전통을 버린다는 개념을 터무니없는 것으로 치부한 이유를 이해할 수 있게 되었다. 첫째, 그들은 음식과 관련된 명령들을 준수하는 것이 하나님을 경외하는 근본적인 방법이라 이해했을 것이다("열심"). 둘째, 그들은 음식 규정들을 하나님의 백성들이 가진 독특한 사회 정체성의 표지로 이해했을 것이다("정체성"). 셋째, 많은 유대인들은 음식 정결〔의 유산〕을 버리는 것을 쾌락주의로의 큰 전진으로 이해했을 것이다("자기 통제").

포로기와 포로기 이후 시기에 특정한 규례들에 대한 신실한 충성을 외부에서 계속해서 조롱하고 모욕하는 맥락에서—독특한 "유대 정체성"이 문제가 되는 배경에서—볼 때, 로마서에서 눈에 띄는 것은 바로 분열된 그리스도인 공동체를 향한 바울의 권고이다.[1] 위

---

1. Richard N. Longenecker, *Introducing Romans: Critical Issues in Paul's Most Famous Letter* (Grand Rapids: Eerdmans, 2011).

에서도 언급했듯이 이제 나는 로마서 14:1-15:13에서 바울이 음식,
유대인의 경건과 관련된 세 가지 영역을 과연 어떻게 다루는지를
살펴보고자 한다.

그리스도 안에서의 열심

1세기 유대인들의 경우, 음식법과 관습들을 엄격하게 지키는
것을 한 분 하나님에 대한 주된 순종의 표현으로 이해했지만, 바울
은 예수 그리스도의 일하심 안에 드러난 하나님을 향한 진정한 예
배에 관하여 깜짝 놀랄만한 주장들을 펼친다. 첫째로 바울은 "무엇
이든지 자체로 부정한[속된] 것은 없다"라는 대담한 주장을 펼친다
(롬 14:14; 참조. 14:17, 20). 이것은 자칫 토라를 부정하는 것으로
보일 수 있었고, 심지어 이스라엘의 하나님을 거부하는 것으로 여
겨질 수도 있었다. 그렇기에 바울은 재빠르게 자신이 헛된 것[nihil-
ism]에 굴복하는 것이 아님을 증명한다. 오히려 각 사람은 하나님께
개별적으로 책임을 져야 하며(14:4, 10-12), 또한 중요한 것은 음식
이 아니라, 마음의 상태이다(14:6-8).[2]

바울에게 정결은 여전히 어떤 한 요인이기는 하지만, 이제 그것
은 더 이상 음식[조리]과 관련한 문제가 아니라 마음의 확신의 문제
다. 더욱이 바울은 다른 사람을 존중하고 사랑하는 열심을 통해, 하

---

2. 혹자는 여기서 마가복음 7:18-19의 반향들을 쉽게 알아차릴 수도 있을 것
   이다. 마가복음 본문 안에서 예수께서는 사람에게 들어가는 음식이 아니
   라, 사람으로부터 나오는 것(의로운 말과 행동)에 초점을 두어야 한다고 말
   씀하신다.

나님께서 가장 영광을 받으신다는 점을 반복적으로 강조한다
(14:18). 실제로 이 단락 전체는 그리스도께서 어떻게 유대인과 이
방인 모두를 있는 그대로 받아들이셨는지에 대하여 더욱 더 초점을
맞추면서 끝이 난다(15:6-13).

정체성

이는 우리의 두 번째 관심사로 이어진다. 제2성전기 많은 유대
인들은 그들이 가진 사회적 정체성, 곧 주 앞에 거룩한 하나님의 백
성이라는 정체성을 지켜내는 데 관심이 있었다. 정결과 거룩에 대
한 이러한 관심은 (많은 경우에 있어서) 구별의 신학(theology of dis-
tinction)—우리는 다르다(nihilism)—으로 귀결되었다. 바울은 이 구별을
굳이 없애려 하지는 않고, 다만 포용의 신학(theology of embrace)을 펼
쳐나갈 뿐이다. 다시 말해, ("연약한" 혹은 "강한") 각 그룹은 더
"옳게"(right) 되는 데 초점을 두지 말고 그들의 힘을 서로 환대하는
데에 쏟아야 한다. 이러한 환대의 행위는 단지 포용을 위한 포용이
아니라, 하나님의 환대하는 성품(14:3)과 모든 사람을 포용하는 십
자가의 초청(15:7)을 의식적으로 모방하는 것이라 할 수 있다.

그렇다면 과연 무엇이 그리스도인들을 구별되는 그룹으로 만
든다고 할 수 있는가? 음식 관습과 같은 것들이 아니라면 무엇으로
그들을 구별해 낼 수 있는가? 바로 그리스도인들이 그리스도를 모
방하는 모습(제자도의 상징)—화합을 이루어 내며 서로를 세워주
는 사랑—을 보고 구별할 수 있게 될 것이다(14:15, 19; 참조. 요
13:35).

자기 통제

하지만 원하는 것은 뭐든지 먹어도 된다고 할 때, 어떻게 그것이 탐식(gluttony)으로 이어지지 않을 수 있는가(이는 유대인과 대화할 때 나올 만한 질문이다)? 비록 바울이 이 질문으로 곧장 뛰어들지는 않지만, 분명한 것은 "연약함"이란 음식에 대한 연약한 의지에 초점을 둔 표현이 아니라, 새로운 언약 가운데서 그리스도께서 하신 일의 함의를 온전히 받아들이지 못하는 믿음의 "연약함"에 초점을 둔 표현이라는 점이다(14:1). 자기 통제와 관련하여 더욱 중요한 점은 "기쁨"(pleasure)과 "기쁘게 하는 것"(pleasing)이라는 개념을 바울이 재해석한 데 있다. 바울은 사람의 목표가 단순히 자신을 기쁘게 하는 것에 있어서는 안 된다는 생각을 가지고 있었다(15:1).

일부 사람들이 조장하는 음식(종류)에 근거한 구별은 결국 자기 옹호와 교만을 부채질하게 된다. 대신에 바울은 다른 사람들의 양심을 보호하고 **다른 사람들을** 기쁘게 할 목적에서 먹는 것을 지지했다. 그리스도께서 최고의 모범이 되신다. "그리스도께서도 자기를 기쁘게 하지 아니하셨나니 기록된바 '주를 비방하는 자들의 비방이 내게 미쳤나이다'함과 같으니라"(15:3). 이처럼 바울은 음식의 영역에서 ('자신을 기쁘게' 하는) 쾌락주의적인 탐욕을 피하는 문제를 ('다른 사람을 기쁘게' 하는) 환대의 배경으로 옮겨놓고 있다.

결론적으로 초기 유대교 안에서 유대인과 이방인의 관계에 대한 지식을 갖추는 것은 로마서의 독자들로 하여금 어떠한 이유로 음식 문제가 로마교회에 그토록 뜨거운 쟁점이 되었는지를 이해하는 데에 도움을 준다. 1세기 유대인들의 경우 신앙의 열심, 공동체

내 정체성, 자기 통제라는 덕을 표현하기 위해서 음식 규례들을 사용했지만, 바울은 음식의 관습들로 인해 생기는 구별이 그리스도 안에서의 환대하는 공동체를 와해시킨다고 보았던 것이다.

더 읽을거리

추가적인 고대 문헌

음식과 정결, 그리고 언약 준수 사이의 중요한 관계를 다루는 유대 문헌들을 더 연구하고 싶다면 다음을 보라. 다니엘 1:1-21; 『희년』 22:16; 필론, 『모세의 생애에 대하여』 1.278; 필론, 『특별한 법들에 대하여』 4.100-131; 『아리스테아스의 편지』 139, 142; 요세푸스, 『유대 고대사』 11.346; 토비트 1:10-12; 유딧 12장; 『요셉과 아스 낫』 7:1; 8:5; 참조. 디오도로스 시켈리오테스〔Diodorus Siculus〕, 『역사 총서』〔Bibliotheca historica〕 34.1-35.1.4. 또 이와 관련된 바울 문헌으로 는 다음과 같은 것들이 있다. 고린도전서 8:1-13; 갈라디아서 2:11-21; 골로새서 2:16-32.

영역본과 비평판

NETS

Anderson, H. "4 Maccabees (First Century AD): A New Translation and Introduction." Pages 531-64 in vol. 2 of *The Old Testament Pseudepigrapha*. Edited by James H. Charlesworth. Garden City,

NY: Doubleday, 1985.

Kappler, W. *Maccabaeorum liber I*. Septuaginta 9.1. Göttingen: Vandenhoeck & Ruprecht, 1967.

이차문헌

Barclay, John M. G. "'Do We Undermine the Law?': A Study of Romans 14.1-15.6." Pages 287-308 in Paul and the Mosaic Law. Edited by James D. G. Dunn. Grand Rapids: Eerdmans, 2001.

Bartlett, John R. 1 Maccabees. GAP. Sheffield: Sheffield Academic, 1998.

Dunn, James D. G. *The Partings of the Ways: Between Christianity and Judaism and Their Significance for the Character of Christianity*. London: SCM, 1991. Freidenreich, David M. "'They Kept Themselves Apart in the Matter of Food': The Nature and Significance of Hellenistic Jewish Food Practices." Pages 31-46 in *Foreigners and Their Food: Constructing Otherness in Jewish, Christian, and Islamic Law*. Berkeley: University of California Press, 2011.

MacDonald, Nathan. "You Are How You Eat: Food and Identity in the Postexilic Period." Pages 196-218 in *Not Bread Alone: The Uses of Food in the Old Testament*. Oxford: Oxford University Press, 2008.

Toney, Carl N. *Paul's Inclusive Ethic: Resolving Community Conflicts and Promoting Mission in Romans 14-15*. WUNT 2.252. Tübingen: Mohr Siebeck, 2008.

제19장
토비트와 로마서 15:14-33
유대인의 구제와 모금

데이비드 E. 브리오네스(David Briones)

로마서 15:14-33에서 바울은 예루살렘에서부터 일루리곤에 이르기까지 사도로서 자신이 이루어 낸 사역을 회상하고(롬 15:19), 또한 로마에 있는 그리스도인들에게 도움을 구하면서 향후 스페인을 향해 서진할 선교를 계획했다(15:24, 28). 하지만 그전에 바울은 사도로서 중요한 직무를 완수해야 했다. 이는 예루살렘 신자들을 위한 모금(collection)(15:25-28), 곧 대부분 이방인으로 구성된 교회들로부터 모은 재정적인 선물을 예루살렘에 있는 가난한 유대 그리스도인들에게 나눠주고자 하는 신학적·실천적 과업이었다. 바울의 관점에서 이 너그러운 행위를 떠받치고 이끌어 내며 심지어 동기를 부여하는 것은 풍성한 수여의 신학(theology of giving)—여기에는 제삼자로서 선물을 수여하시는 하나님이 내포되어 있다—이었다. 예루살렘을 위한 모금은 이방인 교회들과 가난한 유대 그리스도인들 사이에서 일어나는 단순한 쌍방향 교환이 아니었다. 바울은 하나님께서도 그 안에서 중대한 역할을 하고 계심을 보았다. 이에 따라 로마서 15장에서 바울은 교회들이 모은 풍성한 선물을 **통하여** 가난한 성도들에게 수여를 행하시는 하나님이 포함된 삼자간의 관계 안에 이 모금을 위치시킨다.

하지만 이 삼자간의 선물 수여가 가진 역학관계는 바울이나 그리스도인들에게서만 나타나는 독특한 특징은 아니었다. 초기 유대교에서 구제―궁핍한 사람들에게 금전이나 양식을 주는 관습―에 참여하는 자들 역시 가난한 자들에게 전달되는 선물 가운데서 하나님이 중요한 역할을 하신다고 생각했다. 이 너그러움의 유형적 표현은 특히 토비트서에서 광범위하게 다루어지고 있다.[1] 일부 학자들은 유대적인 유산에 뿌리를 두고 있는 바울이 모금과 관련하여 친숙한 구제 방식을 취한 것뿐이라고 주장하기도 한다. 하지만 토비트서에 나오는 구제와 로마서 15장의 모금―특히 선물 수여의 역학과 각 관습에 수반되는 근본적인 신학―을 면밀하게 비교해 본다면, 수여에 관한 바울의 관점이 토비트서의 유대적인 구제와 유사하면서도 **구별된다**는 결론에 이르게 될 것이다.

---

1.   토비트서에 대한 일반적인 소개는 본서의 15장을 보라(Goodrich).

토비트:
"구제는 죽음에서 구해준다"

"구제"라는 용어는 토비트서의 시작 부분과 결말 부분 모두에서 나타나 인클루지오(inclusio)를 형성한다. 이야기의 시작 부분에서 주인공 토비트는 "많은 구제 행위"를 실천함으로써 "[그의] 평생토록 의와 진리의 길을 걸은" 사람으로 묘사된다(토비트 1:3). 이야기의 결말 부분에서 토비트는 자신의 아들 토비아스에게 "하나님을 충실히 섬기고 그분께서 기뻐하시는 일을 하라"고 권면하는 가운데 구체적으로 "구제를 행하라"는 유언을 남긴다(14:8). 이러한 인클루지오 구조 안에 선물 수여의 역학과 근본적인 구제 신학을 드러내는 세 개의 핵심 본문들이 배치되어 있다.

[5] 나의 아들아. 너의 평생에 주를 기억하고 그분의 계명을 어기거나 죄를 지으려는 뜻을 품지 마라. 평생토록 의롭게 살아가고 불의의 길로 나아가지 마라. [6] 진리를 실천하는 자들은 그들이 하는 모든 일에서 성공을 거둘 것이다. 의를 행하는 모든 자들에게 [7] 네가 가진 것에서 구제를 베풀어라. 그리고 구제를 베풀 때에는 네 눈이 선물을 아까워하도록 두지 마라. 누구든 가난한 이에게서 너의 얼굴을 돌리지 마라. 그러면 하나님의 얼굴도 너에게서 돌아서지 않을 것이다. [8] 네가 많은 것을 가졌다면, 그에 맞게 구제를 베풀어라. 네가 가진 것이 적다면, 네가 가진 적은 것을 따라 베푸는 것을 두려워하지 마라. [9] 너는 궁핍에 처하는 날을 대비하여 너 자신을 위해 좋은 보물을 쌓아두는 것이

다. [10] 구제는 사람을 죽음에서 구해주고 네가 암흑으로 빠져들지 않게 해주기 때문이다. [11] 구제를 행하는 모든 자들에게는 그 구제가 지극히 높으신 분 앞에 훌륭한 선물이 된다. (토비트 4:5-11).

[16] 굶주린 이들에게 너의 양식을 나누어 주고, 헐벗은 이들에게 너의 옷을 나누어 주어라. 너에게 풍족한 것을 구제로 베풀고, 구제를 베풀 때에는 네 눈이 구제 베풂을 아까워 하도록 두지 마라. [17] 의로운 자들의 무덤에는 너의 빵을 내놓되 죄인들에게는 주지 마라. (토비트 4:16-17).

[8] 금식하며 기도하는 것은 좋으나, 그보다 의로 구제하는 것이 더 낫다. 불의로 부유한 것보다 의로 부족한 것이 더 낫다. 금을 쌓아 두는 것보다 구제를 베푸는 것이 더 낫다. [9] 구제는 죽음에서 구해준다. 그리고 모든 죄를 깨끗이 없애 준다. 구제를 베푸는 자들은 충만한 삶을 누릴 것이다. [10] 그러나 죄를 저지르고 악을 행하는 자들은 스스로가 삶의 원수가 된다. (토비트 12:8-10).

선물의 역학

위 단락들을 살펴보면 유대인의 구제에서 나타나는 선물의 다섯 가지 역학이 부각되고 있음을 알 수 있다.

1. 베푸는 것을 아까워해서는 안 된다(4:7). 부유하든 가난하든 선물은 각자 가진 것을 따라 만들어지며(4:8), "남는 것"에서 주어

지는 것이기 때문이다(4:16).

2. 구제는 "죄인들"(4:17)이 아니라 오직 "의를 행하는 자들"(4:6)에게만 베풀어져야 한다

3. 그럼에도 구제를 베푸는 것은 의무이다. 다소 미묘하긴 하지만 구제를 "계명"(4:5), 죄의 용서(12:9), "궁핍의 날"과 "암흑"(4:10)에서 벗어나는 수단과 연결하는 것은 토비트서 안에서 어떻게 구제가 경건한 유대인들에게 의무가 되는지를 보여준다.

4. 구제는 또한 하나님 앞에서 "제물"에 비유된다(4:11).

5. 사실 구제를 베푸는 자에게 보답하는 이는 구제를 받는 가난한 수혜자가 아니라 하나님이시다. 가난한 자에게서 "얼굴"을 돌리는 사람은 이후 하나님께서 그 사람으로부터 당신의 "얼굴"을 돌리신다는 결말로 이어진다(4:7; 참조. 13:6; 14:10; 잠 19:17). 반면 하나님께서는 구제 행위를 죄의 용서로(12:9), 성공으로(4:6; 12:9), 심지어 영원한 안전(4:9)으로 보답하신다. 이 선물의 역학 안에도 자기 유익[self-interest]의 요소가 잠재되어 있긴 하지만(4:6-7, 9-10; 12:8-9), 이는 착취적이라기보다는 서로 간의 유익을 위한 것이라 할 수 있다. 수여자는 궁핍한 자를 돕는 일을 통해 하나님을 영예롭게 하기도 하지만 동시에 그것은 자신을 향한 유익을 얻는 일이기도 하다.

삼자간의 관계 패턴

선물이 가진 이러한 역학은 그 안에 내포된 신학적인 관계 패턴, 즉 수여자, 수혜자 그리고 하나님이라는 삼자간의 관계를 드러

내는데, 이는 다음의 도표를 보면 알 수 있다.[2]

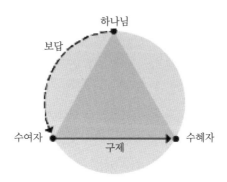

흥미롭게도 수혜자는 이 관계에 있어서 부수적인 역할을 맡을
뿐이다. 사실 선물이 가난한 수혜자에게 주어지기는 해도 그것이
수여자와 수혜자를 주고받는 관계(즉, 상호 유익의 관계)로 묶어내
는 것은 아니다. 오직 하나님께서만 구제를 베푸는 자에게 보답하
신다. 더욱이 수여자들은 자신들의 "남는 것"에서 베푸는 것이다
(4:16). 즉, 스스로가 선물의 근원이 되고 있다. 궁극적으로 이 선물
수여 도식은 토비트서에 내재된 신명기 신학에서 유래했을 가능성
이 크다. 이스라엘 백성은 출애굽 사건 가운데서 하나님께서 그들
에게 하신 일에 대한 [마땅한] 반응으로, 가난한 이들에게 선물을 주
어야 했다(참조. 신 10:17-19; 24:10-22).

---

2.   본서 19장의 모든 도표는 실선으로 된 화살표와 점선으로 된 화살표를
      가지고 있는데, 전자는 **처음의** 선물을 표시하는 것이고, 후자는 **보답하는**
      선물을 표시하는 것이다.

로마서 15:14-33:
"이방인들은 … 유대인들과 나눠야 하는 빚을 진 것이다"

구제와 모금 사이에 공통점과 차이점을 결정 짓기 전에 우리는 먼저 로마서 15:14-33의 배경을 설정할 필요가 있다. 이전 단락(롬 14:1-15:13)에서 바울은 여러 가지 차이점들로 인해 공동의 예배를 드리지 못하고 있는 교회 안의 두 그룹을 화합시키고자 했다. 이는 15:14-33에서 바울이 예루살렘을 위한 모금에 대하여 논의하는 토대가 된다. 이 자비로운 계획은 유대인들과 이방인들을 하나님께 공동으로 예배하는 일에 끌어들임으로써 그들 사이의 긴장 관계를 완화하려는 시도였기 때문이다(참조, 고후 9:11-15). 15:25-28에서 바울은 모금에 초점을 맞추고 있다.

[25] 그러나 이제 나는 예루살렘에 있는 주의 백성을 섬기는 일로 그곳에 가는 길이다. [26] 이는 마게도냐와 아가야 사람들이 예루살렘에 있는 주의 백성 중 가난한 자들을 위하여 기쁘게 연보(contribution)하였기 때문이다. [27] 저희가 연보하기를 기뻐했으며, 사실 저희는 그들에게 그것을 빚진 자들이기도 하다. 만일 이방인들이 유대인들의 영적인 축복을 나눠 가졌으면, 저희는 물질적인 축복을 유대인들과 나눠야 하는 빚을 진 것이다. [28] 그러므로 내가 이 일을 마치고 그들이 이 연보를 확실히 받게 한 후에, 너희에게 들렀다가 스페인으로 갈 것이다.

선물의 역학

위 본문에서 나타나는 선물의 다섯 가지 역학은 유대인의 구제에서 나타나는 역학과 거의 동일하다.

1. 선물은 마지못해 아까워하면서 주는 것이 아니라 자발적으로 주어야 한다. 마게도냐와 아가야 사람들은 자신들의 재정에서 "기쁘게" 연보하였다(15:26-27[2회]; 참조. 고후 8:3, 10-12; 9:5, 7).

2. 적합한 수혜자들은 주로 유대 그리스도인들이다(15:25-26, 31; 참조. 고전 16:1; 고후 8:4; 9:1, 12).

3. 바울은 모금을 제의적 언어로 표현한다. "제물"(15:16), "나눠 가지다"〔share with〕(15:27), "마치다"〔complete〕(15:28; 참조. 고후 8:6, 11), "주의 백성을 섬기는 일"〔service of the Lord's people〕(15:25; 참조. 고후 9:12).[3]

4. 선물 수여에 대한 현대의 정서와는 다르게 바울은 토비트와 마찬가지로 모금을 의무로 인식하고 있다.

5. 실제로 이방인들은 그리스도 안에서 그들이 받은 **영적인** 부를 예루살렘에 있는 가난한 성도들에게 **물질적으로** 보답해야 할 "빚을 지고 있다." 이 주고 받음은 로마서의 중심적인 신학 주제를 드러낸다. 영적인 축복—이 축복은 그리스도 사건에 내포된 은혜의 선물로 표현되고 있다—은 먼저는 유대 그리스도인에게 속한 것인데, 이는 곧 이스라엘에게 주어진 약속들이 성취된 것이라 할 수

---

3.   로마서 15:14-32에서 사용된 제의적 언어에 대해 더 자세히 살펴보려면 다음을 보라. David J. Downs, *The Offering of the Gentiles* (WUNT 2 .248; Tübingen: Mohr Siebeck, 2008), 146-60.

있다(1:16; 4:13-16; 11:17-24; 15:7-8). 따라서 이 축복을 나누어 가진 이방인들은(참조. 11:17-18) 물질적인 선물로 보답함으로써 그들이 빚진 것에 대한 감사를 표현해야 한다.

삼자간의 관계 패턴

마지막 공통점이 하나 더 남아있다. 하나님께서는 유대인과 이방인 사이에 이루어지는 이 주고 받음 속에서 매우 중요한 제삼자이시다. 하지만 이러한 요인은 더 넓은 문학적 배경 없이 단순히 15:25-28을 읽기만 해서는 발견되지 않는다. 실제로 이 본문에서만 나타나는 관계 패턴은 다음의 도표와 같다고 할 수 있다.[4]

15:25-28을 15:15-19와 함께 읽어보면, 이 주고 받음에 있어서 하나님의 역할이 상당히 중요하다는 것을 분명하게 알 수 있다(고딕체 첨가).

[15] 그러나 내가 몇 가지에 대해서 아주 담대하게 쓴 것은 하나님께서

---

4.   본서 19장의 모든 도표는 실선으로 된 화살표와 점선으로 된 화살표를 가지고 있는데, 전자는 처음의 선물을 표시하는 것이고, 후자는 보답하는 선물을 표시하는 것이다.

내게 주신 은혜에 힘입어 너희에게 다시 상기시키기 위함이다. [16] 〔하나님께서 이 은혜를 나에게 주신 것은 나로 하여금〕 이방인들에게 보냄을 받은 예수 그리스도의 일꾼이 되게 하시기 위함이다. 하나님께서는 나에게 하나님의 복음을 선포하는 제사장의 직무를 주셨는데, 이는 이방인들로 하여금 성령으로 거룩하게 되어 하나님께서 받으실 만한 **제물**이 되게 하기 위함이다.

[17] 그러므로 나는 하나님을 섬기는 일〔service〕을 그리스도 예수 안에서 자랑스럽게 여긴다. [18] 나의 말과 행동으로 이방인들이 하나님께 순종하도록 하기 위하여, 그리스도께서 나를 통해 이루신 일 외에는 아무것도 감히 말하지 않으려 한다—[19] 하나님의 영의 권능을 통하여, 표징과 이적의 능력으로 〔이방인들이 하나님께 순종하도록 하기 위하여〕. 그래서 나는 예루살렘에서 일루리곤에 이르기까지 두루 다니면서 그리스도의 복음을 완전히 선포하였다.

많은 해석가들은 예루살렘을 위한 모금을 연구하면서도 15:15-19을 등한시한다. 이것은 주로 그들이 (NIV가 제안하듯이) 15:16의 하나님께 드리는 "제물"을 바울의 이방인 개종자들로 이해하기 때문이다. 그러나 이 표현을 "이방인들의/이방인들로부터 나온 제물"〔the offering of/from the Gentiles〕로 번역하여, 그것이 가리키는 바가 이방인들의 순종하는 삶이라기보다는 예루살렘에 있는 가난한 성도들에게 전달되는 이방인들의 선물이라고 이해하는 것이 더 낫다.[5] 분명 바울이 이방인들의 순종을 중요시 하긴 하지만, 문자적으로 가난한 자들에게 주어진 "제물" 혹은 "선물"이란 의미를 배제할 순 없다. 15:15-19이 15:25-28에 전제된 관계 패턴을 나타내는 한, 전자의 단락이 후자의 단락을 보완한다고 할 수 있다.

또한 이를 넘어서서 하나님과 바울, 이방인이라는 삼자간의 관계까지도 15:15-19에서 식별될 수 있다. "하나님의 복음"(15:16)이자 "그리스도의 복음"(15:19)인 "은혜" 혹은 "선물"은 하나님**으로부터**(15:15) 바울**에게로** 그리고 이제 바울을 **통해서**(15:15, 18) 이방인에게까지 **미친다**(15:16). 그렇다면 복음은 하나님께 〔드릴〕 "제물"을 만들어 내기 위하여(15:16), 성령의 도우심으로(15:16, 19) 이방인의 마음 가운데 역사하고 있다고 할 수 있다. 이것은 다음과 같은 도표로 만들 수 있다.[6]

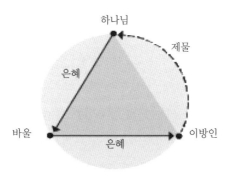

---

5. Downs, *Offering of the Gentiles*, 149-50.
6. 본서 19장의 모든 도표는 실선으로 된 화살표와 점선으로 된 화살표를 가지고 있는데, 전자는 **처음의** 선물을 표시하는 것이고, 후자는 **보답하는** 선물을 표시하는 것이다.

이 관계 패턴에서 드러나는 한 가지 놀라운 점은 **하나님께 드리는 이방인들의 제물**이 동시에 **예루살렘의 가난한 성도들에게 주는 선물**이 된다는 점이다. 이것은 15:25-28에서도 분명하게 드러나는데, 그곳에서도 역시 동일한 관계 역학이 발견된다. 바울에 따르면 마게도냐와 아가야에 있는 교회들은 모금하는 일에 열심이었다(15:26). "이방인들"—단순히 위에서 언급된 특정 교회들만을 가리키지 않는다—은 유대인들을 **통해서** 전달된 "영적인 축복"을 나눠 가졌기 때문이었다. 그 축복에 대한 반응의 일환으로 이방인들은 가난한 예루살렘 성도들에게 "물질적인 축복"으로 보답하고자 했다(15:27). 하지만 사실 두 그룹 위에 계신 하나님야말로 궁극적으로 모든 선물의 수여자이시다(참조. 11:36)—그 선물이 "영적"이든지(3:24, "모든 사람이 그분의 은혜로 값없이 의롭다 하심을 얻었다", 고딕체 첨가) 혹은 "물질적"이든지(고후 8:1-2, "우리는 하나님께서 마게도냐 교회들에게 주신 은혜를 너희가 알기를 원한다 … 그들의 넘치는 기쁨과 극심한 가난이 **풍성한 너그러움**〔연보〕을 넘치도록 하게 했다", 고딕체 첨가) 간에 말이다.

하나님께서는 바울과 이방인들을 **통해** 물질적인 축복을 전달하신다. 놀랍게도 바울은 자신의 역할을 로마서 15:16-18에 있는 이방인들의 역할과 결합된 것으로 이해하고 있다. 모금은 곧 바울이 **하나님을** "섬기는 일"〔15:17〕이면서 동시에 이방인들이 **하나님께** 드리는 "제물"과 "순종"이기도 하다. 본질적으로 **하나님으로부터** 먼저 받지 않고는 **하나님께** 드릴 것이 없는 것이기에, 〔먼저 하나님으로부터 물질적인 축복을 받은〕 이방인들이 각기 전달자로서 가난한 성도들에게 물질적인 선물을 전달하고자 연합한다. 15:15-19와 15:25-28을 한데 묶으면 결국 다음과 같은 관계 패턴이 드러난다.[7]

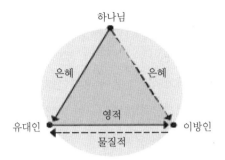

차이점들

바울과 토비트서 사이에 중요한 많은 차이점들이 있지만, 그 중에서도 구체적으로 두 가지 차이점에 주목해야 한다. 첫 번째 차이점은 토비트서와는 달리, 바울은 하나님께서 인간 수여자들에게 **보답하실** 뿐만 아니라 수여할 **물질도 제공하신다**고 주장한다는 것이다. 즉, 유대인들과 이방인들은 그들이 가진 근원에서 끌어오는 것이 아니라 하나님께서 그들로 하여금 당신의 풍성한 소유에 접근할 수 있도록 해주시는 것이다. 뒤따르는 두 번째 차이점은 수직적인 관계자이신 하나님께서 〔유대인과 이방인이라는〕 수평적인 그룹들을 상호 의존적으로 서로 유익을 주고받고 선물과 필요를 나누는

---

7. 본서 19장의 모든 도표는 실선으로 된 화살표와 점선으로 된 화살표를 가지고 있는데, 전자는 처음의 선물을 표시하는 것이고, 후자는 보답하는 선물을 표시하는 것이다.

공동체로 만들어 가신다는 것이다. 토비트서에서는 구제가 수여자와 가난한 수혜자 사이에 관계적인 연줄을 만들어 내지 못한다. 상호관계는 단지 수여자와 하나님 사이에만 존재할 뿐이다. 그러나 로마서에서는 하나님께서 유일한 신적 근원이 되시며 그것을 유대인들과 이방인들 모두가 나누어 갖는다. 로마서 11:17을 사용하여 이것을 설명하자면, 마치 이방인들이 유대인들 곧 올리브 나무 뿌리에 접합되어 함께 나누는 자들(sharers)이 된 것과 같이 이제 그들 모두는 공통된 은혜의 근원을 동등하게 나누어 갖고 끌어올 수 있게 되었다는 것이다. 〔결론적으로〕 모금을 통해 예상되는 성과는 많은 이들의 주장과는 다르게, 단지 유대인들과 이방인들 사이의 화합에만 있는 것이 아니다. 화합은 서로 간의 교제를 향상시키고, 친밀함을 발전시키는 더 본질적인 과업의 시작일 뿐이다(참조. 1:11-12; 12:1-21; 15:7; 고후 1:3-11). 다시 말해, 화합은 수단에 불과하며 "그리스도 안에서" 상호 의존적인 공동체로 성장하는 것이 더 궁극적인 목적이라 할 수 있다.

더 읽을거리

추가적인 고대 문헌

구제의 중요성에 대해서는 다음을 보라. 시락서 3:30-4:10; 7:10, 32-36; 12:1-7; 29:8-13; 35:17-26. 수여에 관한 바울 문헌으로는 다음을 보라. 고린도전서 16:1-4; 고린도후서 8-9장.

영역본과 비평판

NETS

NRSV

Hanhart, Robert. *Tobit*. Septuaginta 8.5. Göttingen: Vandenhoeck & Ruprecht, 1983.

Weeks, Stuart, Simon Gathercole, and Loren Stuckenbruck, eds . *The Book of Tobit: Texts from the Principal Ancient and Medieval Traditions with Synopsis, Concordances, and Annotated Texts in Aramaic, Hebrew, Greek, Latin, and Syriac*. FSBP 3. Berlin: de Gruyter, 2004.

이차문헌

Apostle Paul: A Polite Bribe—An Apostle's Final Bid. DVD. Directed by Robert Orlando. The Nexus Project, 2014.

Briones, David E. *Paul's Financial Policy: A Socio-Theological Approach*. LNTS 494. London: T&T Clark, 2013.

Downs, David J. *The Offering of the Gentiles*. WUNT 2.248. Tübingen: Mohr Siebeck, 2008.

Fitzmyer, Joseph A. *Tobit*. CEJL. Berlin: de Gruyter, 2003.

Garrison, Roman. *Redemptive Almsgiving in Early Christianity*. JSNTSup 77. Sheffield: Sheffield Academic, 1993.

Orlando, Robert. *Apostle Paul: A Polite Bribe*. Eugene, OR: Cascade, 2014.

제20장
회당 비문들과 로마서 16:1-27
여성과 그리스도인의 사역

수전 매튜(Susan Mathew)

총 16장으로 끝나는 로마서라는 바울의 편지는 그의 편지들 가운데서도 몇 가지 점에서 독특하다고 할 수 있다. 로마서 16:1-16에서 바울은 로마교회를 향해 유별날 만큼 많은 숫자의 사람들에게 문안하라고 명령하면서(27명의 사람들과 관련해서 16번의 "문안하라"는 명령을 사용한다), 그들 다수의 이름을 언급하고 각각에 짧은 설명을 덧붙인다.[1] 더욱이 그 사람들 중 최소한 9명은 여성이라 볼 수 있는데, 주어진 설명에 따르면 그들 대부분은 교회 사역에 적극적으로 관여했다고 할 수 있다. 이를테면 바울은 브리스가와 마리아, 드루배나, 드루보사, 버시가 주 안에서 "수고"함을 언급

---

1. 이러한 서술 문구들이 다른 바울 편지들의 결말에서보다 훨씬 더 많은 빈도수로 나타나고 있다. 또한 이 문구들은 바울이 곧 방문하기를 희망하는 로마교회와 자신 사이에 유대감을 강화하는 기능을 한다.

하기도 하고(롬 16:3-4, 6, 12), 유니아가 "사도들 중에 뛰어난" 자라고 언급하기도 한다(16:7). 또한 바울은 루포의 어머니(16:13)의 환대에 감사하고, 율리아(Julia)와 네레오(Nereus)의 자매(16:15)에게도 문안한다. 더불어 고린도에 인접한 항구 도시, 겐그레아(교회)의 편지 전달자 뵈뵈(16:1-2)를 추천하기도 한다.

이러한 서술 문구들은 초기 교회 안에서 (이루어진) 여성들의 참여와 관련하여 무엇을 말해주는가? 또한 여성들의 사역 참여에 제한을 두는 언급이 전혀 나타나지 않고, 남자들과 나란히 여성들이 다루어지고 있다는 것은 교회 사역과 리더십에 있어서의 여성에 대한 바울의 태도에 관해 무엇을 말해주는가? 이러한 질문들에 대답하는데 도움이 되기 위해서, 나는 바울이 그리스도인 여성들에게 돌리는 역할과 칭호를, 그리스-로마 세계의 다른 종교적 배경 안에서—특히 회당 비문들에 초점을 두고 유대교라는 배경 안에서—여성들이 가졌던 역할 및 칭호와 비교해보고자 한다.

본서의 이전 장들에서 비교 대상이 되었던 문헌들의 본문과는 달리, 비문은 보통 특별한 사람이나 사건을 기념하기 위한 목적으로 돌이나 청동에 새겨진 독자적이고 함축적인 서술 혹은 기록을 가리킨다.[2] 고대 그리스나 로마와 같은 명예 문화[3] 안에서는 개개인

---

2.   그리스 비문들에 관한 연구 개요에 대해서는 다음을 보라. Bradley H. McLean, *An Introduction to Greek Epigraphy of the Hellenistic and Roman Periods from Alexander the Great Down to the Reign of Constantine* (323 BC-AD 337) (Ann Arbor: University of Michigan Press, 2002).
3.   명예문화는 사회적인 배경이라 할 수 있는데, 대중의 인정과 존중을 얻고 유지하는 것은 그 안의 사람들에게 있어서 무엇보다 우선시되는 일이었

의 행위나 업적을 공적으로 인정하기 위해서 도시 전체뿐만 아니라 사적인 그룹들 역시 흔히 비문을 사용했다—뛰어난 업적을 이루고 난 이후 곧바로 만들어지든지(명예 비문) 혹은 사람이 죽었을 때 만들어지든지(장례 비문). 비문의 서술은 보통 각 개인이 수행했던 공적인 역할 혹은 가졌던 칭호와 같은 중요한 전기〔biographical〕자료를 담고 있다. 이러한 정보가 곧 로마서 16장—여기서 바울은 몇몇 여성 동역자들의 사역적 공헌을 인정하고 있다—을 연구하는데 있어서 비문을 더욱 더 각별하게 만드는 요소이다.

회당 비문들: "유대인 여성, 회당의 머리, 루피나"

고대 지중해 지역의 세계가 대개 여성의 역할과 권리에 제한을 두는 사회적 배경, 즉 가부장적 사회로 이루어져 있다는 것은 널리 인정되고 있는 사실이다. 그렇다 하더라도 일부 여성들이 헬레니즘 시대와 로마 시대 동안에 분명 지도자로서 공적인 역할을 한 것으로 알려져 있다는 사실을 인식하는 것이 중요하다. 예를 들어, 바울이 사역하던 시기에 고린도에 살았던 부유한 리키아인, 유니아 테오도라〔Junia Theodora〕는 그녀가 시민으로서 보여준 수많은 선행

다. 참조. David A. deSilva, *Honor, Patronage, Kinship and Purity: Unlocking New Testament Culture* (Downers Grove, IL: InterVarsity Press, 2000).

들로 인하여 5개의 비문들이 기록되는 명예를 누렸다.[4] 또한 주전 1세기의 한 비문을 보면, 아폴로니우스[Apollonius] 딸이자, 테살루스[Thessalus]의 아내인 필레[Phile] 역시 "프리에네[소아시아 서부]에서 재판관[magistrate] 지위에 오른 최초의 여성"이란 명예를 누렸다(『프리에네』 비문 208).

여성 회당 후원자들

고대에 수많은 유대 여성들 또한 그들의 주된 사회-종교적 배경인 회당 안에서 중요한 역할을 수행했던 것으로 알려져 있다.[5] 비문을 통해서도 입증되었듯이, 일부 여성들의 경우 회당 후원자로서 지역 회당을 짓는 프로젝트에 후원을 아끼지 않았다.[6] 이오니아의 포카이아[Phocaea](소아시아 서부)에서 발견된 주후 3세기 비문은 회당 전체를 건축하는 일을 후원한 연고로 타티온[Tation]에게 경의를 표하고 있다.

---

4. 공적인 영역에서 유니아 테오도라와 다른 여성들에 관한 논의를 살펴보려면 다음을 보라. Bruce W. Winter, *Roman Wives, Roman Widows: The Appearance of New Women and the Pauline Communities* (Grand Rapids: Eerdmans, 2003), 173-204.

5. Bernadette J. Brooten, *Women Leaders in the Ancient Synagogue: Inscriptional Evidence and Background Issues* (BJS 36; Chico, CA: Scholars Press, 1982).

6. Paul R. Trebilco는 후원금에 관한 53개의 비문 중 4개는 여성들만으로 [후원금이] 제공되었음을 언급하고 있으며, 또 다른 15개 비문은 여성들과 그들의 남편에 의해 제공되었음을 언급하고 있다고 말한다. *Jewish Communities in Asia Minor* [Cambridge: Cambridge University Press, 1991], 112).

엠페돈(Empedon)의 아들 스트라톤(Straton)의 딸, 타티온은 야외 뜰의 담
과 건물을 세웠다. [이에 따라] 유대인 회당은 엠페돈의 아들 스트라톤
의 딸, 타티온에게 황금으로 된 관과 명예의 자리를 주며 경의를 표했
다(*CII* 738).[7]

타티온은 회당 건축을 위한 비용을 독자적으로 낼 만큼 상당한
재력을 가졌던 것으로 보인다. 타티온이 그 관대함 덕분에 얻게 된
명예의 자리는 역할이 있는 지위라기보다는 아마 전적으로 명예를
기리는 자리였겠지만, 폴 트레빌코(Paul Trebilco)가 결론내리는 것처
럼 그녀가 "공동체 안에서 존경받는 중요한 인물이었음"은 분명해
보인다.[8]

여성 회당 지도자들

주전 2세기부터 주후 6세기까지의 비문들은 특정 여성들이 회
당에서 중요한 지위를 차지하고 있었음을 보여준다. 5개의 비문을
통해 여성들이 "회당의 어머니"란 칭호를 가졌다는 사실이 입증되
었다(*CII* 496; *CII* 166; *CII* 523; *CII* 639; *CII* 606). 이는 아마도
틀림없이 [여성들이] 리더십과 회당운영에 적극적으로 참여했다는
것을 가리키는 표현일 것이다. 정확한 시기는 알려지지 않았지만,
테살리아(Thessaly)(북부 그리스) 비문은 페리스테리아(Peristeria)라는

---

7.   Trebilco, *Jewish Communities*, 110.
8.   *Ibid.*

여성을 "지도자"로 언급하고 있다(*CII* 696b). 또한 다른 고대 유대 여성들과 함께, 아풀리아〔Apulia〕(이탈리아)의 베로니케네〔Beronikene〕(*CII* 581)와, 트라케〔Thrace〕(흑해 북부)의 레베카〔Rebeka〕(CII 692)의 경우 묘비에 회의〔council〕 "장로"〔elder〕라는 칭호가 주어졌는데, 이는 당시 그녀들이 지도자로 여겨졌고 매우 존경을 받았음을 의미한다.

또 다른 중요한 점은 소아시아의 세 여성 역시 "회당의 머리"로 〔불렸다는 것이〕 입증되었다는 것이다—트레빌코에 따르면, 이 칭호는 "때로는 공동체를 가르치고, 또 때로는 누군가에게 설교를 요구하는 등, 회당의 영적인 방향과 규정을 책임졌던 지적·영적 지도자"를 가리켰다.[9] 주후 2세기 혹은 3세기 것으로 추정되는 스미르나〔Smyna〕(소아시아 서부) 장례 비문은 "유대인 여성, 회당의 머리, 루피나"가 "그녀의 집에서 자란 노예들과 자유롭게 된 노예들을 위해 이 묘비를 만들었다"고 기록하고 있다(*CII* 741). 또한 주후 4세기 혹은 5세기 크레타〔Crete〕 비문은 "키사모스〔Kisamos〕 회당의 머리이자 장로, 고르틴〔Gortyn〕의 소피아〔Sophia〕"(*CII* 731c)를 언급하고 있으며, 주후 4세기 혹은 5세기 것으로 추정되는 카리아〔Caria〕(소아시아 서부) 비문은 "회당의 머리, 테오펨테〔Theopempte〕"(*CII* 756)를 언급하고 있다. 일부 학자들은 이 여성들에게 맡겨진 역할들이 전적으로 명예를 기리는 것에 불과했으며, 그마저도 남편들의 명성 덕분에 얻게 된 것이라 생각한다. 따라서 여성들이 차지한

---

9.   *Ibid.*, 104-5.

지위는 〔실제적으론〕어떠한 책임도 없었다는 것이다. 하지만 비문에는 남편들이 언급되고 있지 않기 때문에, 이 여성들이 맡았던 역할이 "회당운영과 권면에 적극적으로" 참여했던 상대 남성들과 동일했다고 가정하는 것이 최선이다.[10] 이것은 아마도 루피나에게 가장 잘 해당된다고 볼 수 있는데, 그녀의 운영 권한은 수많은 노예들과 자유민들을 관리했다는 사실에서 분명하게 드러난다.

지금까지의 간략한 연구는 고대 지중해 지역 사회가 가부장적이긴 하지만 어떤 여성들의 경우 유대 회당과 같은 다양한 공적 배경에서 중요한 역할을 수행할 기회가 있었음을 보여준다. 일부 유대 여성들은 회당의 머리, 장로, 지도자, 어머니로 인정받으며, 남성과 동일한 칭호로 불렸다. 물론 조사한 대부분의 참고 자료들은 주후 1세기의 것이 아니다. 하지만 이 증거를 조심스럽게 사용한다면 1세기 유대 문화는 리더십 역할을 수행한 여성들—이는 우리가 로마서를 읽는데 있어서 중요한 함의를 가지는 역사적인 현상이다—을 대적하지 않았으며 때로는 칭송하기까지 했다고 말할 수 있다.

---

10.   Brooten, Women Leaders, 30; 참조. Trebilco, *Jewish Communities*, 106.

로마서 16:1-27: "뵈뵈, 교회의 집사 …
많은 사람들의 후원자"

위에서 언급된 유대 여성들이 맡은 리더십 지위들은, 로마서 16장에서 여성들이 맡은 역할들과 상당한 평행을 이룬다. 여기서 나는 이 편지에서 특별한 위치를 차지하며, 다른 이들의 대표자로 보기에 적합한 뵈뵈에 초점을 맞추고자 한다.

바울은 자신이 로마 신자들에게 편지 전달하는 일을 맡긴 사람, 뵈뵈를 소개하고 추천하는 것으로 편지의 결말 부분을 시작한다. "나는 겐그레아 교회의 집사[deacon]로 있는 우리 자매 뵈뵈를 너희에게 추천한다. 나는 너희가 주 안에서, 주의 사람들의 합당한 방식으로 그녀를 영접하고 또한 그녀가 너희에게서 어떤 도움을 원하든지 도와주기를 부탁한다. 그녀는 나를 포함하여 많은 사람들의 후원자가 되어주었기 때문이다"(롬 16:1-2). 바울은 뵈뵈가 자신(후원자로서)과 겐그레아 지역 교회를 (집사로서) 섬겨 온 것을 열성적으로 언급한다. 그녀의 공헌이 그녀가 신뢰할 만 하다는 것 그리고 로마의 신자들에게 환대받을 자격이 있다는 것을 말해주기 때문이다. 그런데 여기서 뵈뵈에 대한 바울의 설명은, 지역교회 사역에서 그녀가 맡은 역할에 대해 과연 무엇을 말해주는가?

교회 지도자, 뵈뵈

로마서 16:1에서 "집사"[deacon]로 번역되는 그리스어의 구체적인 명사[διάκονος: "디아코노스"]는 아마도 지역교회 안의 중요한 지위

를 가리키는 것으로 보인다. 하지만 이 역할의 본래 성격은 신약성
경 어디에서도 분명하게 설명되지는 않는다. 바울이 사용하는 이
용어는 또한 "일꾼"(servant)으로도 번역될 수 있는데, 이것은 교회
라는 배경 안에서 다양한 역할들을 가리킬 수 있다. 하지만 그 역
할이 보통 가르치는 것과 관련된다는 점은 주목해야 한다(고전
3:5-6; 엡 3:7; 골 1:7, 23-25; 4:7). 또한 바울은 자신(롬 11:13;
15:31; 고후 4:1; 5:18; 6:3; 11:8)과 아킵보(골 4:17), 스데바나와 그
의 집(고전 16:15), 그 밖의 다른 그리스도인들(롬 12:7; 고전 12:5;
엡 4:12)과 같이 다양한 사람들과의 관계 속에서 그리고 갖가지 배
경 속에서 보통 "사역(혹은 직분)"(ministry) 혹은 "섬김"(service)으로
번역되는 추상명사("디아코니아")를 사용하기도 한다. 가장 중요한
것은 바울이 빌립보서 1:1에서 "집사들"과 "감독들"(overseers)을 함
께 사용하고 있다는 점이다. 후자는 지역교회 지도자들을 가리키
는데(딤전 3:2; 딛 1:7; 참조. 행 20:28; 벧전 5:2), 이는 곧 빌립보서
1:1과 로마서 16:1 모두에서 "집사"로 번역되는 용어가 교회 안에
서의 중요한 지위를 가리킨다는 것을 말해준다.

하지만 일부 해석가들은 바울이 로마서 16:1에서 언급하는 집
사(deacon)라는 지위가 3-4세기 교회에서 입증된 여집사(deaconess)와
같은 지위라고 가정하기도 한다. 후자는 주로 병든 사람들과 가난
한 사람들과 다른 여성들을 돌보는 일을 맡았었다.[11] 만약 뵈뵈가

---

11. 이러한 견해를 살펴보려면 다음을 보라. Caroline F. Whelan, "Amica Pauli: The Role of Phoebe in the Early Church," *JSNT* 15 (1993): 67-85, at 67.

이러한 경우라면 그녀의 리더십과 사역의 책무는 상대 남성들과 비교해서 상당히 제한되었을 것이다. 그러나 사실 로마서 16:1에서 "집사"로 번역되는 용어는 남성들에게 주어진 칭호들과 전혀 다르지 않다. 따라서 뵈뵈가 단순히 여성이라는 이유로 남성 집사보다 덜 중요한 역할을 맡았다고 가정하는 것은 상당히 불합리하다. 주후 1세기 중반에는 엄격한 교회 계급이 존재하지 않았다 하더라도—빌립보서 1:1에서 그 모습이 드러나듯이—뵈뵈의 칭호는 분명 그녀가 겐그레아 교회의 지도자였음을 가리킨다. 그러므로 "겐그레아 교회의 **사역자**"(minister)라고 번역하는 것이 아마도 가장 적절할 것이다.

교회의 후원자, 뵈뵈

겐그레아에서 뵈뵈가 가지고 있었던 영향력의 일부는 그녀가 부유했기 때문이기도 하다. 바울은 그녀를 가리켜 "집사"라는 칭호를 사용할 뿐만 아니라, "나(바울)를 포함하여 많은 사람들의 후원자가 되어주었다"(롬 16:2)고 말하고 있기 때문이다. 바울이 후원자를 가리키기 위해 사용한 이 용어는 신약성경의 다른 곳에서는 나타나지 않지만, 회당이나 사적인 모임과 같은 다양한 사회-종교적 그룹들 안의 여성 후원자들을 언급하는 많은 고대 비문들 가운데서는 분명히 나타나고 있다.[12] 이 칭호가 의미하는 바는 상당히 광범위하다. 바울이 사용한 이 용어는 비-그리스도인에게 적용된

---

12. Trebilco, *Jewish Communities*, 109.

경우에 비추어 볼 때, 뵈뵈가 사회적·경제적으로 중요한 지위를 가진 인물이었음을 보여준다. 뵈뵈는 그녀가 가진 부와 지위를 가지고 바울을 비롯하여 다른 사람들을 후원하는데 사용했고, 심지어 그녀의 집에서 손님들을 대접하고 교회의 모임들을 주최하기도 했다. 그리고 바울이 뵈뵈가 보여준 관대함의 수혜자들이 "많았다"고 한 것은 곧 그녀의 후원으로 유익을 얻은 자들이 쉽사리 파악되지 않을 정도로 상당히 많았다는 것을 암시한다.

상호 관계 사역

그렇다면 바울이 로마의 신자들에게 뵈뵈를 따뜻하게 환대할 것을 부탁한 이유는 그녀의 관대함 때문이라 할 수 있다. 실제로 바울은 그들에게 놀라울 만큼의 제한이 없는 요청 곧 "그녀가 어떤 도움을 원하든지 도와주기를"(16:2) 부탁한다. 이렇게 함으로써 바울은 자신과 다른 사람들이 뵈뵈에게서 받은 후원에 대한 보답을 그녀 역시 받기를 바랐다. 다시 말해, 바울이 지금 편지를 쓰는 대상이자 뵈뵈가 그 편지를 전달해야 하는 대상인 로마의 그리스도인들은 그녀에게 환대를 보여야 한다. "주의 사람들의 합당한 방식으로"뿐만 아니라 그녀 스스로가 희생적으로 겐그레아의 신자들을 대접하고 섬겼던 것과 유사한 방식으로 말이다(16:2). 그렇다면 바울의 사역, 리더십 패턴은 상호관계의 일환이라고 할 수 있다. 즉, 선물과 은혜의 수혜자들은 그것을 제공한 이들을 돕기 위해 베풀고 보답해야 한다. 바울은 다른 곳에서 다음과 같이 기록한 바 있다. "너희의 넉넉함으로 그들의 궁핍을 채워주면, 다음에는 그들의 넉넉함이 너희의 궁핍을 채워줄 것이다. 이 목적은 균등함(equality) 이다"(고후 8:14). 따라서 뵈뵈의 도움이 어떻게 보이든지 간에, 로마의 그리스도인들은 보답을 해야 했다.

뵈뵈에 대한 바울의 설명은, 여성 리더십에 대한 바울의 태도를 알 수 있는 통찰을 제공해준다. 뵈뵈를 "집사"이자 "후원자"라고 언급함으로써, 바울은 그녀가 교회 사역과 리더십에 있어서 완전한 참여자(full participant)임을 암시하고 있다. 실제로 그녀의 리더십은 어떠한 자격이나 변호 없이도 남성의 리더십과 나란히 인정받고 있다. 더욱이 바울이 뵈뵈를 대신해서 요구하는 상호관계는 성(gender)과는 전혀 관계가 없다. 바울은 자신과 자신의 교회들 및 로마의 신자들이 포함된 사회적인 기반 안으로 뵈뵈를 밀어 넣으면서 명예와 은혜가 모든 그룹들 사이에서 서로 교환되어야 한다고 명령하고 있다. 바울은 브리스가, 마리아, 유니아, 드루배나, 드루보사, 버시, 율리아, 루포의 어머니, 네레오의 자매에게도 이와 유사한 작업을 한다. 우리가 그녀들에 대해서는 논의하지 않았지만, 바울은 분명 그녀들이 그리스도인으로서 보여준 섬김을 인정하고서 문안함으로 경의를 표하고 있다. 여기에서 바울은 이 여성들을 인정하고 자신이 가졌던 역할과 칭호들을 그녀들에게도 부여함으로써, 그가 여성들이 리더십 지위로 섬기는 것을 허용할 뿐만 아니라 심지어 격려하기까지 하는, 다른 유대 공동체들 수준(그 이상은 아니더라도)의 모습은 보여주고 있다는 것이 나의 결론이다.

더 읽을거리

추가적인 고대 문헌

이스라엘 안에서 여성의 중요성에 관해서는 다음을 보라. 사사기 4-5장(드보라), 에스더, 유딧. 바울 문헌으로는 특히 다음을 보라. 고린도전서 11:2-16; 14:34-35; 디모데전서 2:9-15.

영역본과 비평판

Frey, Jean-Baptiste, ed. *Corpus inscriptionum iudaicarum*. 2 vols. Rome: Pontifico Istituto di Archaeologia Cristiana, 1936-1952.

이차문헌

Brooten, Bernadette J. *Women Leaders in the Ancient Synagogue: Inscriptional Evidence and Background Issues*. BJS 36. Chico, CA: Scholars Press, 1982.

Campbell, Joan Cecelia. *Phoebe: Patron and Emissary*. Paul's Social Network. Collegeville, MN: Liturgical Press, 2009.

Cohick, Lynn H. *Women in the World of the Earliest Christians: Illuminating Ancient Ways of Life*. Grand Rapids: Baker Academic, 2009.

Mathew, Susan. *Women in the Greetings of Romans 16.1-16: A Study of Mutuality and Women's Ministry in the Letter to the Romans*. LNTS 471. London: T&T Clark, 2013.

Payne, Philip Barton. *Man and Woman, One in Christ: An Exegetical and Theological Study of Paul's Letters*. Grand Rapids: Zondervan, 2009.

이 용어해설의 일부 정의들은 Mark L. Strauss, *Four Portraits, One Jesus: A Survey of Jesus and the Gospels* (Grand Rapids: Zondervan, 2007)에서 가져온 것이다.

고대 근동Ancient Near East. 이 문구는 역사가 기록되기 시작할 때부터, 알렉산드로스 대왕의 정복 사업 때(약 주전 333년)까지, 이집트, 팔레스타인, 시리아, 소아시아, 메소포타미아, 페르시아, 아라비아에 살았던 사람들을 가리킨다. 또한 어떤 이들은 비공식적으로 주후 1세기에 까지도 가리키는 문구로 사용하기도 한다.

교훈적인Didactic: 보통 명제적인 주장들을 수단으로 가르침에 초점을 맞춘 문헌 혹은 연설을 가리키는 용어이다.

그리스도 사건Christ event, the: 그리스도/메시아로서 예수의 삶과 행적을 가리키는 문구이다.

기독론Christology, 기독론적인christological: 보다 일반적으로 이 용어는 예수의 위격과 행위를 가리킨다. 특히 이 용어는 그리스도로서 예수의 역할과 관련이 있다. "그리스도"(크리스토스)는 "기름부음을 받은 자"라는 뜻의 그리스어인데, 히브리어 단어 "메시아"에 대한 직접적인 번역어로 자주 사용된다. 메시아를 보라.

두 갈림길 패러다임Two-ways paradigm: 인간에게는 선과 악의 선택권이 주어져 있고, 어떤 길을 따를 것인지 스스로 결정할 수 있다고 보는 신학적인 견해이다. 이러한 관점은 신명기 신학에 기초를 두고 있다. 신명기 신학을 보라.

디아트리베Diatribe: 가상의 대화 상대자들에게 질문을 하는 것과 같은 수사학적 기법을 의미한다.

마사다Masada: 첫 번째 유대 전쟁(주후 66-70년) 동안 로마에 의해서 (제2성전과 함께) 파괴된 유대 요새이다.

마카비 항쟁(사건/충돌)Maccabean Revolt (or Crisis/Conflict): 주전 175-164년 셀류키드의 통치에 대항하여 일어난 유대인의 항쟁을 뜻한다. 이 충돌은—그 기간 동안 이스라엘을 이끈 유다와 그의 형제들을 가리켰던—"마카비"(히브리어로 "망치")를 따라 이름지어 졌다.

메시아Messiah, 메시아의Messianic: 히브리어로 "기름부음 받은 자"라는 단어를 음역한 단어이며, 그리스어로는 "그리스도"라고 번역된다. 모든 유대적인 견해들이 메시아를 하나님의 백성을 구원할 하나님의 대리자로 상상하긴 하지만 그럼에도 불구하고, 메시아에 대해 단일한 유대적 견해는 없다고 봐야 한다.

명예 문화Honor culture: 사회의 동력이—사회적 지위의 토대가 되는—명예를 위한 투쟁으로 결정되는 문화를 가리킨다. 다양한 단계의 명예는 사회 계층에 있어서 한 사람의 위치를 나타내는데, 이는 또한 더 높거나 비슷한 혹은 더 낮은 사회적 지위를 가진 사람들과 관계를 맺는 방식을 결정하기도 한다.

묵시적Apocalyptic, 묵시적 전통apocalyptic tradition: "묵시록"은 문자적으로 이전에 숨겨졌던 것들이 "계시"(revelation)됨을 뜻한다. 이 용어들은—악의 문제를 설명하기 위해 세계 전체와 언약 백성들 가운데에, 하나님의 (미래) 통치를 확립하는—신적 행동의 계시, 꿈, 환상을 통해 드러나는 천상의 실체 그리고 하나님의 계시와 가장 관련이 깊다. 대개 공간(천상/지상)과 시간(현재/미래)의 이원론에 초점을 맞춘다.

분파주의(자)Sectarian: 특정 종교 그룹과 관계되는 용어이다. 〔분파주의의 사례인〕 사해문서 공동체에 의해 기록된 문헌들이 특히 잘 알려져 있다. 사해문서를 보라.

사해문서Dead Sea Scrolls: 1947년 사해 근처 동굴에서 발견된 문헌들의 모음을 가리키며, 1세기 쿰란에 있었던 유대인 공동체와 관련이 있을 가능성이 높다. 이 문서에는 쿰란공동체로부터 나온 분파주의 문헌뿐만 아니라, 성경과 다른 유대문헌들의 사본들도 포함된다. 분파주의(자)를 보라.

선행(후원)Benefaction: (많은 재산을 가진) 후원자들이 재산이 적은 자들 (수혜자) 혹은 지역 공동체에게 경의, 존경, 충성을 보답으로 받으리라 기대하며 후원의 선물을 수여하는 것을 뜻한다.

셀류키드Seleucids, 셀류키드 왕국Seleucid Kingdom (주전 312-115년): 알렉산드로스 대왕의 죽음 이후 국가가 분할 되고 나서 시리아 지역에 세워진 왕국을 가리킨다. 유대는 결국 셀류키드가 통치하게 되었는데, 이로 인해 유대인은 헬레니즘과의 동화를 강요받게 되었다. 헬레니즘—마카비 항쟁을 보라.

스토아철학Stoicism: 헬레니즘 시대 주요 그레코-로만 철학 전통들 중 하나
이다. 제논(Zeno, 주전 335-263년)에 의해 만들어졌으며, 미덕이 있는 삶
이라는 주된 목적을 달성하기 위하여 운명, 이성, 내적 자기통제를 강조한
것으로 유명하다.

시작된 종말론Inaugurated eschatology ("already/not yet"): "마지막 시기"
가 이미 시작되었고 아직 완성되지는 않았다는 믿음을 가리킨다. 바울의
신학에 있어서 그리스도와 성령을 통한 하나님의 첫 번째 강림은 이 마지
막 시기가 시작되었음을 의미한다. 또한 〔바울의 신학에 따르면〕 그리스도의
재림과 하나님의 통치가 최종적으로 회복되기 전까지는, 하나님의 왕국이
완전히 완성되지 않는다. 종말론을 보라.

신명기 신학(혹은 패턴)Deuteronomic theology(or pattern): 신명기에서 가
장 많이 표현된 신학적인 견해를 가리킨다. 하나님께서는 신명기를 통해
그분의 백성에게, 언약에 대한 순종에는 물질적인 축복과 보호를, 불순종
에는 저주와 고난을 선포하셨다.

신정론Theodicy: 악이 존재하는 가운데, 하나님께서 어떻게 정의로우실 수
있는지에 대한 변호 혹은 설명을 뜻한다. 특히 악인들의 손에 불의하게 고
통받는 의인들과 관련되어 논의되곤 한다.

안티오코스 4세 에피파네스Antiochus IV Epiphanes (약 주전 215-164년): 알
렉산드로스 대왕의 광대한 제국에서 분할되어 시리아에 세워진 헬레니즘
국가, 셀류키드 왕국의 통치자(주전 175-164년)이다. 안티오코스는 유대인

들을 헬레니즘화 하려고 하다가 마카비 가문과 충돌했다.

알레고리Allegory, 알레고리적Allegorical: 다른 개념들 혹은 사건들과의 연관성을 강조함으로써 텍스트의 문자적인 의미를 넘어서는 해석 방법이다.

언약Covenant, 언약적covenantal: 각기 상대에게 의무를 부여하는 두 관계자 사이에 일어나는 계약을 뜻한다. 성경에 나오는 중요한 언약들로는 아브라함 언약(창 15장, 17장), 모세 언약(출, 레, 신), 다윗 언약(삼하 7장), 새 언약(렘 31장; 겔 34-37장)이 있다.

언약공동체Covenant community: 자신들이 하나님께서 이스라엘과 맺으신 언약에 신실하다고 믿는 유대이 그룹들은 스스로를 "언약공동체"로 여겼다. 이러한 개념은 때로 언약에 신실하지 않다고 여겨지는 다른 유대인들로부터, (쿰란 공동체와 같이) 자신들을 구별하는 그룹들에게서 사용되기도 했다. 사해문서를 보라.

언약적 율법주의Covenantal nomism: 제2성전기 유대인들이 은혜와 선택, 율법 준수의 상호작용에 대해 가졌던 사고 방식을 설명하는 용어이며, E. P. 샌더스〔Sanders〕에 의해 만들어졌다. 샌더스는 유대인들이 은혜로〔by grace〕 하나님의 언약 백성의 구성원이 되었다는 측면에서 선택을 이해했다고 주장한다(안에 들어감〔getting in〕). 또한 샌더스는 유대인들이 율법(그리스어로 "노모스") 준수를 통하여 언약 안에서의 지위를 유지했다고 주장한다. 이 입장은 자주 바울에 관한 새관점과 연관되기도 한다.

외경Apocrypha, 외경의apocryphal (또한 제2경전으로도 알려져있다): 구약성경의 시기 이후에 기록된 유대문헌들 모음을 가리킨다. 여기에는 칠십인역

〔Septuagint〕곧 그리스어 구약성경의 일부가 포함된다. 그리스도인 교부들은 이 문헌들을 권위 있게 여겼으며, 이에 따라 로마가톨릭과 정교회의 그리스도인들은 정경으로 받아들였지만, 개신교에서는 거부했다. 학술적이지 않은 배경에서 "외경의〔사실이 아닌〕"란 단어는 보통 진짜처럼 들리지만 사실은 아닌 이야기들을 설명할 때 사용되기도 한다.

요세푸스Josephus (주후 37-약 100년): 한 때 바리새파 유대인이자 군대 지도자였던 요세푸스는, 예루살렘에서 이루어진 로마와의 전쟁 기간 동안에 포로로 붙잡혔고, 결국 로마 시민이 되어 베스파시안 황제에 종속되었다. 현존하는 요세푸스의 네 가지 작품들은 제2성전기 유대교의 문화와 역사를 이해하는데 있어서 매우 중요하다—유대인들의 역사(『유대 고대사』), 예루살렘 전쟁 이야기(『유대 전쟁사』), 유대인의 삶의 방식과 유대교를 변호하는 작품(『아피온 반박』), 그리고 자서전(『생애』)이 있다.

위경Pseudepigrapha, 위경의pseudepigraphic: 문자적으로 "허위로 기재된 문서들"을 의미한다. 위경 문헌은 (보통 수세기 전) 다른 인물의 이름으로 쓰인 문헌을 가리킨다. 특히 외경에 포함되지 않은 유대인의 위경 문헌들을 가리킬 때 사용된다. 하지만 이것은 제2성전기 유대인에게는 흔한 관례였기 때문에, 위경이라는 용어는 대체로 외경과 사해문서 혹은 요세푸스나 필론과 같은 저자들의 문헌과 같이, 특정한 범주에 포함되지 않은 모든 유대 문헌들을 가리키는 포괄적인 단어로 사용된다.

의인화Personification: 무생물, 추상적인 개념, 혹은 비인격적인 존재가 인간의 독특한 특성을 가지고 있다고 여기는 것이다. 의인화는 관용어(예를 들어, "시간이 간다")처럼 단순할 수도 있고, 신적인 권세와 연관될 정도로 (예를 들어, "잠언 속 지혜"와 같이) 복잡하게 나타날 수도 있다.

이미/아직 아닌Already/not yet: 시작된 종말론을 보라.

인류학Anthropology, 인류학적인anthropological: 문자적으로 "인간에 대한 연구"를 뜻한다. 여기에는 인간의 구성(예, 몸, 영혼), 인간의 능력(예, 자유 의지), 민족의 다양성(예, 유대인, 이방인)과 같은 주제들이 포함된다.

인클루지오Inclusio: 단락의 처음과 끝에 핵심적인 용어나 개념을 반복함으로써, 텍스트의 단락 범위를 보여주는 문학적인 관습을 의미한다.

정경(의)Canonical: 영감을 받아 권위있는 성경〔Scripture〕으로 여겨지는 문헌들의 모음 안에 포함될 때, 어떤 문헌이 정경으로 간주된다고 할 수 있다. 구약성경과 신약성경은 기독교 정경의 명백한 일부이다. 반면에 어떤 기독교 전통들은 외경〔Apocrypha〕의 포함 여부를 두고 논쟁을 벌이기도 했다. 외경을 보라.

제2경전의Deuterocanonical: 외경을 보라.

제2성전기Second Temple Period, 제2성전기 유대교Second Temple Judaism, 제2성전기 유대인Second Temple Jewish (주전 516년-주후 70년): 유대인의 역사에서 이 시기는 대략 바벨론 포로 귀환 때(약 주전 516년)부터, 주후 70년 로마에 의해 예루살렘 성전이 파괴될 때까지를 가리킨다. 이 시기의 일부 혹은 전부를 가리킬 때 사용되는 또 다른 단어로는, 초기 유대교〔Early Judaism〕, 중기 유대교〔Middle Judaism〕, 중간기〔intertestamental〕 시기가 있다.

존재론Ontology: 문자적으로는 "존재〔being〕의 연구"라 할 수 있다. 이 용어는 존재 혹은 실재(existence)의 본질을 설명하며, 대개 하나님 혹은 인간을 이루고 있는 것과 관련해서 사용된다. 하지만 어떤 사람이나 대상의 상태 (state of being)를 가리키기도 한다.

종말Eschaton: 하나님께서 역사에 해결책(resolution)을 가져오신 이후의 최종적인 상태를 가리킨다. 종말론을 보라.

종말론Eschatology, 종말론적인eschatological: 문자적으로 "마지막 시기에 대한 연구"를 뜻한다. 이 용어는 마지막 시기와 관련된 어떤 개념 혹은 사건을 가리킨다. 하지만 유대 연구와 바울 연구에 있어서, "종말론"이란 용어는 단순히 마지막 시기만을 가리키지 않고, 중요한 대리자들(매개들) 혹은 사건들을 통해 당신의 통치를 회복시키는 하나님의 행위를 가리키기도 한다.

칠십인역LXX: 칠십인역(Septuagint)의 약어이다. 칠십인역을 보라.

칠십인역Septuagint (LXX): 다른 유대문헌들과 함께, 그리스어로 번역한 히브리 성경을 담고 있는—그리스어로 된—권위 있는 유대문헌 모음집이다. 약어 LXX는 로마 숫자 70을 뜻하며, 이는 70명(혹은 72명)이 히브리어 오경을 그리스어로 번역했다는 전통에 기초한 것이다.

쿰란Qumran: 사해 근처에 위치한 지역을 가리키며, 그 주변 동굴에서 사해문서가 발견되었다. 제2성전기 동안 그곳에 살았던 공동체가 에세네파였으며, 그들이 사해문서를 만들어냈다고 보는 것이 일반적인 견해이다.

플라톤Plato, 플라톤주의Platonism: 플라톤(약 주전 428-347년)은 아테네에 살았던 유명한 그리스 철학자이다. 그는 윤리학, 형이하학, 우주, 논리, 수사 등에 대해서 수많은 철학적 논고들을 기록했다. 플라톤의 사고를 다양한 방식으로 끌어온 다양한 형태의 플라톤주의가 있지만, 주된 양상은 (비물질적, 불변하는) 관념적인 실재의 영역과, (물질적, 변화하는) 물질적 실재의 영역의 구별에 기초한 이원론이라 할 수 있다.

필론Philo(약 주전 20년-주후 50년): 이집트, 알렉산드리아 출신의 다이스포라 유대인이다. 그는 플라톤주의에 영향을 받았으며 오경에 대해서 수많은 철학적 논고와 주해 연구서를 기록했다.

하스모니아Hasmoneans (주전 167-163년): 유대인들이 셀류키드 왕조로부터 독립을 언어내고 난 뒤에, 반(semi)자치—이후에는 완전한 자치—왕국을 통치했던 유대인 가문을 가리킨다. 이후 내부 싸움으로 인해 유대인들은 주전 63년 로마에게 독립을 빼앗긴다. 마카비 항쟁—셀류키드를 보라.

헬레니즘Hellenism, 헬라적인Hellenistic, 헬라화하다Hellenize, 헬레니즘화 Hellenization: 특히 알렉산더 대왕이 이끄는 군대의 정복 시기(주전 336-323년) 이후에, 고대 세계에서 그리스의 언어와 문화가 전파되고 영향을 미친 것을 뜻한다.